近代史资料

Sources in Modern Chinese History

中国社会科学院近代史研究所《近代史资料》编辑部 编

总133号

中国社会科学出版社

图书在版编目(CIP)数据

近代史资料. 总 133 号/中国社会科学院近代史研究所《近代史资料》编辑部编. —北京：中国社会科学出版社，2016.7

ISBN 978-7-5161-8868-2

Ⅰ.①近… Ⅱ.①中… Ⅲ.①中国历史—近代史—史料
Ⅳ.①K250.6

中国版本图书馆 CIP 数据核字(2016)第 213354 号

出 版 人 赵剑英
责任编辑 李尔柔
责任校对 宗 合
责任印制 张雪娇

出 版 中国社会科学出版社
社 址 北京鼓楼西大街甲 158 号
邮 编 100720
网 址 http://www.csspw.cn
发 行 部 010-84083685
门 市 部 010-84029450
经 销 新华书店及其他书店

印 刷 北京君升印刷有限公司
装 订 廊坊市广阳区广增装订厂
版 次 2016 年 7 月第 1 版
印 次 2016 年 7 月第 1 次印刷

开 本 880×1230 1/32
印 张 10
插 页 2
字 数 260 千字
定 价 42.00 元

凡购买中国社会科学出版社图书，如有质量问题请与本社营销中心联系调换
电话：010-84083683

目　录

锡良函稿（四）

锡　良著

Ⅱ．一般公牍

201．复张毅[①]函

光绪二十六年九月初十日

顷奉手书，诵悉一切。就谂勤宣挽粟，绩懋翔华，翘企征轺，曷胜忭颂。承示东省米价领充运费须再电致一层，自当照办。惟此项漕粮极关重要，灾黎待赈，众口嗷嗷，今执事取道济南，恐形纡绕，务望迅往临郡，督饬各员，设法妥速运来，以资抚恤。特是敌焰方张，道途不靖，尤当预为筹备，计出万全。想执事胸有智珠，定能动合机宜也。

固关一带防务，布置粗有端倪，而省北之灵邱、五台又形告警。隘口林立，防不胜防，惟竭心力图之，不敢贻君父之忧而已。

202．致杜秉寅[②]函

光绪二十六年九月十七日

久违杍采，时切榛思，比维政履增绥，勋祺迪吉，如颂为慰。弟前统湘鄂两军北上入卫，行抵直隶，适值銮舆西狩，遂至弁门。仰沐圣恩，畀以疆寄，材铨责重，悚惕弥深。现当车驾巡

---

① 张毅，字仁甫。时任署理山西冀宁道道台。

② 杜秉寅，字宾谷。时任山东临清州知州。

幸长安，洋兵阑入正定，晋当秦豫之冲，边防极关紧要，已派劲旅扼守固关。而直北之紫荆，近又踞而复退。该处逼近灵邱，大、朔一带迤东隘口，更须严防。饷绌兵单，筹措为不易，惟有勉竭血诚，尽力策应而已。师旅既亟，益以灾荒，自夏徂秋，亢旱日甚，乞赈之牍，纷至沓来。幸蒙圣明目睹灾祲，发帑截漕，饥黎戴德，钦感同深。奉拨江北漕粮十四万石，业已运至临清，由晋派委署冀宁道张仁甫观察，带同正佐委员，前往设局接运。惟转运漕米，事体繁重，必赖熟悉东省情形者帮同照料，庶期迅捷，而合机宜。因思阁下久在齐东，诸臻谙练，张道到后，务恳执事将晋省转运事宜，随时分神照护，俾此项米石早日到晋，藉济嗷鸿，感荷仁施，安有涯涘。鱼雁多便，乞惠好音，尤为盼祷！

203．复杜秉寅函

光绪二十六年十月初二日

昨修寸简，藉便递呈。顷奉朵云，如亲旧雨。辱铺棻于藻饰，摅积蕴而葵倾。敬维惠泽春融，政声夏大，莺迁在即，欢抃弥殷。弟握绾疆符，愧无建树，加以边防赈务，事变纷乘，昕夕焦劳，略无暇晷。比者张仁甫观察办理漕运一切，近驻贵治，诸叨照拂，纫感实深。惟卸囤谷厫，终非久计。就近变价一节，现已附片奏明，尚希广为招徕，俾克以资济赈。刻下积储至十余万石，张观察及各委员防范虑有未周，更乞阁下分心饬派胥役人等，随时协同讥察，以免疏漏。虽费增完廪，淄、青之相距云遥；而役重泛舟，晋绛之沈灾可澹矣。

204．复张毅函

光绪二十六年十月十九日

十月十七日叠奉十一日所发惠书并公牍各件，均已诵悉，当即电复，计邀青览。比谂河干转运，从事贤劳，至为佩慰。济南允售之米，因水浅冰冻，不能运洛，遂尔中止。现在节届大雪，河冰更凝，益难起运，只可就地设法，酌量妥办。米无碎湿，石止二金，销售或不致过于为难。黄道二万、尚道二千之外，洪守、杜牧情形熟悉，任事实心，当能代为多售。但使尽数售去，委员多住几日亦所不计。来示谓此米系晋省奏拨，非晋省料理不可，持论极为中肯。尚祈执事与洪守、杜牧熟商妥筹，期于有济为要。至刘镇军需米一节，漕米皆带软壳，必须舂碓，方能煮食，营中恐无此器具，且由临运晋，脚费亦多，湘军能否买食，尚无把握，容为函询，再行定议。

临仓起卸，现已卸过几批？约计何日可以卸竣？请随时电达，以慰殷盼。轻赍水脚、个儿钱等项，均承松晴翁拨作运费，藉资补助，纫感良深。一切未尽事宜，务请相度机宜，斟酌办理，弟亦不为遥制也。

再启者：

江北漕粮运至什贴，前承示及脚费每石银五两有奇，自以目前车驮较贵而言。倘和议定后，由临清运至获鹿，每石约实需银若干，由获鹿运至什贴，约实需银若干，尚祈确考详示为盼。刘华轩军门拟拨漕米万石，解营济用，目前不知能运解否？

205. 致恩寿[①]函

光绪二十六年十月二十六日

鳞籍遥睽，鸿仪时企。比谂勋隆屏翰，祜笃簪裾，引睇需辉，莫名抃祝。弟晋圻承乏，乾惕常殷，值时局之多艰，愧薪劳

① 恩寿，字益棠。时任江苏布政使。另有致盛宣怀及湖南、广东等省劝捐函，大致相同，未录。

之无补。师旅方亟，饥馑因之。自去秋以至今冬，未沾渥泽，赤地千里，禾麦全枯。前经开办赈捐，涓流甚细，复蒙圣慈发帑截漕，皇仁所被，浃髓沦肌。无如灾广赈繁，不敷甚巨。夏灾三十五处，秋灾四十六处，统计被灾州县，实有六十余处之多。现在节届长至，仍未渥沛祥霙，秋稼固已无收，宿麦复难播种。冬赈春抚，为日方长，防务正殷，库空如洗，哀鸿遍野，冻馁交乘，不得不仰仗赈捐，以为穷黎活命之源。前曾刷印实收并外办章程条款，交湘省委员胡令元佐带鄂，由鄂寄苏，系交苏州藩署查收，不知尊处分到否？兹特派山西浑源州知州阮牧志谦，携带实收五百张，前来贵省叩谒台端，面陈晋灾需赈之急，并达鄙人呼吁之忱。我公胞与为怀，自必恤邻念切。务祈迅赐派员，广为敦劝，集成巨款，汇解来并，藉救饥黎，实深盼祷！

206. 复张毅函

光绪二十六年十月二十八日

昨复寸函，计邀青及。顷展十九日手书，并钞寄慰帅札文、洪守信函，读悉种切。此项漕米，急切不能变价，诚亦无可如何，惟有尽力设法办理。若奏明改归直、东两省分用，并派员来收，此万做不到之事，应作罢论。惟前接刘华轩镇军书，拟拨万石，藉充军食，当以道途梗阻，有无间道可行，请其函商尊处，或派弁往提，斟酌行之，究竟能否挽运，非此间所能遥度也。至办理一切需员，已添派潘主簿时琮前往，听候驱策，并函致临清杜直刺多拨干役，暨方心斋协戎酌留两哨，帮同看守矣。台端事未告竣，先拟回省，未免半途中辍，更非当日鄙人借重之意。无论如何为难，望仍一手经理，庶期周妥为嘱。

207. 致袁世凯[①]函

光绪二十六年十月二十八日

十月二十日曾肃寸笺，计邀青鉴。临清漕粮，因水浅舟胶，不克运赴雒口，蒙饬尚道及洪守、杜牧代为设法销售，纫感之私，实难言喻。惟思此项粮石为数较多，一时恐难竣事，兹复添派潘主簿时琮，驰往临清，随同张道妥速经理，还求逾格关垂，广设方略，分饬筹办，以冀早日完竣，并乞行知驻临之方参将致祥，酌拨练兵两哨，就近帮同照料看守。胥感隆施，曷其有极。晋省自夏徂冬，迄无雨雪，赤地千里，寸草不生，秋稼固已全枯，宿麦又难播种，报灾者已多至六十余处，民情颇形困苦。冬赈春抚，为日方长，出款倍增，库空如洗，欲炊无米，焦灼万分。似此种种为难，公其何以教之？

直境洋兵虽大半退回京、津、真、保，而获鹿、阜平仍复占据游弋，防务不敢稍松。师旅饥馑，交集一时，支撑殊非易易，知系荩怀，用敢附达。

208. 致何福堃[②]函

光绪二十六年十月

遥企丰裁，时深远慕。敬维仁敷万里，勋懋三边，并州歌领节之荣，汉陛拜除真之诏，引詹吉曜，罔罄愉私。兹有恳者，上月二十八日接李护帅电开：甘省宁夏七属，仓粮无多，不敷本地开支，已运托克托厅仓斗小麦二千二百石，因河冻停运，来岁春融，无粮可拨，另文咨请停止，应先电达，以免坐待误事等因。当以晋边赈抚专望宁粮，请仍照前议拨运，业经电达。查晋省各

① 袁世凯，时任山东省巡抚。

② 何福堃，字寿萱。时任甘肃省布政使。

属，去年灾区之广，灾情之重，几与光绪三、四年相等。加以山多水少，地瘠民贫，拯救之艰难，挽运之劳费，实较他省为尤甚，亦皆执事所深知。如果宁粮来否非灾黎命脉所关，弟又何敢远道过烦，渎尘清听。惟晋边赈繁款绌，筹运维艰，有断非藉此宁粮无从□彼鸿嗷者，敬为执事详细陈之。

晋省去岁内地被灾各属，秋成无收，宿麦强半未种，今岁春赈多办至夏间。除前奏拨银米外，所短甚多，尚待续筹。至于口外各厅具报灾民数目，如萨拉齐厅则十五万余，和林格尔厅则五万余，归化、丰镇则更多，合宁远、清水河等厅民蒙，综计不下四五十万。虽已多设粥厂，分办急赈，惟边厅天气苦寒，开冻过迟，向无麦收，专恃秋获，赈抚一切，必须俟秋成后方能截止。弟前拨给各厅止银数万两者，亦谓另有大宗宁粮，边外灾黎尚能续命。若如来电，无可拨运，则今春哀鸿满目，何以为生。此亟待宁粮接济者一也。

大凡筹办赈抚，放银不如放米，而运粮更难于购粮。弟前办口外赈抚，以就地购粮，既苦囤户居奇，复患灾区乏米，曾先购定宁夏粮五万石，及价昂米阙之际，粮船联翩而至，则粜价不禁自平，灾民得粮亦易。今岁边厅灾歉与十八九年情事相同，但望西河有衔尾之米艘，则北边断无相望之道殣。且边外道路远阻，转运维艰，若由内地筹粮接济，往往糜数石之费，始致一石，劳费过多，于灾黎仍无大济。若运宁夏之粮，救晋边之饥，顺流而下，运速费省，既可为公家节糜费，又可使灾黎沾实惠，较之内地购运者，所省奚止数倍。此亟待宁粮接济者又一也。

全晋官民，佥幸执事重荷恩纶，秉旄西徼，谓必能追泛舟之盛惠，拯苦扼于珂乡，延颈喁喁，同深殷盼。现在边外伏莽未靖，溃军踵至，设一旦赈抚款项或有不继，数十万饥黎或困苦无归，或饥寒交迫，弱者必委填沟壑，强者将滋生事端。弟北望边隅，惄焉如捣，素钦执事民依轸念，桑梓殷怀，亦必有东眷晋疆而不忍恝置者也。伏恳俯念晋边灾民专恃前项粮石赈抚，宁粮来否实为数十万饥黎生死所关，仍拨数万石，一俟春融，迅赐开运，接济灾黎，则功德所被，当与大河、恒岳并其高深矣。倘甘省寅僚谓前此拨运宁粮济晋，系因太原时为行在，且有陕省委采还仓之议，刻下时势略殊，陕省委采既停，运晋自应暂止。此亦在甘言甘之说，弟非不谓然。无如晋边灾情较重，需粮孔急，除拨运宁粮外别无善策。拟请俟晋省捐款集有成数，即将宁粮价值筹还。前数年杨石帅尚有粜甘省仓粮之奏，上年六月陕省端方伯[①]亦有据陶制军云宁夏、宁朔等处积存仓谷有余之奏，似不致不敷开支。此次琐琐奉渎者，实暂为通挪，移缓就急，并非敢徒效将伯之呼也。

209. 复袁世凯函

光绪二十六年十一月初二日

浣诵芸笺，备承荩注。扩大公之伟量，荷将伯之隆施，钦佩之忱，楮毫莫罄。既边防之棘手，兼赈抚之劳心，更以帑藏之空虚，敬代群黎而呼吁。幸蒙不分畛域，鉴此苦衷，特赐复音，俾纾焦急。尚冀饬筹垫款，先行汇解来并，庶几哀雁之嗷，不至索诸枯鱼之肆。想大君子已饥已溺，断不责其一再渎陈也。

210. 致袁世凯函

光绪二十六年十一月初七日

前肃芜函，谅登签记。敬维勋猷彪炳，福祉骈蕃，引跂旌幢，莫名饕鼓。晋省赈捐一役，昨蒙慨允，代为倡导，并饬豫垫款先行汇解来并，委曲成全，微特弟一人私衷倍深纫感，即唐魏灾黎百万，实亦同感戴帡幪也。惟是以本省之艰虞，重烦邻封之

① 端方，字午桥。时任陕西省布政使。

擘画，曾无一介之使，以供指臂之劳，求之于心既不安，揆之于义亦未协。兹特派委候补同知蒋志震，前赴贵省劝办。肃修寸牍，令其趋叩台端，伏祈指示一应事宜，俾得有所遵循。如淮阴将兵，多多益善，广集狐裘之腋，早苏鲋辙之危，则叠荷隆施，其铭泐有，非楮墨所能殚述者已。

211. 致俞廉三[①]函

光绪二十六年十一月初八日

电函往复，謦欬如亲。敬维禔履康和，瀛潭绥庆，如颂为慰。前因晋省灾歉频仍，库储支绌，适值銮舆巡幸，恭备大差，跸路所经，自天镇以至永济，共二十九属，需费在四十万金上下。彼时计无所出，即在各省解到京饷内借支。加以东路洋兵时出窥伺，增兵置械，用款尤繁。经李小轩方伯在护抚任内奏请各省协济，实属万不得已之举。嗣经户部议复，奏奉谕旨，批拨各省协济银四十万两，准其作正开销等因。其时晋中借用户部寄存京饷等项，专恃此项协款为拨还部款之用，相需甚殷。昨准大咨，以湘省库款异常竭蹶，无从筹解，拟奏请饬部改拨等因。捧读之余，殊为焦闷。锡良曾官湘中，早知湘库并不宽裕，既承咨复，本不应作再三之渎。惟湘与晋较，湘虽支绌，地方尚属敉平，收成亦称中稔。晋则毗连燕境，迫处敌冲，现在圣驾驻跸长安，山西即为屏蔽，晋防不固，长安亦时震惊，是以布置不能不密，需饷不能不多。现在主客各军已集百营，归晋供支者几及其半。又值连岁灾祲，今年更甚，停征六十余属。师旅饥馑，相逼而来，道路梗阻，商贩裹足，综计钱粮、厘金、关税大为短绌，比之平时所收不过三分之一。进款日绌，出款日增，罗掘俱穷，支持乏术。总之，大差、防、赈三事，有一于此，已属不支，三

① 俞廉三，字廙轩。时任湖南省巡抚。

者交乘，其急切困迫之情更可想见，是以不能不仰仗各省协济，以为将伯之助。我公眷怀旧治，念为大局所关，尚祈格外推情，仍照部咨，饬司筹银三万两，迅速解晋，以济燃眉。感荷隆施，实无涯涘。尊处如未具奏固感，否则或由敝处再为陈请。敬乞示复，以便遵行。

212. 复连顺①函

光绪二十六年十一月初八日

顷承惠笺，藉悉边情，殚玉帐之筹劳，固金城于荩画，下夙逖听，钦企弥殷。敬维虎帐勋高，龙韬望重，引詹大树，曷罄铺棻。弟洊领晋疆，勉肩重寄。自翠华西幸，驻跸太原者兼旬，一切供亿之浩繁，官司之支应，与夫沿途备豫，凡属所需，均关紧要。司库因灾蠲缓，进款本属无多，早经罗掘一空，先时告匮。迨入秋以后，防务吃紧，大兵云屯，饷需应接不遑，急如星火，全赖部拨及邻省协款勉强支持，而财乏来源，仍有势难为继之虑。至本省灾繁赈广，饥民待哺嗷嗷，捐输则徒有虚名，库储又无从挹注，出多入少，无米何能为炊，此弟所日夜焦思无可告语者也。贵城经费常年由司筹解，本无劳廑注饬催，此次实因司库奇穷，入数不及往岁十之二三，用项则较往岁多至数倍，所有经费一款，现时委系无可筹画拨解，业经弟附片奏明在案。其边防军饷，更属无从置议。统祈俯赐原鉴，用特详晰缕陈。

213. 复张毅函

光绪二十六年十一月初九日

顷接十月二十九日手函，藉聆种切。漕米十帮，均已起岸，囤储临仓；晒过湿米，另储一处，免致牵混，贻累好米，办理甚

---

① 连顺，字捷庵。时任乌里雅苏台将军。

是。惟米既卸仓，必须迅速设法销售。刻已变价数千石，应再切实推广为之。望告知各委员，总要办完而后已，切勿萌中止速归之见。刘华轩军门来信，需用南漕一万石，请由尊处派员运至元氏县属之南佐镇地方，渠再派兵到彼接运。能否照办，速为示复，以便转告华轩办理。

转漕例保，一届一次，江、浙、津、通，均系如此办理，然总须将一届之事办完，方于次年开保，从未有甫经开办，即已请奖者。丁戊晋饥，转运亦复如是。今临清转漕，甫经收米，运粜二者皆无端倪，来折请保各员，应先存记，俟转运销售，全漕事竣，核其当差之勤惰，再行酌量办理，现在为时似尚早也。至江省委员向江省自保，仍可照旧办理。报销一节，时日久暂，用度多寡，均难预计，亦应事蒇再议可也。

214. 复于荫林[①]函

光绪二十六年十一月初九日

昨奉钧缄，备承勖励，循环雒诵，惭感交萦。敬维茀履增绥，蕃厘懋分，定符臆颂。晋中自入冬以后，防备虽暂觉安谧，而直省教民延蔓，时复有蠢动之虞；德兵亦常在唐县、阜平所属各地方往来游弋；正定、获鹿等处，法人无多，仍敢于东天门附近窥探。和局未定，防务不敢稍松；即已定和，防务亦不敢遽撤。所难者，饷无可筹，军虞饥溃，加以哀鸿遍野，赈款更无从搜索。明知赈捐早成弩末，各省同一为难，而势逼处此，不得不为将伯之呼。幸承赐垫款三千金，业经汇到，并嘱司局设法劝办，此德此情，惟有率百万灾黎南望嵩云，千叩万叩。前蒙电示，允拨抬枪三百枝，并承香帅续拨前膛来福枪五百杆，暨铅丸、铜冒等件，派员解至怀庆。弟接鄂咨，即委候补知县王令应

① 于荫林，字次棠。时任河南省巡抚。

霈驰往迎提，不日当可旋晋。

来示云："地同，势同，做难担心同，而晋尤甚于豫。"非关爱逾恒，曷能如此言之切切。又云："不和无以图存，和亦无以自立。计惟造械、制弹、炼药，此事不可一天松手"等语，真是卧薪尝胆做用。闻贵省早年购有机器，能制枪弹，因房小未能安设。如果属实，即可撙节他项，专意于此，拓展规模，山陕皆可搭造。晋省机器局，件数太少，仅能修理，不能制作。前数年小人牟利，办织布机器，事不能成，虚掷数十万金，真可惜可恨也。今日惟督抚养尊处优，不以自治，安能治人？而其患尤在因循瞻徇。我公临去鄂时，尚肯认真举劾，不避嫌怨，盖心目中只知有君国，如此方得谓之公忠，敬佩之，愿效法焉。

再，前准咨以济源县商人涌裕长、温县商人兴泰豫、孟津县商人桐兴文等，联名禀恳暂借潞盐，以济民食等情，据情咨部，经部核准，已札饬河东道遵照矣。贵省向行芦盐引地，能否一律通融试办，尚乞遇便示知。

敝眷现已由湘起程，拟于济南小住，明年春暖，再令北来。知荷远廑，随笔附报。

215．复魏光焘[①]函

光绪二十六年十一月初九日

浣诵芸笺，过蒙藻饰，循环三复，感泐五中。敬维篑钥铭勋，鼎茵集祐，定符抃颂。顷仲秋中旬，六飞西幸。弟督师入卫，展觐太原，渥荷恩纶，畀以疆寄，材轻任重，陨越时虞。迩来敌警屡惊，晋者为长安屏蔽，东、北两路，尤系紧要关键，东与直隶之正定等处接壤，北与直隶之宣化等处毗连。彼既占踞保阳、正定、宣化各属，大半为所蹂躏，晋中防务，实觉吃重十

① 魏光焘，字午庄。时任陕甘总督。

分。而东北边路径纷歧，隘口林立，布置诸多棘手。现时扼防东路者，在固关一带驻扎，与正定之井陉县紧邻，有弟原统之湘、鄂两军十营；新授大同刘镇光才，亦带有五营，不日即可到防，兵力尚足敷分布。其扼防北路者，在大同、灵邱、平型关一带，驻扎有万镇本华统带晋威新军五营，署大同杨镇鸿礼练军各营旗，并马景山军门饬拨所部马月亭一军，协同防守。此路兵力虽微嫌单薄，幸升吉甫方伯擢授晋藩后并未履任，仍统陕军五营驻扎灵邱，而吴守炳鑫所带武卫中军三营，前奉谕旨，归弟节制，亦经饬令听升方伯就近调遣。似此分投联络，庶或不致疏虞。其紫荆关失守情形，系教民勾引洋人来关攻击，陕军竭力堵御，奈枪炮子药罄尽，升方伯退屯浮图峪，此关遂为所陷。彼亦并未盘踞，旋即退回易州。此时彼族行踪飘忽无定，多方窥伺，意图牵制我师。而和议之成尚无把握，防务既不敢稍有松懈。加以晋省自去冬至今，雨泽愆期，南路各州县，业经被旱成灾，北路亦多受霜雹之害，悲鸿遍野，哀鸣嗷嗷。虽蒙圣慈发帑截漕，以资抚恤，而灾区既广，时日又长，筹款运粮，均属不易。所谓师旅饥馑，相逼而来，饷绌兵单，灾繁赈巨，即此八字，如弟愚昧，实已无从措手。惟受恩深重，但能尽一日心力，即当殚一日血诚，此则私衷所勉自策励者尔。知关荩注，用敢缕陈。尚望时锡箴言，藉资韦佩，是所企祷！

216. 致袁世凯函

光绪二十六年十一月十七日

月初蒋丞志震赴东办捐，曾肃寸函，赍达台端，计邀惠览。敬维勋猷式焕，茀禄蕃绥，定符臆颂。弟兼筹防赈，昕夕焦劳，所幸大局较为敉平。长至后，省南北一律得有雪泽，来岁丰歉虽未敢豫定，而人心似可稍释隐忧。临清州漕粮业经囤卸，张道本有职守，未便仍令在彼久羁，现已改委候补知县姚令学镜前来接办一应转运事宜，替换张道回晋。姚令到差后，务乞推爱，饬尚道、杜牧等就近照拂，遇有关紧要处，随时指示机宜，则感荷者不特身受者已也。

再肃者：

晋省用款浩繁，库空如洗，赈捐既茫无头绪，寄储又无可挪移，饥民待赈皇皇，实有朝夕断炊之虑。前奉部拨贵省协济晋中银三万两，恳即饬司速行照数筹措，径交在东劝捐委员蒋丞志震即日领回，以应眉急。我公胞与为怀，数百万灾黎群荷再造之恩，曷胜祷盼之至！十九日。

217. 致聂缉椝[①]函

光绪二十六年十一月十七日

顷接惠电，如霈甘霖，苏雕瘵之疲氓，荷解推之挚谊，五中感泐，永矢弗谖。敬维兰棨增辉，蕃厘集祜，引詹斋采，倍洽颂私。弟自莅晋疆，勉撑危局。东、北两路，彼族往来游弋，窥伺不常，防务戒严，既不敢稍为松懈，而灾区多至六十余处，哀鸿遍野，待哺嗷嗷。虽蒙圣恩发帑截漕，以资抚恤，奈钱粮大半停缓，库储于办差增兵后，早经罗掘一空，目下冬赈吃紧之时，更觉万难措手。幸长至后，叠沛祥霙，阖省一律均沾，人心略为粗定，又蒙大君子胞与为怀，不分畛域，惠交日升昌票号汇寄赈协款银三万两，用济要需。以体国之公忠，作万家之生佛，同声感颂，匪特弟一人之私已也。

① 聂缉椝，字仲芳。时任护理江苏省巡抚。

218. 致王之春[①]函

光绪二十六年十一月十七日

顷奉电缄，倍纫云谊，荷解推之厚爱，实感悚之交萦。敬维芾履翔礽，蕃厘介祉，引詹裔采，莫罄颂私。弟忝绾疆符，愧无报称，况值库储奇绌，防赈兼筹，无米之炊，弥觉十分棘手。贵省协款三万两，承示准于年内解并，俾济赈需，莫名感佩。具征大君子力维时局，畛域不分，竭体国之公忠，拜恤邻之盛德。专肃鸣谢，书不尽言。

219. 复赵尔丰函

光绪二十六年十二月初三日

季和四哥年大人阁下：

十二月初三日接十一月廿九日赐笺并何大令书及和款一纸，敬悉种种，与何令公牍立即照办饬发矣。至分统湘军张镇与管带劲字后营李镇，均无关防，以致公事窒碍。何妨以李之统领关防与张之后营关防互相更易，岂不直截了当，无事再行颁发，多费周折。其林镇志魁，人极忠勇朴成，惜少知略，若以郤巡检相助为理甚好。分统一层，似可不必，既恐其不能胜任，且晋威副中营驻扎平定境，有白牧照料，副前旗在盂县，有张令经理，副左营调省差遣，副后旗在五台，所余副右一营，即祈转致华轩军门札委该镇管带可也，不必兼分统虚名，毫无实际。闻该营快枪无多，已饬军装局赶紧清理，共存若干，即派员连劲字中营改后营存枪一并解往，以济要需。振远军既去，应即照议派营填扎。不惟敌人窥伺，而日内又有遣散武卫军溃勇二千余人经过其间，虽由晋酌给川资、护照，收留军械，究恐人多，良莠不齐，沿途滋

① 王之春，字芍棠。时任安徽省巡抚。

事，亦应传谕我军，严加防维，总求阁下与华轩军门多多费心耳。匆匆奉复，言不尽意。

年愚弟十二月初三日

220．复端方函

光绪二十六年十二月初九日

远贲华笺，过蒙藻饰，再三雒诵，感愧交萦。弟筹办防赈，晷刻靡宁，和议已有端倪，防务可以稍弛，而备豫仍未敢疏懈。翠华回跸，约在明春，晋、郑夹辅之功，阁下与云帅固应首屈一指也。

捐照由陕刷印，钤盖部印、司印，将来委员领往劝捐，可免换，实收一番劳费，惟章程必须画一，庶免或有后言。承示商办一层，尚乞妥筹速定为盼。晋中赈务，刻下头绪略清，惟灾广款艰，万分棘手。省南北得雪处多，民情较为静谧，来年岁事，应有转机。

221．复杜秉寅函

光绪二十六年十二月初十日

展诵惠笺，具聆种切。晋省奉拨粮石，转运维艰，因拟变价，以期早济灾区。经执事劝谕粮行首事承买，卒以居民未经食惯，销售无从中止。事虽不谐，而荩神固已费矣，至为感佩！另示米质及拟商之南省留作来岁新漕之用，代为筹画者，周匝无遗。弟昨亦电商岘帅，未之允许，只好罢论。张仁甫观察急欲回晋，昨委姚令学镜往代，计日可到。一切事宜，仍望贤东道畛域无分，随时照料，是所拜托。

222. 上李鸿章书

光绪二十七年正月十七日

敬肃者：

前奉钧电，此时惟有速与在晋教士商定赔款，藉释嫌怨，能了即了，总以妥商速结为要等因。仰承荩谋硕画，密示机宜，曷胜铭感！

查晋省上年拳教之变，实为通商以来所无，据各属禀称，被毁教堂九十余座，被戕教士男女大小一百三四十名，而教民被害者虽据报未齐，约计四五千之多。自良履任后，严饬各属加意保护教士，抚恤教民，死者含殓掩埋，生者安拊存济。遇有各属教士函借银两，无不立即发给；有欲赴京他往者，派员妥为护送，京中洋教来电有言谢者。现在和局将定，而洋兵撼晋不休，诚有如钧电所虑者，莫名忧悸。

查拳匪首要，早经缉拿正法，至牵涉教案之地方文武，一并分别参处在案。至议赔各节，迭次派员婉商各教士，佥称必须本国全权定夺，该教士等不能自专。往返数次，迄无成说。晋中官绅，又无通外洋语言文字者，纵与晤面，难达微情。查有现任察哈尔奎都统奏派办理洋务之前江苏候补道沈敦和[①]，通各国语言文字，熟悉洋情，上年在宣化劝阻洋兵，著有成效。刻下敌人又促井陉防军退扎晋疆，重以全权之电，不敢不将井防情形婉切电商，尚未奉复。而各边防探称，彼族运炮添兵，络绎西来，势将进犯。就大局论，全权电令退扎晋境者，原所以预戢衅端。第晋省差为完善，又与彼族结隙特深，倘一决籓篱，我让彼侵，势必惨遭蹂躏。且晋边隘口林立，防不胜防，兼以新练之卒敌强胜之兵，以废钝有限之枪抵精锐日新之器，旷日持久，成败利钝不问

① 沈敦和，字仲礼，又字默龛。时以江苏候补道任张家口洋务局总办。

可知。是战则兵连祸结，必贻大局之忧；退则延敌开关，将为保阳之续。消弭乏策，进止两难，苦虑焦思，寝食俱废。不得已函达奎都统[1]，调沈道敦和赶紧来晋，先筹阻兵之策，徐画释纷之谋，则声气既通，排难较易。一俟晋事办有端绪，仍令该道回张办理洋务。用谨奉布，伏候钧裁！

尤有请者，晋案既重且多，若照他省教案议赔，断非一省之力所能了结。现外兵逼迫日急，晋军因应愈难。况行在尚驻西安，设三晋震惊，大局何堪设想。我中堂识贯九垓，目营八表，究宜如何因应，务恳密授机宜，俾保危局。或将晋案包括条约以内，免滋口实，庶晋案早了一日，则兵端早弭一日，晋省幸甚！大局幸甚！

223. 致沈敦和函

光绪二十七年正月十七日

久仰芝辉，时倾葵向。敬惟勤宣保塞，绩懋绥戎，至以为颂！时艰孔棘，晋中尤处其难，弟自顾樗庸，每虞陨越，现又值外兵西逼之际，因应措置，极费踌躇。执事博通时务，熟习洋情，刘开府之达译言，张卫军之通彼学，弟前见椽笔所定自强军规条，早已心焉□之。昨接恩新甫观察[2]来函，得悉晋边之匕鬯无惊，皆出厚赐，并蒙代筹保民退敌之策，私衷感激，殆难言喻！兹闻陈立斋太守[3]云，客冬上谷情形亦殊岌岌，自执事出而因应，先有以通其情，继复有以坚其信，遂能使桑干南北胥获安全。借一人之齿颊，保百万之生灵，此曲突徙薪所以高焦头烂额者万万也。

---

① 奎顺，字少甫。时任察哈尔都统。

② 恩铭，字新甫。时任归绥道道台。

③ 陈本，字立斋。时任候补知府。

现在款局将定，而洋兵仍撼晋不休，难保非因上年戕害过多，有怂恿西进者以遂其报复之心。行在尚驻西安，设三晋偶有震惊，则大局何堪设想。弟前已饬属护恤教士、教民，死者含殓瘗埋，生者安抚存济。各教士多有函电至京，谓此间尚非膜视者，而商以赔恤各事，则佥称必得本国全权定夺，该教士不能持权。刻下事机极迫至此，消弭微迟，即恐补救无及。窃谓款局大纲，业经画押，外人或未必便有穷兵于我之心。如晋事者，如有人排解其间，亦未始不可化干戈为玉帛。无如晋中风气未开，求一通达洋情者竟不可得。现已函恳奎少甫都护，请执事即日来晋妥筹因应之方，倘得仰荷惠临，以微中之谈言，挽一方之浩劫，则晋省幸甚！

第晋省现为完善之区，与直省情形究有不同。且外人隙怨最深，一逾雷池，势将惨遭蹂躏。各防军星罗棋布，或恐偶避不及，致启事端，祸结兵连，大势终归不了。我兄信义素著，必能迢然而返，毋入晋疆。极知灢塞需才，岂容和璧随珠借之异地，而晋中正值万难之会，竟有非烛武南莅不能笑却来兵者。数百万生灵之命，实系驺从之一来，祈勿见弃，是所叩祷！

至口北洋务，亦关重要，都护如谓塞垣尚待借重，则请俟晋事稍有端绪，即仍请台旆北还，以资赞助。

此次殷殷奉恳者，实因晋事吃紧万分，迫而出此。想我兄关怀大局，自必曲谅鄙忱，及早命驾也。务恳赐复，即当电奏。

附：陈本致沈敦和函

光绪二十七年正月

月初曾复一缄，度邀台览。弟本拟由代就近入都，先遣丁往探前途。适洋兵千余人又至广昌，路复梗塞。同时龙泉关亦到洋兵，代居其间，人心惶惶。弟即带眷至太原暂住，一俟固关略通，即可前进。

顷由代州转到初九日赐书，诵悉一是。并谂贤劳懋著，荩履增绥，慰符颂祝！张垣经阁下创设警察营并发审衙门，参用泰西巡捕章程治理地面，闾阎得以安谧，俄使、德帅交相感佩，知会傅相，传谕嘉奖，遍告各国不复派兵前来。现在俄、英官商络绎，皆以洋操马队护送，悉臻妥协。阁下洞中窍要，擘画精详，大有造于宣、张，闻之曷胜钦佩。

宣属赔款，前奉恳由公款筹拨，闻傅相已严批驳饬。元宝山房货需款更多，如统归外办，断断无此力量。弟左右筹思，竟无良策。如遵嘱来口，跋涉徒劳，是以拟到京再为面求傅相，听候谕遵。

归绥一事，此间于初四夜奉旨，初五办发，极为严密。乃竟先期于初六弃印而遁，不知从何先得消息？难免外人口舌。锡中丞当已奏明，悬赏万金，分路饬拿，不识能速获否？

赵、英先拟新疆，旋又赐帛，祸首已逐一严惩，和议大局既定，开河在迩，洋兵应即返国。至于山西，毓既正法，拳亦拿办，现在凡保护教士、抚恤教民等事，均经锡中丞极力办理。曾奉傅相来电，洋人已无意来晋，今将前驻直隶边界之防军退扎晋境，不必疑虑。如果不退，有碍和议等因。如洋兵果不来晋，防军原不妨退扎，惟洋兵既无意来晋，亦何必定令晋军退扎，此层殊不可解。日前又有洋兵至龙泉关左近各口，更不知其意何居。固关防军正在商议退扎，闻洋兵已预备糇粮，有整队西犯之意。如此情形，晋防何能稍松？全权催电，又非令退扎不可，锡中丞甚属为难。弟寄迹是邦，亦觉不安之至。究竟因何必令晋军退扎，微窥其旨，似尚有意于晋中。究为何事而必欲如此？如有事相属，但力所能及者，晋中无不照办，今苦于茫然所知。

弟昨谒见中丞，以阁下办理宣、张洋务，甚为器重，拟恳大驾拨冗来晋一行，得以叨教一切。已由中丞备具函牍，商请奎都宪转商，务祈速即惠然肯来。明知张垣公事紧要，不易脱身，惟此间事机紧迫，更甚于张。素谂阁下顾全大局，利济为怀，想不至于推诿。且相距非远，往返不过月余，于张事尚不至误。迨晤教以后，诸事即可函商，两处皆可兼顾矣。彼时锡中丞拟再入告，期于公事更有裨益也。

再，广昌、龙泉、固关等处洋兵，查系德、法两国，承示德元帅瓦伯爵系统领各国兵马者，自无不听其指挥。阁下为德元帅所钦佩，如能来晋一行，固属大妙；倘实难脱身，尚祈致书德元帅转商各洋将，告以晋中情形，请勿来晋。如有应商公事，不妨明以告我，自当斟酌办理，以息兵端，而重邦交。想尊意亦以为然也。

附：沈敦和禀

光绪二十七年正月二十三日

敬禀者：

窃职道夙仰鸿谟，无缘鹄侍，下忱孺慕，笔楮难宣。顷奉钧示，备承栽植，拜诵之下，感激涕零！敬审大人勋崇柱石，绩懋封疆，铃阁遥詹，私忱忭渊。

职道自愧驽庸，艰危莫补，勉襄时局，常懔冰渊。即如去冬两番退敌，亦属时会适逢，不敢言功，但求无过。曩者因奉译署之委，陪同德国亲王游历，德人尚称信服。且此番洋将中有江南自强军旧部，故能就我范围。不图都统宪以区区微劳归功职道，据情入告，复命驰驱，自当殚竭愚诚，徐图报答。况此间受都统宪如是厚遇，民望尤殷；且交涉议偿事宜，正如棼丝，不易就理。但既蒙宪台谬采虚声，殷殷征召，何敢自外生成。况前此节驻楚南，正职道听鼓江南之候，早已龙门仰望，愿效执鞭。缘晋谒无从，至今怅怅！张家口为敌人所觊觎，关系虽重，较之晋省为长安屏蔽，大局攸关。目下敌情叵测，缓急须权。职道不敢以烛武却秦之舌自信，当躬惟推诚布公，彼族或能感悟。此亦全赖宪台之福庇，庶几转危为安也。敢乞早赐奏调晋省，俾得以长托帡蒙，下驷驽骀，经伯乐之鞭棰，虽险坂危坡，亦力效奔驰而不避。职道当束装以待，恭候指麾。屡接恩道书，仰见知人善任，下风逖听，欣佩无涯！

224. 致奎顺函

光绪二十七年正月

封圻近接，笺牍频通，遥企光仪，曷胜依慕。敬维勤宣九塞，泽洽六蕃为颂！时局孔艰，晋中又值防务吃重之际，因应措置，苦费踌躇，弟自顾樗庸，每虞陨越。口北一带，闻执事外扩绥柔，内图镇抚，临机运策，销患无形，是以涞、涿以东，不无蹂躏，而妫、濡以北，民商咸庆晏如，逖听之余，未尝不以近依德宇为幸也。

晋中去岁拳教之变，焚毁教堂，戕害教士、教民过多，事端重大，实为通商以来所未见。弟莅任后，迭饬各属恪遵条约护恤，死者含殓瘗埋，生者安抚存济；遇有教士借款、教民求赈，亦无不朝至夕予。拳匪首要，除尽法惩治外，官吏之牵涉者，现亦奏请分别惩处。惟是约计毁害教堂、教命各数，将来赔恤之巨，不问可知。屡经商之各教士，佥称必得本国全权定夺，该教士不能持权。刻下和局将成，而外兵撼晋不休，难保非因上年戕害过多，各教士之戚属、各教民之党类，皆有怂恿外兵西进，冀图报复之心。行在现驻西安，设三晋稍有震惊，则大局何堪设想。弟苦虑焦思，几忘寝馈。

窃谓款局大纲，已渐就绪，外人或未必真有穷兵于我之心。如晋事者，倘得有与彼信义素孚之人出而排解，似亦不难以玉帛化干戈。沈仲礼观察讲求时务，熟习洋情，久为弟所钦佩。顷在棠境，笼络外人，隐消兵革，成效炳然，即晋边各厅，并蒙其惠。弟早拟请观察来晋，筹备因应之方，但念尊处相需正殷，未敢失之冒昧。现宣府已歌安堵，而晋中尚在传烽。势处万难，竟有非借才异地不能解三晋倒悬之急者，务恳借重鼎力，曲赐吹嘘，劝谕观察即日来晋，商办因应事宜，以弭衅端而保危局，则三晋之幸，亦即大局之幸。尊处事务极关重要，如晋事粗有端绪，而臂使尚待长才，自当仍请还赴戎辕，俾资赞画。想执事体国公忠，定当不分畛域也。

第晋省现为完善之区，与直省情形究有不同，且外人隙怨最深，一逾鸿沟，势必惨遭蹂躏。各防军星罗棋布，或恐偶避不及，致启事端，祸结兵连，大势终归不了。仲礼观察必能使迢然而返，保全无数生灵，此所殷殷奉恳者也。盖保全晋省，亦即所以补救大局。将来仲礼观察折冲樽俎，我公亦功在山河，感荷盛施，固不仅弟一人已也。现因事关急速，不及备办公牍，仍希赐复，以便电奏。

再，闻口北道禀请宣化府属教案赔恤各款请归议和大案，未识傅相如何批示？弟又及。

附：奎顺来函

光绪二十七年正月二十四日

近接邻晖，正殷依企，适辱华翰，快慰蓬衷，乃承藻饰逾恒，转深愧恧。敬维勋猷日丽，匡济时艰，引企节麾，慰如豫颂。弟忝镇边疆，愧无报称，侧身危局，刻刻可虞。去冬洋兵迭次北来，虽经沈道说退，得庆安全，而和局究未大定，洋兵仍四出骚扰。此间咫尺居庸，今日无沈道，明日即有洋兵，关系实非浅鲜。尊意欲调沈道入晋，商退洋兵，以保三晋完善之区，辱在邻谊，敢不惟命是听。且彼此皆朝廷所注，何敢稍存畛域之心。惟此间危难情形，有不得不剖陈于执事之前者。

昨日奉到大教后，不知缘何泄漏春光，致张家口阖境商民焚香跪道，苦留沈道，且恐沈道一去，洋兵必欲前来。此间商民，晋产为多，佥称苦留不住，皆愿随沈道归晋，几成罢市之势。此口内之实在情形也。

口外民教不和且多土匪械斗之事，教中皆岌岌可危，幸沈道派兵弹压，聊可相安，否则教士早已请洋兵前来，口内外尽成灰烬。现在教士屡请洋兵，而洋兵不遽来者，以有沈道之调停耳。若沈道一去，土匪起而教士惧，洋兵可克日而待。此口外之实在情形也。

自居庸以至张家口，为洋兵入晋第一重门户。此间有长城，晋疆尚可无虞；此间无长城，晋疆未必无虞，缘此间与晋势固唇齿相依。执事以为，沈道入晋，可以保晋疆。鄙意以为，沈道在此，亦可以保晋疆也。此一举两全，所欲求谅于执事者也。如以教案为难，必须借才异地，尽可札饬沈道与恩观察会办归属七厅教案，所有归绥等处教堂，皆系口外西湾子方主教所辖，可以就近商办。弟自当敦嘱沈道，不分畛域，极尽心力，以报知己而副雅命。区区愚忱，尚祈垂鉴为幸！

敬再启者：

谨抄录口北道禀并傅相批三纸，附呈钧阅。

再，察哈尔另有办法，不在其内。弟顺又及。

225. 复沈敦和函

光绪二十七年二月初三日

轻邮迢递，正结怀思，叠奉手缄，如亲謦欬，并寄示各件，备悉种切。敬审心坚忠爱，力挽艰危，紬绎再三，感佩奚似！晋边防务，情势日严，急盼驺从南来，便可折冲樽俎，维持商榷，造福一方。前曾函达枢廷，并已电请云帅就近奏调，尚无复音。

迩来时局弊坏，病非一夕一朝，在墨守者不达洋情，通权者又多歧向，日精月浸，遂难收拾。若执事念存君国，识贯垓埏，运操纵外服之规，为安全大局之计，视民如己，视国如家，实为通商以来所罕睹。宋之苏范，通辽、夏之势，而常欲毋启兵端；明之王、方，知俺答之情，而有以永安朔塞。执事明达，实类昔贤，此弟阅历数十年而不觉心折者也。

弟重寄滥膺，瞬将半载，晋疆从事，早逾廿秋。此番补救无方，每为耿耿。今幸解符在迩，藉免愆尤。惟晋事仍仰关怀时赐，力加调护，俾三晋赤子不致遭锋镝之惊，则弟一叶扁舟，五湖垂钓，而恒云北眺，亦感德靡涯矣！

方主教函已饬洋务局飞移新甫观察。附瓦德帅函，分别筹办饬查。

再，承示敌情，诚洞中窍要之论，如有所闻，尚希随示。专泐奉复，即请勋安！汇璧谦衔，统希荃照不备。

附：瓦德西致德使穆默函

1901 年 1 月 21 日

兹照中国全权大臣所请之意，特将鄙见声明：

各国联军撤退之先，中国必须将和约条款各节动手举办方可。所谓举办之事，我以为各国大臣所索惩办祸首一节，如果业已照办，确有证据，而各国所索兵费，亦经如数赔给。如上开两层均已办到，则北京、保定府两处兵队可以撤退，而直隶全省兵队亦可同时酌灭。

惟京、保两处撤兵以后，则天津自为驻兵首要之处。现时天津只一分卡，撤兵之期，须候各国运船租妥调齐能至大沽码头为准。而大沽码头与别处情形不同，如有大枝兵队自该处起程，预计其期非西三月初不可。

至天津及其附近之区，暨山海关与夫通北京之畅道，暂时仍应由各国驻扎重兵，俟下开两条认真办妥后，始可议及撤减。

一、中国政府必须表明其情愿及真能担保以后直隶全省太平守法，并须保护各教堂、教民，务有实效；

二、中国已允赔偿各款，必须将如何付给之法，议定章程。

当上开两层尚未议妥之际，及议妥尚未举行之际，则下开各处应驻扎各国兵队。

一、北京保护使馆者约二千人。

二、天津、芦台、大沽一带约六千人。

三、山海关一带约一千五百人。

四、铁路经过地方应分扎小队，每队约二三十人，如黄村、安定庄、郎坊、落垈、杨村、唐山、滦州是也。

五、河北之河西务、马头、通州，现有之兵卡，仍旧暂驻，俟直隶全省撤兵，再行一律撤退。

暂行管理之天津都统衙门，于交还该处之先，仍应照旧管理该处地方。

我以为，现在开议之始，即应告知中国政府，如将所索直、保撤兵以前之事照办，各国方能调集运船，从京、保两处陆续撤兵，亦须两月始能竣事。中国应知照允所索各节，皆系于中国有益者也。敬祈贵大臣详加查核，转商各国钦差大臣。

附：沈敦和禀

敬禀者：

月之二十三日，由五百里排单驰复一禀，想已早蒙钧鉴矣。恭维升恒如日，鼎履宜春，翘首椁辉，倾心藻颂！

职道粗识洋情，妄参时务，乃荷虚声谬采，下逮征书，拜命以来，此心如趋跄铃阁矣。昨接各国总统幕府自京来函，谓联军西向，为催促要求各节，非有他意。无如敌情叵测，万一所要挟者不如其期，长驱直入，而职道远在张垣，鞭长莫及，即闻命之余兼程遄发，倘或不及，有负栽培。此职道近日之所以惄焉难安也。

并阅幕府洋员附录瓦帅致各国提督函，其所留常川之兵，与我兵朝夕相处，恐将来天津一带交涉不知如何棘手。兹录一纸，附呈宪鉴。

兹接方主教书并附上宪台一函，伊恐体格不符，有冒渎尊严之处，露封前来，嘱职道披阅之余，再行呈览。当此时局，而能恭顺如此，仰见宪台德化之神，虽彼族亦闻风钦佩也。方主教管辖归属七厅，近更兼顾七属以西教堂。况其间有恩道忠荩为怀，认真将事，嗣后晋疆交涉事件，不难就我范围。预为贺贺！职道自当仰体宪意，与各洋教格外联络，尽力周旋，以维大局，而答鸿慈。

如有各国新闻，当随时录报，以慰廑念。肃此奉禀。

计禀呈方主教信一函，并瓦帅致各国提督抄信一纸。

附：瓦德西致各国提督函

1901年1月26日

兹有致本国穆大臣两函，钞请贵提督查阅。该两函已烦穆大臣酌核转交各国钦差大臣查照，贵提督自可于函中各节，见本帅按照和约大纲办理军务用意之所在矣。

西正月念二号，即十二月初二［三］日，接准本月二十一号来函，兹照复如下：

一、进海之畅道，惟有保护铁路之一法，是以铁路经过之处，宜设立兵卡为妥。太平时不必每卡驻兵，但相距宜近，由此卡至彼卡必须步行一日可达。黄村、郎坊、杨村、天津、军粮城、滦州、芦台、塘沽、唐山各车站，自应一律占据。其屯军火之处，则应永远有兵看守，至少以二百五十名至三百名为率，其中须有五十名骑中国马者。天津为人烟稠密之区，该处为预防不测事端起见，驻兵应增至一千五百名。

二、各卡应如何各国分驻兵队之处，须俟第一款定议后，乃确知何国愿留兵队常驻直隶，方能计议。除天津不计外，每卡似宜指定一国之兵驻守为妥。但各卡均有守望相助之责，有事时通力合作，庶不妄驻兵自保之宗旨。遇有变端，且专为变端起见，必须事权归一，庶各外国人财产性命得保无恙。联军总统之任，非勇略并优者不能胜之，宜于无事时预选人才，俾该员得以随时考查地方情形而胸有成竹，不致临时仓卒受任，贻误事机。惟应于何国选派此人，或有为难之处，不如各国按年轮派。应以天津为该总统驻扎之区。

三、大沽及其他何处炮台，应行平毁，应由各国派员细心踏看定夺。惟其中亦由各国可留屯兵之用者，如天津炮台是也。即如天津应留兵队，均可在现为俄兵占据之东局内屯扎。

226. 复沈敦和函

光绪二十七年二月

两披惠翰并抄单各一纸，敬承种种。弟自问庸愚，难胜艰巨，复值命途多蹇，毁出求全，惟责诸躬，怨尤何敢。乃承谬爱，雅意殷拳，感愧至不可言！交卸后，即日首途，从此买山深隐，泛若不系之舟，四顾苍茫，不知何时方到芦花浅水中耳。倚装作复，并此布谢。

Ⅲ. 照会

227. 致德国统兵大臣照会

光绪二十七年正月初八日

大清国兵部侍郎、山西巡抚部院兼提督军门、河东盐政节制、太原城守尉锡为照会事：

案照此时敝国与贵国和议将成，正宜讲信修睦。乃者敝省将士在于广昌县鞍子岭驻守设防，所以自保疆土，尽其职分之所当为，屡饬不准越境生事。不意贵军猝然而至，致多损伤，想非贵大臣之本意，亦非本部院初念所及料也。今已奏奉敝国大皇帝谕旨：饬令照会定界，彼此勿犯等因。钦此。查广昌县鞍子岭防军已退守灵邱县属腰站、五台县属长城岭，皆山西地界，愿自今以后彼此各守各界，不复相越一步，以敦睦谊，谅贵大臣素重邦交，当必欣然乐许也。为此照会，请烦通饬各兵官一体遵照，仍希见复施行。

照会大德国统兵大臣。

附：德国军统兵官照会

大德国驻扎保定等处总统葛为照会事：

今准贵部院正月初八日照会，论各守疆界，以敦睦谊等因。准此，查广昌之战，乃贵国兵越境前来，首先开枪，本部兵不得不列队还击，虽有损伤，其过不在本部兵。若贵国政府于和议展转延宕，日复一日，迄无成说，则划界停战之议，非本总统所敢擅许也。相应照会贵部院，烦请查照施行。须至照会者。

右照会大清国兵部侍郎山西巡抚部院锡。

主降一千九百一年三月初八日

大清光绪二十七年正月十八日

228. 致德国统兵官照会

光绪二十七年正月二十日

为照会事：

案查前以敝国防军已退守长城岭，系属山西境地，当经本部院于正月初八日照会贵大臣，请饬兵队勿复西来，以期共保和局在案。旋接敝国全权大臣来电，以承贵国瓦帅允许，不派兵来，本军门闻之，曷胜敬佩。乃顷据五台县报，贵军于十八日攻入铜钱沟、长城岭两处，不解何故？兹派道员潘乃光前诣贵军，代达款曲，所有详细情形，潘道自能面述。为此照会贵大臣，请烦查照施行。

照会大德国统兵大臣。

附：德国统兵官照会

大德国大帅葛为照复事：

前敝处饬军前往鞍子岭修整道路，不意在彼处相遇贵军，然鞍子岭为直省边界，非贵军驻防之所也。至于日前战事，乃在龙泉关相近，亦直隶之边界，而贵军与敝军相并，诚非本帅之愿也。然依敝见而言，想贵军不能严守军令，又不肯离直隶，是以敝处饬令敝军在长城直界一边与贵【军】相并，非山西之边界也。而贵治山西之官来，想知其事之所以然，兼与敝军官之在边界者所陈之言，与敝意甚为合宜。但自今以后，毋得再有兵端，是所至愿者也。为此须至照会者。

右照会大清国提督军门宋、马、锡。

229. 致法国统兵官照会一

为照会事：

案照本军门部院现钦奉敝国大皇帝谕旨，令照会贵大臣明定界限，两不相犯等因，亟应钦遵办理。查上年拳匪之变，中外生灵惨遭锋镝，远劳贵大臣亲总师旅，驻兵敝国，本军门部院每一思及，万分不安。晋省民气驯良，溯与贵国通商以来，他省不免闹教之案，晋则独无。岂期拳匪四起滋事，阑入晋疆，竟至不可收拾。贵大臣当了然于此，皆前任晋事者办理不善，固非尽晋民之罪也。本军门部院来晋后，查知教士、教民前被匪害情状，中心惨恻，耳不忍闻，当饬地方文武以及各营将官，一体严拿匪首，正法已过百名。本部院又令将教士等死者妥为殓埋，生者认真护恤，或借给银两，或追还人口，其愿赴京赴鄂者，分委员弁，拨兵护送，均幸安然无恙，各属教民亦皆赈给钱谷。凡本部院之所以竭尽心力切实维持者，诚谓安贵国之人，即以安敝国之人。保此生灵，使无兵祸，庶传教一切裨益良多，不独本军门部院所深愿想，亦贵大臣所乐为也。拟请此后晋省防军无越井陉县所属地界，贵军亦无逾获鹿县所属地界，两不相犯，以维和局。至于井陉驻扎防军，皆在贵军未到获鹿之前，固以保卫晋省疆域，亦因直境溃兵散勇到处纷扰，本省灾民饥馑流离，不得不驻重兵，以防勾结为患。且保晋疆，即以保在晋之教士、教民，故叠饬防军不准生事，共敦睦谊。倘有旁人造言生事，更愿贵大臣勿复相信。若因晋省教案尚未办结，不能放心，容俟和议大定，本部院当奏请敝国大皇帝特派钦差前来，会同秉公分别查办，不使稍有偏倚，以副贵国素重邦交两相和好之至意。用布腹心，尚希鉴谅。为此照会贵大臣，请烦查照，并望见复施行。

230. 致法国统兵官照会二

光绪二十七年二月初三日

为再行照会事：

案查前因钦奉敝国大皇帝谕旨，令即照会贵大臣明定界限，两不相逾等因。当经本军门部院钦遵，于本年正月二十三日会同照会贵大臣鉴核，以期共维和局，并将本部院到晋后叠次通饬地方官，实力保护教士，抚恤教民，分给米谷银钱，追还人口，及查拿拳匪，尽法严惩，钤束各军不准生衅，一切情形，详细叙明在案。虽尚未荷见复，想贵大臣亦必欣然许之。但恐文牍往还，彼此情义仍有未伸者，兹派山西洋务局提调、知府泽宣，再行亲诣贵军，代为详通款曲，俾敦睦谊，共笃邦交。为此照会贵大臣，请烦查照，共保和局，并希赐复施行。
照会大法国统兵大臣。

附：法国统兵官照会

光绪二十七年二月初八日

大法国钦命统兵大帅巴为照复事：

照得昨接来函，据称庆亲王、李中堂奉命办理和约事宜，札饬华兵自直隶获鹿退往山西，不准久驻固关地方。然贵国统兵官不遵上宪之命，仍逗留不退，以如此勿庸与本帅来往信函。本帅统兵来华，诸凡谨遵我国之命。若贵国统兵官员将来能遵上宪之命，诸事尚可商办也。特此照复。须至照复者。
右照复大清钦命山西巡抚锡、太子少保宋、浙江提督马。

肆、河南巡抚时期

光绪二十七年——二十八年

Ⅰ．吏治财政

1. 札藩臬两司大学堂会议课吏馆事

札藩臬两司、大学堂知悉：

照得吏治以澄清为本，人才以造就而成，所以泛驾之马，可范驰驱，拳曲之木，可中绳墨。到省候补人员，虽有贤否之不同，要在为长官者激浊扬清，潜移默化，使之增长器识，砥砺廉隅，此课吏馆之设为不容缓也。豫省向有吏治一局，其初原为课吏而设，特日久废弛，有名无实；且与保甲同局，尤非储才之地。本部院拟于大学堂内另置一院，专为课吏之所，择通同州县之可造就者，定额若干，讲习其中，预储吏治、时务等书，听各员择取观摩。每日将课程登注日记，以备考核。既可约束放心，并可讲求治理，免致异日临民，范无依据。然必须明定章程，始可共资遵守。合就札行。札到，该司、堂即便会同大学堂、藩臬两司妥议办法，应如何选择，如何考验，以及督责功课，甄别去留，并一切详细条目，悉心筹议，详候核夺，务期实事求是，勿蹈具文。切切！此札。

2. 课吏告示

谕候补同通州县各员知悉：

恭读光绪二十八年正月十七日上谕："为政之要，首在得人。各省候补人员，冗滥尤甚，平时不加考核，一旦使之临民从事，安望其措置得宜。近来各省已有奏设课吏馆，自应一体通行。惟考核人材，不得视为调剂闲员之举，仍由该将军、督抚、两司等常见僚属，访问公事，以视其才识，并查其品行。其贤者量加保奖，不必循拘资格；其不堪造就者，即据实参劾，咨回原籍。统限半年具奏一次，务当破除情面，严行甄别，不准虚应故事，稍涉瞻徇等因。钦此。"当即札饬交涉局司道等会同详议。兹据详呈课吏章程十条，均属切实可行。除已批饬照详举行外，合将所定章程榜示官厅，仰该员等一体遵照毋违。切切！此谕。

课吏章程十条录示于后。

一择定考期，预先宣示章程也。考期择定，将所定章程粘贴各署官厅及交涉局，俾考试人员一体周知；并宣明此次课吏系钦遵谕旨，鼓励人材，力求实用，原于澄叙之中，寓嘉矜之意。该员等务当振刷精神，博观有用之书，期为济时之具。盖必有真学问，始有真事功。其次一长一艺，亦必器使因材。惟平时冗滥充数，经此次考核，半年后仍复不知振作，是真暴弃自甘，定当分别停委咨回，不能屡为该员宽也。

一报考人员，由藩司移送官册以凭考核也。查在省候补同通州县人员甚多，无论何项出身，均应一体考试。惟其中有无长差，及现在是否告假出差，交涉局无从考核。拟请由藩司衙门造具官册一分，签明现在出差及长差、告假，移送到局，以凭办理此次课卷等项。嗣后如有长差及出差、告假人员，须到交涉局报明，以凭扣考，俟销差、销假后，仍行报明备卷，一体考试，以杜规避。

一课卷用弥封，以杜情面也。课卷拟盖用交涉局关防，卷面粘贴浮签，注明某官某名，卷背糊名，一如场试。俟各员缴卷，由收卷人员揭去浮签。庶阅卷者心无成见，凭文定取，以杜瞻徇。

一课日点名。由督课司道商定一人亲临，清晨到核学点名，并稽核入考人员数目及临时告假、无故不到人员，均分别移咨藩臬衙门查考，并择期补试，以昭核实。

一派员监试，严察流弊也。查课吏在核学扃试，门禁宜严，拟派委员一人经理。考试各员不准携带家丁，入场以后，即行封门下钥，其点心茶水，酌派夫役伺候。至申刻交卷后，计二十员开门放场一次。至三次后，尤当严禁，只准考员出场，不准外人混入。所派夫役人等，如敢有传递舞弊等事，一经监试查出，立予重惩，以肃课规而杜流弊。

一阅卷人员，由督课司道委派也。每月逢十四日课吏一次。十五日由督课司道委派阅卷八员，分卷二员，一经派出，即须到局。派分卷者，将各卷分摊八分阅卷，各阅一分，务于当日阅毕，并粘贴红签，注明某员校阅，拟何等次，封存交涉局。次日由局司道公同核定，取通场等第名次，一面将课卷送院，一面出榜宣示，以昭公允。

一功过严定等次也。初次取列上等者，除奖赏外，记功一次；连取二次者，记大功一次；连取三次者，由本部院督同司道，考其言行相符，以后即免再试，并随时查其心术品行及见诸实用者如何，酌予委署长差。其取列次中等者，均照常当差，仍酌量委用。其取列下等前中列者，仍照常当差。至后十名者，如系初次，暂免记过，俾得发愤自新，以图上进，至二次者记过一次，至三次者记大过一次，至四次者酌量停委。其不合格式及文理乖谬、不能列等者，初次记过一次，至二次记大过一次，至三次酌量停委，至四次及屡次下等后十名者，酌量咨回原籍。其或取列等次，时上时下，参差不齐者，准其以功抵过，并随时查其才具如何，再行酌量委用。

一优高年以示体恤也。学问之道，端在壮年，过此以往，每多勉强。其有六十以上，自揣学业未荒，愿来与课者，悉听其便。余或文理尚优，而老眼已花，不能作楷者，应先期据实报明，并于册内注明年岁，以便与藩司处官册核对相符，准其免课，仍由本部院及两司随时察看。盖考言询事，皆可观人，果于吏事优长，自当一体委用。

一分课以杜规避也。分府、分州各员原应一体与课，以察所长。然各府州差委需员，又未便纷纷调省。除有自愿回省应课者，由各府州备文申送外，其余统归各府州按月传集考课一次，即将课卷评定甲乙，连同名册，包封呈院。其文理纰谬者，三课后送省察看，验其可否造就，再定去留。其优者随时嘉奖，亦于三课后送院面试，果无冒滥，亦即尽先委用，以示鼓励。

一颁程式以便遵循也。记问考据之学，皆经生家言，非吏治当务之急。约举所当课者，不外策论、公牍、条陈、审看各件。尔应课各员，毋好高炫博，务须平实易行；毋泥古非今，要贵因时适用；毋剿袭前人，期于文必己出；毋好翻成案，端在义取持平。凡此敷陈条对之辞，悉皆人品心术所系，忝居一日之长，能无期望过奢，愿储大用之才，弗谓相绳过刻也。懔之慎之，于各该员有厚望焉！

3. 课吏课程谕

自来地方之休戚责重官吏，官吏之贤否必本学问。近奉上谕，勅令各直省一体举行课吏，本部院业与司道妥议章程，出示晓谕在案。既思学问一道，茫无涯涘，非先示准的，则应课诸员无所适从；非各摅专长，则应课诸员岂易表见。盖作者既思琢磨向上，阅者亦恐埋没真才。兹特酌拟开课时大略门类数种：系乎中者类凡五：曰经（以钦定七经为主），曰史（以御批《通鉴辑览》、《资治通鉴》、《续资治通鉴》为主），曰吏治（以《大清律例》、《六部则例》、《赋役全书》、本省省府州县志、《经世文编》、《牧令全书》等类为主），曰历代制度（以正续《三通》为主），曰国朝掌故（以《皇朝三通》、《大清会典》为主）。系乎西者类凡三：曰交涉（以约章为主），曰西政（凡一切史志、兵律、工商、路矿等统在内），曰西学（凡一切天算、测量、格致、制造等统在内）。

豫省候补各员人才济济，平日留心考究定不乏人，或专门家或普通中外，望各据实呈明，其能熟悉一门、博涉数门者固佳，即或其有偏长，亦宜分别开注。本院量才甄录，惟期与我寅僚共相砥砺，以蕲毋负朝廷图治作人之意。其各揣量所能，一一注明，毋饰毋隐。特谕。

4. 札厘税局鄂电铁路厘金事宜

光绪二十八年六月初二日

光绪二十八年五月二十九日准湖广督部堂张电开："铁路厘金事，连日饬税务司与厘局详议。兹据复称：洋商请领三联单入内地办货，应纳半税，按照货价，值百只征二五。现拟铁路厘金，数目不得过多，须合计未到铁路以前暨上铁路以后，所抽厘金，共计不过每百抽二五，不然洋商均领联单，两省厘金均归无有。河南近楚边，出产以芝麻为大宗，先请将芝麻应收数目，与尊处商定试办。其余百货，如来路、销路距信阳约一百里内外者，均可类推；过远者，俟铁路接长再议。查芝麻每石豫省抽钱三十九文，而信阳每石计三百斤，计每百斤抽钱止十三文，不知未到信阳以前，另有厘金否？即有，想必无多。湖北境内各项厘捐，其陆路每石百四十余斤者，抽钱一百六十二文；水路每石二百一十斤者，抽钱二百六十五文，杂费均在外，计每百斤向抽钱一百二十文以外。兹就芝麻每百斤酌中估价，钱五千文按二五抽税，应征钱一百二十五文。拟请在汉口抽钱一百文，在信阳抽钱二十五文。在湖北已减征十分之二，河南则增抽钱十二文，于豫省极为合算，而楚厘不至舍空。但须请尊处饬属将芝麻未到信阳以前，一切厘捐，向有者概免，未有者不可增抽，俾两省厘收畅旺，而免洋商请领联单等语。查洋商在汉口领三联单，其半税仍归湖北江汉关所得。所以愿减数收厘者，盖联单限制太多，商人究不甚便。领单者税则半税有限，若厘轻则洋商亦愿交厘，收数虽减，运货必多。该税务司、厘局所拟办法尚属有见，尊意如以为然，似可早日定议，以免洋商别生他计。其余楚、豫来往百货，以后亦可商酌推行，于豫厘有大益，于楚厘亦无大损，于豫省土货则其利无穷矣。此举宗旨在杜联单、畅土货，两义并重。闻信阳铁路今日已开行，祈速裁定示复。洞。艳。印。”等因到本部院。准此，合亟札到，该局速会同布政司、交涉局查照电开事宜，妥速议复，以凭电复鄂督。切勿迟延！此札。

5. 札厘税局鄂电火车运货各事宜

光绪二十八年六月十四日，本部院在东漳行辕接准湖广督部堂张、湖北抚部院端电称：“歌电悉。芝麻每百斤按一百二十五文之数，在信阳抽三十九文，在汉口抽八十六文，其余百货无论华洋商人，凡赴信阳买货，由火车运赴汉口，未领有联单，应按本省厘金科则，依照芝麻办法，各就各局征收等因。大致系三七分收，应即遵办。惟火车抽厘之数，应照江汉关税则半税值百抽二五之数计算，不能照本省厘章计数。税则有刊本，当咨送备查，盖厘数必多于半税之数，则洋商仍领联单矣。已照来电饬司局，此后凡由火车所运百货，均照值百抽二五征收，距信阳百里以内者，豫厘抽三成，楚厘七成，各就各局征收；其距信阳百里以外者，及以后铁路加长，另议分收成数。祈转饬照办示复。洞、方同复。吻。”等因。准此，合亟札行。札到，该局即便会同布政司悉心妥议详夺，以凭咨复。毋违！此札。

6. 火车运货抽收厘税告示

为剀切晓谕事：

照得现据厘税局司道详称：“窃照信阳当豫楚铁轨之冲，火车既已开运，商贩自必源源而来，此后货物云集，亟应设局抽厘，以裨饷项。本局会办费道既已会同朱道筹议办法，应请准如所禀，即在信阳北城门外车栈之旁，相地设局，委派专员抽收火车载运之货，并派员在武胜关设卡验票。其抽收科则，应俟费道至鄂，按照值百二五之数，妥定成数分收。惟是信阳地方平衍，四通八达，火车既已收厘，其小车推载、骡马驮运、人力负担各货，亦应一体抽收，以杜漏卮。应请在城南七十里之李家寨设一分卡，参酌值百抽二五之数，专抽陆路之厘，统请归南汝光道就近督办，信阳州则专司弹压。现在费道已经购地建屋，设局有期，应请发给告示，晓谕商民，以便开办，并请咨明湖北督部堂、抚部院，转饬查照。理合详请查核，批示祇遵。”等情前来。除咨明湖北督部堂、抚部院转饬查照外，合行出示晓谕。为此示仰汉、豫火车一带商民人等知悉：尔等由火车运货入境出境，均应赴信阳北门外厘局报验完厘，其人马车骡载运之货，即赴路过之李家寨分卡报完，听候给发验票。倘有奸商绕越偷漏等弊，定即从重惩办，决不宽贷。各宜懔遵毋违。特示。

7．札厘税局户部电裁厘局事宜

光绪二十八年八月初四日

光绪二十八年八月初四日，本部院在黄沁厅工次接准户部电称："二十六日奉旨，将各省局卡裁撤，不再抽收厘金等因。现先与英国商定，俟各国全行议妥详细约章，颁行各省，始开办加税免厘。撤局期在明冬，宜趁未经裁撤之先，酌量设法，或归并，或统撤，预为裁撤地步，免致临时周章为要。户。冬。"等因。准此，合亟札行。札到，该局即便会同布政司、交涉局查照办理，毋违！此札。

8．札厘税局沪电加税免厘事宜

光绪二十八年八月初五日

光绪二十八年八月初四日，本部院在黄沁厅工次接准上海电称："英国商约载明，须俟各国俱允加税，方能撤厘。二十六日谕旨系为各国商约已定之后而言。现仅英约议定，讵开办年期甚远。一俟英国画押，即将约章寄呈台览。先此奉达。勘。"等因。准此，合亟札行。札到，该局即便会同布政司、交涉局知照毋违。此札。

9．札藩司停缴典当契税

为停征典当契税以纾民力事：

照得各省骤增偿款，百计罗掘，按粮加征者有之，计房取值者有之，甚至亩捐、铺捐，巨细靡遗，凡以为巨款难筹，迫于万不得已也。豫民专恃田地谋生，别乏营业。本部院体念民艰，悉未举办，惟择其轻而易举之事，仅于加征契税外，试办典当契税，所以为吾民体恤之者亦已至矣。乃前闻稽征当契，各属办理未尽得宜，业经札饬，将二十八年以前当业，一律免其稽征，由司通饬示谕在案。兹据该司查报，开办以来，仅五十余处已有成数，共计得银二千余两；其余各属，尚无头绪。似此数甚微细，事颇烦琐，窃恐仍滋扰累。查筹款一端，本部院受事以来，督同该司苦心擘画，计每岁遵照部章，办理盐斤加价，约收银四十余万，加征田房契税、整顿土货税厘两款，共约收银二十余万两，不敷尚巨。筹思再四，乃奏请准停武卫右军协饷银九万余两，奏奉谕旨，加复光州等处丁粮钱价银八万余两，奏拨节省河工银十万两。至裁兵节饷，虽无专款，亦尚可资腾挪，契税厘金，亦恃随时整理，方能畅旺。总计以之抵解偿款，似可勉为敷衍，自应将典当契税一项不必征收，以恤闾阎而培元气。合亟札饬。札到，该司立即遵照通饬各属，即将奏明试办之田房典当契税，截至本年五月底止，一律停收，以纾民力。仍由司迅速刊发告示，俾众周知，而免滋弊，一面叙详呈请奏咨。切速毋延！此札。

10. 札各属将压搁案件分别解勘

札各属知悉：

照得小大之狱，察必以情，刑罚不中，民无所措。地方官于命盗重案，固应认真勘验，从速审解；即上控自理，亦当随时传集，讯结省释，庶地邻、人证不致日久拖累株连，衙蠹讼师无所施其狡谲技俩。要知庶狱为民命所关，若办理稍涉稽迟，听断偶从迁就，皆足以上干天和而隐亏阴德，岂容任意模棱延宕，畏难苟安。

兹据署卫辉府于守沧澜[①]禀称："窃维恤民之政，刑狱最先，课吏之条，例案为主，然事果有益于民命，即办理无妨于变通。

① 于沧澜，字海帆。时任署理卫辉知府。

伏查囹圄淹禁，律著明条，而审解逾期，例干严议。豫省向遇命盗案件，各州县获犯后，循例讯供详候批饬复讯，依限解勘。果皆情供确凿，不至稍为稽延；若案涉疑难，一经驳诘，人证难齐，或尸亲上控，犯供狡翻，遂致株连拖累，案难速结。迨至统限之已违，更恐弥缝之获咎，往往有案情本可援免，缘辗转而难减等，罪名不必久稽，值待鞫而遂停解。京控以咨展为腾挪，上告以传证为地步，管押者多至瘐毙，收禁者终老狱中。岂尽问刑之吏任其沉冤，亦文法有以束之也。卑府到任以来，屡经督催所属，将获犯通报各案，认真审解。无如在各属一手经理之案，尚可详办，其有案悬多年，官经数任，歧控既多，例限难扣，遂不能一律清结。际此皇仁普被，宪泽宏敷，虽重辟尚荷矜全，即一夫亦恐失所。况值久旱不雨，尤宜清理庶狱，以冀感召祥和。卑府愚昧之见，拟请将各州县命盗获犯通报之案，除本年本任新案催令依限审解外，其有逾限多年，奉有恩诏，犯可援免。及案归外结，控案未销者，拟仰求札饬各州县，查明逾限陈案若干起，及因何未结之处，开折禀报，设法速行详解，勒限完结，并求宽其逾限处分。但可清理，曲赐审转，勿因一人之刁控而使数家拖累，勿因一犯之羁禁而致全案压搁，庶犴狴少久羁之囚，各属无弗矜之狱，情法胥平，而刁健亦息。如蒙允准，卑府所属现有似此可拟办之案，即当行令遵照解勘。是否有当，理合禀祈鉴核示遵。”等情到院。

据此，一府情形如是，他府州属亦可想而知，亟应及时清理，以祛积弊。除禀批示并分行外，合行通饬。札到，该属立即遵照，所有压搁未结命盗集案以及上控自理，无论年月远近，依次开具清折，将因何未结缘由，逐起详细登注，先行禀候察核，一面按照折开起数，克期审明断结，分别解勘详销。曾经咨展者，一律勒传，务获到案，质讯究办，尤不得恃已展限，行所无事。各该厅州县，身为民牧，责有攸归，勤政即以爱民，变俗首在求实，务当力图振作，慎勿再事因循。勉之，懔之，切切。特札。

11. 札各属悉心访察地方事宜

为通饬事：

照得州县为亲民之官，闾阎情伪，本应随时考查。况当时事多艰，人情嚣竞，民教易启猜嫌，尤须上下声气相通，乃可遇事先为觉察，弭患无形。夫事莫不由小而致大，因微而致著。若不时躬历四乡，周咨博访，或为之譬晓开导，或为之当场劝惩，民怨尽消，疑团悉解，尚何有相仇之事乎？且地方何利应兴，何弊应革，何患应除，亦可全局在胸，因事制宜。至于察获隐情，不便遽登公牍，尽可用函密禀。即遇饬办事件，实有为难之处，亦可切实函陈。虽奉驳饬，而事属因公，期得一当，仍不妨详达下情，断不可胸无主见，略一诘责，或则曲意迎合，或则缄口不言，以致真情不能上达。本部院开诚布公，决无丝毫偏执，因特剀切告戒。除分饬外，合亟札饬。札到，该属立即转饬各属，务须振刷精神，勤历四乡，将地方一切事宜，悉心访察，并遵照指饬，随时禀陈，以资考证。如仍安坐衙斋，致有贻误，定干严谴。切切毋违！此札。

Ⅱ. 豫南矿务

12. 札于沧澜总办豫南矿务

光绪二十八年三月初七日

札候补知府于守沧澜知悉：

照得豫省怀庆左右河北矿务前因豫丰公司与福公司会办，禀经前部院刘奏准在案。现在福公司催办修武老流河矿务，本部院已札委韩道国钧接充豫丰公司总办，以专责成。惟大河以南各山矿务，亟应自行设法集股开办，以保利权，即名为豫南公司，必须遴派妥员经理。查该员沈毅有为，留心时务，堪胜豫南公司总办之任。除行交涉局暨两司、四道外，合行札委。札到，该员立即查照，俟交卸卫辉府篆，即行迅速来省，将豫南矿务事宜，禀商交涉局妥筹办理，万勿违延。切切！此札。

附：曹广权[1]转呈禹州绅商呈请集股开矿禀

光绪二十八年三月初八日

敬禀者：

窃据卑州镇定里贡生陈士魁；义让里监生张克恭；锡章里举人樊海澜；钧阳里李海秋；镇峰里监生王洋心；文风里训道王德纯、文生李瑞林；万柏里监生郭岚光，廪生袁廷瑞、张凤鸣，生员程启运；礼林里举人胡文甲；颍川里监生吴永祥；钧阳里候补知县王文焕；紫金里监生张中田；锡章里廪生宋云淦；义让里监生陈其东、文谅友，增生赫连立贤，廪生王棽林，生员方硕彦，典史方成谦；在城六品文生马中星，教谕石道生，五品衔康应元、万盛新，盐商府经历苏学麟，乾育典当商五品衔冀殿卿、钧茂典，举人李抡元，十三帮药商首事监生曹清桂、刘文明，七品衔蔡景云等，为拟集华股开采煤矿，输课便民，呈请转详事。

窃近年迭奉上谕，饬开矿务，各省遵办在案。现在京汉铁路需煤甚多，就近开采，尤为急务。况值偿款紧急，河南摊派九十万，常年税课不支。上宪迭次颁发告示到禹，职等具瞻，深知筹款为难，凡在食毛践土之伦，均应各就自有地利，集股开办，以期上增国课而下益地方。查禹境各里煤窑，如神垕、大涧，均经开办有效，于地方亦尚有利无害。兹距城二十里之三峰山，煤矿

---

[1] 曹广权，字东寅。时任禹州知州。

颇旺，经前任李父台叠请上宪永远封禁，至今未敢擅开。职等筹商，拟多集华股，按照矿务公司章程，在该处试办，藉资挹注。惟案关各宪示禁，自应禀请宪批核夺。所有拟集华股自行筹办情由，谨绘图贴说，合词呈请父台核准转详，顶感等情到州。据此，查各里及在城绅商，均系公正殷实富户，平日素孚物望之人，此次集议筹办，拟立公司，招股开办三峰山煤矿，询据实为开地利、增国课起见，并无拂众包揽情弊。所请转详等情，未便壅于上闻，合具禀转呈大帅鉴核，可否照准，俯赐批示祗遵，实为公便。

敬再禀者：

卑职于初五日在乡接奉本府专函，以奉帅谕，饬查卑州煤窑各节，速复转禀等因。当即草陈大概情形禀复，随往三峰山等处详加履勘，并询集土人。据称该处煤苗本不甚旺，且系多烟、气味不佳之产，烟尽则灭等语。归署，奉臬司札开，转奉帅札饬查飞禀等因。即卷查卑前州李牧任内，监生杨继善等曾屡请开挖该处煤窑。该监生等颇有包揽武断习气，众论嚣然。又俗传三峰山为文峰，不便开挖，伤损风水。一唱百和，群相阻止，是以李牧严查封禁。迭经各宪委查，亦均以于地方有碍停止。今杨继善等乘此外人势张之时，勾串洋员，希图从中渔利，亦以泄从前蓄谋不成曾遭官责之嫌，不顾利权旁落。伏读钧谕，痞棍勾通，诚如烛照。前者卑职风闻该监生等所谋，系欲来州呈请，然久不见来。正在疑虑，不意伊等诡秘，竟尔先投洋员，或亦虑众心不孚，地方官未能据禀上详耳。卑职接奉前因，自知疏于觉察，即飞传公正绅士、富户殷商，示以明谕，晓以利害。该商绅等均感大帅防微虑患、保全自有地利之深心，不待敦劝，皆乐于集股兴办，并有虑及杨继善等再往播弄洋员，拟请将来招伊入股，或入局办事，以安其心。又议三峰山煤苗不旺，拟先试办，如不得手，开采他处，总期事不中止，不授外人口实。卑职察看情形，将来仰邀批准，刻期开办，有无利益，实在未有把握。然似此众情踊跃，故见开通，实非卑职意料所及。除俟参取各处矿务公司章程，斟酌妥议，另行续禀外，理合先将邀集绅商创议兴办实在情形附呈，密报钧鉴核夺，不胜惶恐待命之至！

批：据禀暨另单均悉。查该州绅商现拟邀集华股试办三峰山一带煤矿，足见该绅等通晓利害，亦由该州开诚布公，切实劝谕所致。现准外务部咨交《奏定矿务章程》，仰交涉局即速核议详夺。缴。图存。

13. 札交涉局开矿事

光绪二十八年三月十四日

札交涉局：

照得本部院于光绪二十八年三月十三日准督办铁路大臣盛①电开："真电敬悉。铁路近处开矿，彼此有益。惟锡乐士请开禹州煤矿，尚未禀商敝处。以后路矿各事，请仍以敝处咨文为凭，以杜假冒。宣。文。印。"等因到本部院。准此，合亟札行。札到，该局即便查照毋违。此札。

附：交涉局详文

光绪二十八年三月二十五日

为核议详夺事：

光绪二十八年三月十一日奉宪台批据禹州曹牧广权禀，该州各里绅商呈请集股试办三峰山煤矿，恳转详请示禀由。蒙批："据禀暨另单均悉。查该州绅商现拟邀集华股试办三峰山一带煤

① 盛宣怀，字杏荪。时任督办铁路大臣。

矿，足见该绅等通晓利害，亦由该牧开诚布公，切实劝谕所致。现准外务部咨交《奏定矿务章程》，仰交涉局即速核议详夺。缴。图存。”等因到局。奉此，遵查河南省矿务于二十七年十一月二十七日奉有谕旨，饬令遴选殷实公正绅商，迅速定章，督饬妥为筹办，以免利权旁落。业蒙宪台督同司道创立豫南公司，并札委候补知府于守沧澜专办黄河以南矿务，筹资集股，自行开采，均经片奏并分咨在案。河南风气未开，百姓见闻甚隘。现拟延访矿师，购备机器，先行集股开办，以为提倡，使百姓共见共闻，咸知矿务一开，有利无害，自必趋之若骛，将来于国计民生，两有裨益。兹据禹州禀，转据该州绅商禀请试办三峰山煤矿，自应准其筹资集股先行试办，并由该州将未尽事宜，妥为筹画，期无窒碍，仍归豫南公司总理，以免纷歧。俟数年后，办有成效，再行酌照定章，分别核办。庶百姓不至畏难中止，闻风兴起，源源而来，实足以扩矿务而裕利源。所有遵议试办三峰山煤矿缘由，理合具文，详请宪台鉴核，批示祗遵。为此呈乞照详施行。须至册者。

批：详禹州绅商禀办三峰山煤矿，应准其先行试办等情已悉。仰即如详办理，并转饬该州知照。缴。

附：曹广权禀三峰山煤矿情形

光绪二十八年三月二十九日

敬禀者：

窃卑职接奉本府转奉藩司札，以奉宪札查卑州三峰山矿务，叠据土人禀请开办，委查皆以于地方有碍停止。今又据洋员锡乐士禀请前来。究开三峰山矿务于地方是否确有窒碍，吾豫官民能否自行集股开办，抑准会同洋员合股妥办，必须邀集公正绅士，通盘筹画，或准或驳，权由自主，不得任听痞棍勾通，致使利权旁落，转饬通禀等因。奉此，查卑州贡生陈士魁、举人樊海澜、六品文生马中星等，以近年上谕迭次饬各省兴办矿务，又以河南赔款数巨，呈拟集股开办三峰山煤矿，期以输课便民，恳请转详等情前来，当经据详宪鉴在案。又查卑州李牧任内，杨继善、宋庆祝等，屡请开挖三峰山煤矿，李牧以舆论不孚，严查封禁。今杨继善等蓄谋不遂，勾通洋员，径禀宪台，并未来州呈请，实属行踪诡秘。惟三峰山在州治西南二十里，并非高山，土人俗传以为文峰，不便开挖，所以从前迭次禁止。现在绅民人等均已故见开通，自请集股开办该处矿务。卑职亲往履勘，询集土人，据称于地方亦不见有窒碍之处。兹奉前因，理合通禀大帅鉴察。

批：据禀已悉。该州三峰山煤矿，既据该牧询明土人，于地方不见有窒碍之处，应即邀集绅商，认真筹画，妥为试办，以保利权。仰交涉局转饬知照。缴。禀抄发。

附：曹广权禀三峰山煤矿开工日期

光绪二十八年四月

敬禀者：

窃卑职因煤矿一事，趋叩宪辕，面聆训诲，荷蒙指示周详，莫名感佩。禀辞后，遵即束装起程，于四月初四日驰回卑州。据矿务局绅商人等面称，先于三月三十日，因铁路公司洋人李嘉乐、塞罗士等来州查勘煤窑，伊等不及等候卑职回州，即照前所择期，于四月初一日将三峰山煤窑一律开工试办。洋人到山下匆匆一看，即行折回，随于初二日早，由营护送出境赴许，同城官绅及军民人等皆未尝稍失礼接等情。卑职复查无异。此次绅商人等，办理一切颇合机宜。除俟见煤之日另行禀报外，所有开工日期，合先驰禀大帅查考。

敬再禀者：

卑职前日进省时，风闻有洋人自郑州来禹之说，尚未准李牧来函，诚恐矿山未开，露出破绽，特预戒晓事绅商云，三峰山矿务现虽未奉大帅批示，一切均已预备，如果洋人必到山探看，务须于四月初一日开工，以昭诚信，而杜觊觎，并各传谕军民，毋得滋生事端。兹据该绅等面称，洋人果于初一日到山，见工匠大兴，意索而返；且因勾引之人庄姓询悉旁处矿产，颇有又顾之他之意，随向该绅商等索阅刻印章程，则他处矿产已载列，云已被占尽，不必往看，但言将来或归禹州绅商，或由铁路公司合办，俟禀明盛宫保再议，已经一切妥护出境等语。卑职伏查洋员塞罗士等此来，实系庄姓勾引，若辈行踪虽颇诡秘，但求自处无隙，即西人亦不能不遵照条约也。

再，卑州举人樊海澜，学通志正，亦晓事机，书院肄业高才生王棽林等，皆受业其门，现已会同兴办初学堂，已经禀报在案。卑职拟再购矿学、地学、化学等书，教诸生详览，将来即于所开各矿，令其身亲考验，以资阅历，庶与按图索骥之见不同。此次塞罗士等掩至，樊海澜闻信即来，督工开办，颇合机宜。又前因卑职发给《栽桑问答》各书，即自寻访，得前抚宪涂遗下湖桑一株，已劝导该亲友先种桑椹，俟明春移接，或如法压条，以期渐次养蚕。似此实力奉行，将来互相观感，应与由官勉强督责，虚应故事者有别。方今时势，兴利固为要图，育才尤为本务，敬知大帅荩虑眇念时艰，用敢覙缕杂陈，藉慰廑系。

批：据禀暨另单均悉。查三峰山煤矿，前于三月二十六日，已据交涉局详批准试办，转行在案。该州绅商业经查照定期，开工办理，尚合机宜。至称购书以备考验，种椹以资观感，仰即督饬认真举办，实事求是，勿托空言。切切！缴。

附：外务部咨

光绪二十八年四月二十七日

为咨行事：

光绪二十八年四月二十二日接准咨称："据交涉局司道详称，禹州曹牧广权禀据该州绅商呈请集股试办三峰山煤矿，遵批核议具详，蒙准试办，由局转行遵照各在案。司道等正在会商间，适禹州曹牧因公进省，来局接晤，当经详询该处确切情形，并将原拟章程细加核议，大段切实可行，复择其中最要者四条，以为先行试办之准。体察商情，兼权利害，将来该矿收效后，自当因时制宜，饬令遵照路矿定章；而目下甫植初基，委实有难于刻责者。此次禹州矿务，应否准其稍事变通之处，伏祈核夺。至禹州曹牧拟请仿照安阳县酌借官本二万两一节，卷查确实，似属可行，拟请允拨二万两，以示提倡。惟该矿系属商办，此次借款，不得误认官商合办，其利息应照七厘计算，本银尤须依限缴还，均应札行曹牧转饬承办商人遵办，并将该州矿务并入豫南公司督办，以符奏案而归划一。所有筹议禹州矿务情形，并拟定择要章程四条等情，应咨明立案。"等因前来。查禹州矿产，既据该处绅商呈请开办，自应准予立案。相应咨行贵抚查照可也。须至咨者。

14．札交涉局筹办豫南矿务

光绪二十八年六月十一日

照得本部院奏设豫南公司，委员总司其事，原所以辟我豫自然之利，冀渐推而渐广也。查豫南诸山磅礴郁积，矿产甚多，如禹州、密县、嵩县、罗山等处，或产煤矿，或产金矿，尽人知之。现惟禹州之煤矿，由公司督饬经理已有头绪，其余各处，均未开办。豫省为铁路经行之地，目前路上已修至确山，不久芦汉接通，转运毫无阻滞，若各处应办矿务皆弃而不举，西人垂涎已久，未有不设法揽办者。本部院筹虑再三，坐失利权，实为可惜。合亟札饬。札到，该局即便悉心筹画，所有各处矿产，应如何设法开办，归豫南公司督饬认真经理，务期讲求实际，不畏难，不中辍，妥筹办法，核议详夺，庶利源日辟，不为外人所攘取。本部院有厚望焉。毋违。此札。

15. 咨盛宣怀

光绪二十八年六月二十五日

为咨会事：

照得豫省大河南北，太行、嵩岳诸山，磅礴郁积，矿产诚为不乏。惟河北矿务，已准外人勘办，利非我有，而河南矿务，亟须设法图维，以保利权。前经本部院奏设豫南公司，派委于守沧澜总办，筹资集股，自行开采，并电达外务部、路矿总局查照，于四月初七日奉朱批："知道了。钦此。"嗣铁路总监锡乐士禀请开办禹州三峰山煤矿，因事关铁路，与贵大臣往复电商，复电达外务部、路矿总局，以核与定章不符，据情批驳，仍由豫南公司官督商办。即据禹州曹牧广权禀称，该处三峰山煤矿，现据该县公正殷实绅商陈士魁等情愿集股认办等情，当即批饬交涉局、司道妥议章程，准其开办。一面咨明外务部、路矿总局立案，均奉复准。查大河以南煤矿，不只禹州一处，现正督催印委各员，分投履勘，无论何项矿质，一律禀明办理，以期渐推渐广，扩我利源。铁轨现已修至确境，将来干路东西开办各矿，需用既多，转运亦易，如果筹有巨资，利益实非浅鲜，是铁路、矿务，二者本相辅而行。所有筹办豫南矿务各情形，相应咨明，为此合咨贵大臣，请烦查照施行。须至咨者。

附：豫南矿总办于沧澜禀开嵩县金矿

光绪二十八年八月二十八日

敬禀者：

窃惟开办矿务以五金之利为最多，而煤矿之用为最广。现当豫南开创矿务之始，自应悉心考核，以期推广，而保利权。惟是豫南各州县产矿之处固属甚多，除禹州、密县现办煤矿外，其余未经开采者，既须分饬各牧令从容查勘，再议禀办，即以前曾经开办之所，亦多因赔累停止，现在经费支绌，亦未能同时举办。惟查河南府嵩县金矿，光绪二十二年曾由司委罗令梁材办理，刻下故步尚有可寻。现任嵩县知县袁令鸿涛，精明干练，在交涉局当差有年，熟悉矿务，拟请责成该令到任后切实查核，妥为试办。现议章程八条，开折恭呈宪鉴，可否即委该令办理，伏候批示。

再，荥阳县煤矿，本年三月间，经前署县赵令景彬禀请开办。该令办事稳练，其原勘所议，必有把握。拟即禀请委员前往荥阳，会同印官查照赵令所拟，切实办理。所有拟议开办嵩县金矿、荥阳县煤矿缘由，理合禀请大帅核示祇遵。

Ⅲ. 公函

16. 致松寿函

光绪二十八年正月初四日

立春日折弁带到手书，读悉种种。豫省正值筹办赔款，议开矿路，幸吾兄在京与枢、农、燕、杏诸公熟筹妥议，必已订立章程，于兴利之中即寓防弊之法，佩甚佩甚。汴地四通八达，将来汽车交驰，弹压稽查，均关紧要，若非由地方大吏主持，派员与上下联络，必致喧宾夺主，滋生事端。河南既有保护之责，须有管辖之权，一气相承，不分畛域，在工人等不敢生事，士民亦自相安，操之有术，自措之得宜，此须与当道预为订明，庶几消患未萌，方免受制于人，诸多掣肘。

矿事，燕谋①肯认办否？福公司有无他词？吴士［式］钊等想可撇开。念念。筹款一节，粮捐、房捐，均未敢举动，当以盐斤加价（照章算约有四十余万，即令核减亦有二三十万），裁汰防营（约廿四万），整顿契税、厘税（约廿万），停解嵩武军饷（十八万余）、宋军饷（十二万）为实济，约共百余万。停解两款，务祈我兄切托司农照准，则豫事尚可支持。凡我兄意所欲办而未暇办者，弟情形生疏，幸赖延方伯、钟廉访两兄实力襄赞，得以勉强从事。学堂已派胡道翔林创议，初有规模（学堂拟用游击衙门，地势尚宽阔敷用）。

惟盼台驾早日言旋，仔肩得卸耳。望切，祷切！尊署一是平善。耀远、濂季两世兄初六北上，饬文炑拨妥勇护送。知念顺布。附裁营等折片稿三件，祈查阅。

附：松寿函

光绪二十七年十二月初一日

敬再启者：

途中得台端兼署汴抚之信，想见简贤委任，惟帝知人，足为汴人庆也。敝门生正任修武县黄令铨，官声素著，前以染疴求代，并非撤任，刻下病痊已久，理宜回任。弟在汴时，曾于方伯前推毂及之。承方伯之意，面许饬令重返故巢，乃时逾两月，未见践诺。可否推爱屋乌，格外培植，俾实缺回任，得以尽心民事，似于政治有裨，不独以私意干也。琐渎之处，种祈原谅。

① 张翼，字燕谋。时任开平矿务局总办。

郑州李令元桢，可设法调一优缺，俾得稍舒赔累，尤所感盼。专恳。

再，昨晤令兄清辅，畅谈乱中情形，虽极艰苦，而丰采依然，足以附慰怀思。敝居赖旧仆典守得力，所失无几，稍稍部署，即复旧观。知关远念，敬以附告。

附：松寿函

前在彰郡，钦奉随扈进京并吾弟兼署抚篆谕旨，随于磁州行次，委中军玉参将亲赍关防，驰送回省，计日内当已接钤任事。棣石殊勋，荷深知于堂陛，封圻重望，暂小试夫经纶，遥企铃辕，曷胜抃颂。吾豫河北各州县，办理大差，其间有未备之处，均能及时补缀，尚无贻误。现在车驾已入直境，仔肩顿卸，如释重负。计两宫抵都，转瞬即及腊底，拟俟过元旦令节朝贺之后，再行请训回任。豫中供支善后事宜，急待清理，又冬防各地派拨防勇，在在均关紧要，幸得吾弟长才擘画，措理裕如，藉以匡补不逮，跂慰良深。肃此。恭贺任禧。

敬再启者：

承示销黄一节，具见大君子实事求是之意，感佩莫名。此间六部正在酌拟简明章程，汇送政务处核奏，约计一两月内可以定议。敝署拟将各项规费，查核确数，分别去取，化私为公，即系简明章程之一。尊处所示一款，即祈暂行提存，候此间章程定后，咨达冰案，再行办理。先此奉复。

附：松寿函

顷奉手示，并收到折片稿三件，备悉一是。具见荩谋硕画，措置周谋，曷胜钦佩。至奏请停解两款、宋军新饷，适与司农面商可准，唯嵩武军饷，历年已久，似难改拨他省。部中拘泥之见，容再切实商办，未知能允否。前外务部所奏晋豫矿务，亦无切实办法。张燕谋侍郎，年前屡病，未得见面，昨始面商，渠亦肯办。必须将刘景韩任内与福公司罗沙第及豫丰公司定过合同几次旧案查清，再想办法，以防别生枝节，务祈检查钞寄。兄拟俟过灯节请训，二十后启行。握晤非遥，一切当面聆尘教也。

再，晋豫矿路，前后一辙，皆架空之事，吾不知当年胡、刘两抚是何心肝。近日英使有成约在前，极力催办，连日与枢府切实面商。现在各省矿路，各与国群起相争，我国家必须速定章程（并参考外洋矿路定章），为当今第一急务，将从前已定未办者，概行停止为上策，未知能办到否。若照外务之意，仍按前约归福公司办理，鄙意将豫丰公司及吴式钊撇开，由燕谋与福公司同办（另定妥章），究竟切近一层，于地方、国家稍有裨益。此不得已之中策，阁下以为如何？俟与燕兄商定，再为电知。兹将外务部原奏呈阅。

再，盐电十四日已收到。

附：外务部奏

光绪二十七年十一月十六日

奏为山西、河南铁路、矿务，请饬遴派员绅任办，以符原议而保利权，恭折仰祈圣鉴事：

臣等案查光绪二十四年二月，前山西巡抚胡聘之奏山西商务局订借洋款，兴办铁路、矿务；复据前河南巡抚刘树棠奏，河南矿务请由豫丰公司借款任办，均经先后奉旨，交臣衙门议奏。查山西商务局承办盂、平、泽、潞等属矿务，柳林至太原铁路亦同时请办，而河南则专办怀庆左右黄河以北诸山各矿。该两省矿务均向福公司议订借款，其柳林造路之费，系由商务局于华俄银行暂借。当经臣衙门与各该国使臣订明，事归商务，将原议合同章程逐条磋商，始经定议，并电调山西商务局员贾景仁，暨河南所派商董吴式钊来京，与义商罗沙第、俄商璞科第画押，以凭开办。业经随时奏明，奉旨允准在案。嗣贾景仁、吴式钊二员撤退，叠经福公司、华俄银行屡次来臣衙门催问，当即分电山西、河南抚臣，酌派绅商妥速接办。讵迁延时日，均未据切实筹复，更历数年，事同中辍。现当大局初定，庶务振兴，亟宜经营路矿，以期驯致富强，且既经奏准开办处所，势尤难于中止。现叠据英国使臣萨照会，请由矿山展造至浦口铁路，经臣等电致盛宣怀妥商办法。是该公司于矿路之利亟思揽办，若不及时早为筹定，窃虑洋商以合同业经订定，或执此允办之据，径自为兴办之谋，势将假手外人，转恐利权旁落，不若预筹办法，犹得操纵自如。应请旨饬下山西、河南抚臣，选派殷实公正绅商，照案任办，抑或酌派司道大员，按照原订合同妥筹办理，以符成案，而保利权。所有山西、河南路矿请饬遴派员绅任办缘由，理合恭折具陈，伏乞皇太后、皇上圣鉴训示。谨奏。

17. 致松寿函

光绪二十八年正月十五日

昨奉元电，嘱钞汴省前与福公司议立合同卷宗，当即电复，计已达览。一面饬员妥速择抄。查矿路两事，必须有切实学问、真正阅历，方能悉其利弊，措置得宜。中州人才，讲求矿路者不可多得，已早在洞鉴之中。所以前奉廷谕饬办，百思无策，因电奏请派兄与张燕兄就近商订也。现在会议，想已具有规模。鄙见无论何人办理，豫省必须有管辖之权，本省厘税，亦须预为言明。至其所用员役，除工师、匠头外，余须用本地之人，土著有生路可图，自少生事。冒昧妄陈，不知当否。

停解嵩武协饷、宋军新饷之奏，值公在都，面与司农恳商，定可邀允。得此大宗，则扰民之政似可少办，我公之功德为无量矣。裁营业已举办。大学堂择地开封游署，延方伯、胡观察总办其事，现正与林学台商议章程。知念附布。

18. 复松寿函

光绪二十八年正月二十九日

顷奉手教，敬悉一一。深谋远虑，荩画周详，曷胜钦佩。近阅邸抄，欣谂我兄内摄夏官，上承天眷，龙光近接，暇豫雍容，此行何异登仙也，至贺至羡。弟河督奉裁，豫疆竟领，求闲反剧，非意所存，所盼朝廷早简贤能，得以释兹重任耳。宋军新饷，承商之司农，准如所请，至感。嵩武军饷，蒙许切实商办，幸盼尤深。矿路上策，实为卓见，其中策则关系豫省者尤大。昨已承命将福公司原订合同及案卷抄呈台览，伏望我兄大力维持，与燕兄商定，若该公司能就我范围，则不独豫中之幸，实国家之幸也。远跂福辉，不胜翘祝。肃笺。恭贺崇喜。

19. 致张翼函

光绪二十八年二月初三日

敬再启者：

豫省河北矿务，前经总署及矿路总局与福公司议定章程，准其开办在案。去冬接奉寄谕，饬即遴派殷实公正绅商，早自开办，以收利权。遵即督同司道，悉心筹议。惟豫省风气未开，既无巨款，又难招股，即求一熟习可靠之员，亦不可得。而福公司屡请发给凭照，既不能拒，又深恐举办失宜，或至利权旁落。因念兄台办理开平矿务最著成效，松鹤兄正在京帅，可就近商酌一切，以期周妥。当即电请军机处代为具奏。旋奉电复，已奉旨照办等因。兹阅电抄，知已特派阁下为总办矿路大臣，仰见朝廷简用得人。豫省事属创始，尤可仰承擘画，钦感莫名。弟才识迂浅，诸多未谙，此事头绪纷繁，必须兄台示以成规，庶可慎其初而善其后。昨松鹤兄函取与福公司定约原案，当即抄寄。兹得复书，知已转呈台端。其章程应如何厘定，股分应如何招集，厘税应如何抽收，委员绅商拟选派何人，想兄台智虑精详，必已一切悉臻妥善。伏祈详细示知，俾有遵循而免贻误。

再，豫省河北凡产煤之区，前经按照所售价值，分别抽厘，津贴上次赔款，稍资挹注。新约赔款尚无指项，倘得利源日辟，征收畅旺，则感荷惠赐为不浅矣。

20．复松寿函

光绪二十八年二月初四日

昨奉惠福，敬悉种切。矿事只好商办中策，遵电商燕兄。福公司二月来豫，如何因应，仍祈我兄代催燕复，俾有遵循。赔款至今尚未筹足，全恃停解嵩武饷为大宗，如蒙鼎力代向当道切实陈说允准，则一切苛政可以少办，我兄功德无量矣。豫民刁悍，岂肯静听苛敛而不抗挠滋事。（去岁中牟照例完粮，尚且聚众抗官，可为殷鉴。）款须急筹，又要安静，真难乎其难。（个中苦情，早在洞鉴。）刻下司库仅存四万余金，二月赔款，非借赈不可。即如裁勇，猛去十营，岂不知种种可虑，而逼到无法，不得不然。幸普沛甘霖，有路谋生，得以平安遣散，然已险矣。（思之心悸。）此后矿路烦兴，两教多事，借地乡试，接踵而来，以弟处此，真不胜任。前之力保延、陈，竟不获允，尚祈我哥鉴弟苦衷，徐为设法。切祷切祷！承荐陈、郝、于三友，亟拟接请，无如皆力辞不就。再三挽留，始将琢堂留住，郝、于两公，急思回籍，难以相强。承嘱端、余、王三牧令，陆、松、郭、刘等员，自当留意，以副雅命。容伯世兄陆路进京，及行李水程北上，派文炼等马步卅二名，分道护送，并嘱胡海帆函电津关，照料放行，俾免留难，堪纾廑系。

附：松寿函

光绪二十八年正月二十六日发，二月初二日到

再，豫省将官，仅一蓝朗亭，系多忠勇公旧部，此外无人，足征卓识。姚旺对调 节，已先与枢友谭及，第恐东省不让耳。

再，查有记名提督开复副将刘先文，年近七十，经刘岘帅奏参，以年衰多病休致。庚子年，兄在江西，见其年力未衰，人极倔强，无营官谄媚油滑习气，令其暂带信字一营。适值闽浙吴癞头大股会匪万余人围衢州，连陷常山、江山二县，围攻江西之玉山县。刘先文仅带四十人驰救，佐以乡团，共百人，出城击贼获胜，力保危城，一切部署颇有条理，广信官民异口同声。此见诸实效者，较之湘淮宿将，殆有过之。经兄奏保，上年来汴引见，开复原官，兄已留其在汴，俟兄差旋再委差。该员似有皮［脾］气，宜其久困。若令管带一两营，办理地方土匪小军务，必能妥协。此等营官之材，亦不可多得，虽老亦尚可用，请酌之。

Ⅳ. 泌阳教案

21. 札按察司交涉局查办教案

光绪二十八年二月十五日

顷据南阳府禀称：据唐县、泌阳县先后禀报，唐、桐交界之高店、程店及楚洼各地方，莠民聚众烧抢教堂，并杀害教民叶老七、师文铎等多名，请拨练军弹压等情到本部院。据此，查泌阳、唐、桐等县莠民，聚众烧杀教民，实属愍不畏法，殊堪痛恨。除禀批示外，合亟札行。札到，该司、局立即会同按察司，严饬各该地方官，勒缉首要，按名弋获究报，勿得稍涉迟延，致干未便；仍将办理情形，随时飞禀。勿违！此札。

附：南阳知府禀

敬禀者：

光绪二十八年二月初十日，据唐县欧阳令禀称："窃查卑县境内，民教甚属相安。讵于本月初八日亥刻，访闻泌阳、桐柏一带，莠民纠集甚众，有扒毁教堂、抢掠教民情事。卑县与桐、泌连界，边境之民，人心惶惶，闻有闻风思避者。若不赶紧解散，诚恐愈聚愈多，设卑县被其牵动，或致扰及，诚属可虑。除即会同营汛，选派干练勇役，驰往边境认真弹压晓谕外，理合驰禀鉴核。可否就近转请镇宪派拨练军，前来卑县帮同弹压，免致滋生事端之处，伏候裁夺。"又据禀称："正发禀间，即据探差回称，查得泌、桐一带匪徒聚有三千余人，并有马贼数十人，烧抢泌、桐境内教堂并教民房屋，势甚猖獗，虽尚未扰及唐境，然处处与卑县接壤，若不赶紧扑灭，深恐蔓延为害。况湖北枣阳一带人心浮动，时欲滋事，设被勾结，为患更不可胜言。合再禀请鉴核，迅速转请镇宪，多派马步练军，星夜兼程来县，以便相机进剿，严办首要，解散胁从，幸弗少迟，是为至盼至祷！"同日又据泌阳县费令禀称："窃卑县西南与唐县、桐柏交界之高店、程店乡民并唐、桐两境居民，聚众抗不摊出教案赔款，聚集数千人不散。卑职当与同城营汛，知会城内绅董数人，赴该处与乡民婉说，赔款从缓摊出，劝令解散。讵于本月初七日夜间，该处乡民竟复伙同唐、桐两境居民，潜入卑县境内楚洼地方，杀死教民叶老七一家四命。该匪等随时将叶老七等尸身掩埋。风闻该匪等至程店，将教民师文铎架至桐境杀害，并将桐境乌金沟地教堂焚烧，烧毙该处教民四命，杀死五命。此等无知愚民，聚众仇教，愍不畏法，实堪痛恨。现又风闻该匪等有来卑县西关，焚烧教堂、劫杀教民之谣。伏思若辈昏愚，敢说敢为，不得不预为之防。惟卑县汛兵有限，练军亦为数无几，不足寒匪类之胆。合无禀恳鉴核，俯赐转请镇宪派拨练军，迅速来县，保护教堂，俾资镇慑，实为恩公两便。临禀不胜惶悚叩祷之至。”各等情到府。据此，当与南阳总镇蓝镇军再四熟商，先行派拨马步练军前往弹压，遴委员弁驰往确查，并由卑府札委候补知县周令景棠，带同候补县丞茅恒基、候补典史傅行余，星夜驰赴各该处，剀切劝导，先行设法解散胁从，并会同各地方官诱获首要，一面详查被害各教民，分别抚恤。及焚毁教堂房屋，并起衅详细缘由禀复到日另行续禀外，合先驰禀大帅鉴核。肃此具禀。

22. 札按察司交涉局保护教堂

照得顷据法领事玛电开：“顷接安主教[①]来电，泌阳被匪围住，官与教皆危，教民毙者较昨尤多，毁屋甚夥，兵少不能弹压，洋教士三人逃回二，一人不知下落，南阳府教堂危险等因。准查此案今午已电致臬台，因事益重大，责任在贵抚台，特电请飞速派兵弹护，拿匪严惩，杜祸至要。汉口法领事玛。”等因到本部院。据此，合亟抄电札行。札到，该司、局即便查照，迅速移知豫左军分统马道[②]，派拨妥员，酌带弁勇，前往弹压保护，勿稍疏虞，致滋口实。切切！此札。

23. 札南汝光道擒拿要犯

案据南阳府禀：据泌阳、唐县禀称，该县交界之程店等处，因追索教案赔款，乡民纠聚数千人，焚毁教堂，杀毙教民等情到本部院。据此，查该府所禀案情极为重大，该道有督率之责，近在咫尺，乃竟置若罔闻，并无只字禀报，实属聋聩。合亟札饬。札到，该道立即督饬该府县，查明首要各犯，设法擒获，勿任一

① 安西满，法国人。时任天主教南阳教区主教。

② 马开玉，时任左军分统。

名漏网；并将所属之各教堂妥为保护，勿得再有疏虞，致干未便。仍将查办情形具报查考。切切！此札。

24. 札南阳府查办教案

光绪二十八年二月十六日

案据该府禀称：据唐县、泌阳先后禀报，以该县程店等处，因追索教案赔款，乡民纠聚数千人，焚毁教堂，杀毙教民等情到本部院。据此，查教案赔款，唐、泌等县所亏无几，本部院并未勒限严催，原欲民教相安，免致别生枝节。该府有表率之责，不能弭患未形，已属非是。迄今十日之久，而此等重案，是否已经解散，有无获犯，亦无续行具报。试问该府所司何事，而能当此重咎乎。合行札饬。札到，该府立即督饬各县，务将首要各犯悉数弋获，并将各教堂妥筹保护。倘或再有疏虞，本部院不能为该府宽也。懔之，慎之！

至该县费令现已撤任，激此大患，岂可任其置身事外，仍须留缉，查其是否尽力，再行酌办。即行转饬遵照。所有查办情形，飞速禀报查考。切切！此札。

25. 札马开玉缉拿要犯

照得泌阳县及唐、桐交界之高店等处地方，乡民聚众焚杀教民，亟应派队前往，以资弹压保护。合行札饬。札到，该分统立即选带马步队勇，火速驰往泌阳县及唐、桐交界凡有教堂各地方，相机保护，实力弹压，并将滋事首要各犯严密缉拿，其余胁从人等妥为解散，勿任再滋事端。仍将到防日期及办理情形随时报查。勿违！此札。

26. 札陈履成[①]查办教案

案据南阳府禀：转据泌阳县禀称，该县程店等处乡民，纠合唐、桐交界各处莠民，焚毁教堂，杀害教民，情形极为吃紧。查南阳府所属接连湖北枣阳等处，伏莽甚多，诚恐窜扰波及，贻患匪轻。且该府所属教堂、教民，不止一处，尤宜竭力维持，以免再有疏虞。合亟札饬。札到，该道立即驰赴南阳府，会商镇道，督饬府县，实力保护各教堂，并查明被难教民，妥为抚恤，随时飞禀查考。其应需车马费银每月三十两，已饬支应局照章核发。此札。

附：南阳知府禀

敬禀者：

窃查昨据唐县欧阳令、泌阳县费令同日禀报，桐、泌一带乡民，聚众焚毁教堂，仇杀教民等情，当将商请蓝镇军派队驰往弹压，并由卑府委员驰赴该处设法解散及分别抚恤各情形，驰禀宪鉴在案。兹于光绪二十八年二月十二日午刻，接据桐柏县王令禀称："窃卑县西北边境一带与泌邑之安蓬镇接壤，前于本年正月初旬，访闻泌阳民教肇衅，有勾串唐邑匪徒，纠集多人，聚众竖旗情事。卑职深恐该匪徒等设使勾结卑县莠民滋事，为患匪轻，亟须严加防范。当经卑职预给卑县与泌境毗连之围山城各保绅首谕帖，谕饬整齐保甲，挑选门勇，昼夜防范，以作未雨绸缪之计。一面并由卑职会同卑营向千总永庆，率带勇役，轻骑减从，不时驰赴交界处所，周历巡阅。月余以来，地方颇称安谧，以为该匪徒等想已渐经解散。讵月之初九日午后，据卑县西北乡东果园保地保陈知同禀称：本月初八日午前，陡有泌民匪徒三千余

① 陈履成，时为道员。

人，各执刀锚枪炮，由北路至该保乌金沟，放火围庄，房屋烧毁五十余间。庄邻畏势凶猛，不敢进前救护。直至午后，匪徒始散，仍由北路赴泌阳去讫。该保前往查看，门外烧杀死教民顾高顺家男妇大小七口，并杀死路人二名，理合禀报等情。旋准平氏汛司金外委函会，大略相同。据此，卑职查该匪徒等，因民教不能相安，胆敢聚众三千余人，阑入邻境，惨杀教民多人，实属形同叛逆，罪不容诛，若不急行剿办，转恐燎原，不可收拾。并现探闻该匪徒等在本境业已肆扰数日，因至卑境，明目张胆烧杀而去。似此愍不畏法，后患诚不可测。除由卑职移会营汛，多带练勇兵役，星夜前往勘验明确，另行禀报，一面多派差役分投严缉外，惟念匪踪飘忽靡定，卑县勇役人单，各保甲门勇亦均畏凶，不敢上前，势难抵敌。合无先行禀恳鉴核，俯念地方紧要，情形急迫，迅赐咨明南镇宪，酌拨能事将备，督带练军来县，会同卑职与泌阳县费令，各带集勇兵役，一齐进剿，俾得指日荡平，免致蔓延为患，以全民命而靖地方，实为恩公两便。”等情到府。据此，查此股匪徒，辄敢纠集多人，越境焚杀，实属胆玩。除严饬该县并泌阳等县会同前去，委员设法查拿首要，解散胁从，一面将勘验情形，飞速禀报外，合先驰禀大帅鉴核。肃此具禀。

敬再禀者：

前禀缮就，正拟发申间，接据署唐县欧阳令禀称：“昨因泌阳匪徒聚众三千余人，在桐柏、泌阳境内，烧抢教堂及教民房物，当经禀陈，并请迅派马步练军前往剿捕解散在案。十一日午前，蒙镇宪饬派马队二十名、步队三十名来县，已赴卑县东北乡与泌阳连界之安棚地方驻扎。顷间，卑县城守营叶把总承秀自东乡查探回来，据云泌阳匪徒实聚有数千之众，悉赴泌阳围城，索要城内藏匿教民，所过之处，骚扰不堪，势甚猖獗。并闻该匪徒将来自泌阳折回，由卑县前赴南阳靳岗滋闹等语。卑职伏思该匪徒现已聚有数千，若再迁延时日，不将其赶紧扑除解散，势必愈聚愈多。今泌阳境内教堂及教民房物多被烧抢，并有杀伤教民情事。卑县境内教堂、教民，自应竭力保护，以免滋生事端。况此起匪徒业已聚至数千，非有大兵前往，谕令悔过投诚，准其各归安业，如敢违抗不遵，即行开炮轰击，不使稍留余孽，如此或可使之畏惧，不敢蚁聚蜂屯，谋为不轨。若仅以百数十之兵，不惟于事无济，且恐贼胆愈炽，益肆横行，后患将有不可以胜言者。所谓"涓涓不塞，流为江河"，诚不可视为寻常而致酿成巨患也。现在驻扎他处之兵，似可先其所急，酌量调回，迅速发往救援，俾该匪徒知所敬畏，纷纷逃窜。卑县近接泌阳，深恐扰及，是以寝馈难安。合再飞禀鉴核，俯念地方紧要，迅赐加派马步练军，星夜前往强压解散，地方幸甚，卑职幸甚。"等情。卑府复查南镇兵力本属单簿，且现在分防各处，即或全行撤回，亦属为数有限，不足以资镇慑，该县所虑自是实在情形。理合禀请大帅鉴核，俯赐派拨马步练军，星夜来宛，分往各处镇慑，以杜逃窜而安地方，实为恩公两便。

附：南阳府泌阳县会禀张沄卿等围攻县城情形

光绪二十八年二月十五日

敬禀者：

案蒙本府札以准主教安西满函嘱，饬拿卑县滋事之首犯张沄卿，务获讯办等因。遵查该犯张沄卿，迭经卑前县锡令悬赏勒拿未获。卑职到任后，经悬赏购觅眼线，踩缉去后。讵该犯愍不畏法，勾结卑县著名刀匪席小发倡首，纠邀邻封州县及卑县境内各山刀匪（俗呼为"红胡子"）数百人，诱胁乡民，以仇教为名，造谣焚烧卑县西关教堂，杀害教民。卑职于初八日闻此谣传，当经肃丹禀请南阳镇暨本府派拨练军来县，保护教堂及卑县城垣。

至初九日辰刻，该匪等率同诱胁乡民十余人，竖立旗帜，执持刀械枪炮，齐至卑县西关、南关一带屯扎。维时各乡居民纷纷往来观看者约有万余人，一时匪民混迹乱行，良莠莫辨。该匪等声言仇教，不扰地方。卑职因城内汛兵仅二十余名，保护教堂练军二十名，兵力太单，与城守汛把总时秉泰、管带练军外委毛文炳公同商酌，若予开炮轰吓，恐误伤观看良民，别激事端，城垣难保，剀切晓谕，劝令解散。讵该匪等毁示不遵，呈凶肆横，竟赴教堂将房屋全行扒拆，并瞥见该匪党在距城十里内外西北方、东南方焚烧教民房屋两处。曾否残杀教民，卑职防守城垣，无从查知。幸教堂封存什物及看守教堂房屋教民黄义等六人，经卑职同保护教堂毛弁，先于初八日夜间迁移卑职署内，未遭遗失、杀害。该匪扒毁教堂，犹不解散，复围集城下，索放城内教民多人交伊等尽行杀戮，并索放监押命盗案犯多名。卑职与其支吾，许推时日查放，意在俟请兵至，以便击捕。该匪等信以为真，均在南城外河坡沙滩住宿等候。至初十日，该匪等迭次来城前，催逼索放教民及监押犯人，卑职仍予支推时刻。乃该匪等上干天怒，至酉刻忽起烈风，飞沙迷目，继暴雨亦作，兼以迅雷震惊，观看良民以及被胁随从之人，纷纷走散。该匪等不知警悟，胆率匪党千余人，齐扑东城下，撞夺城门，并向城上开放枪炮。卑职初恐开炮轰击误伤良民，嗣观乡民走散，匪犹逞强，与同城文武督同绅董、兵练、勇役、门夫人等，枪炮齐发，并抛掷砖石，格伤匪徒数十人。该匪等复又放炮拒敌，幸天意诛灭，其枪炮被雨淋湿，多未过火，未致伤及城上兵民。卑职复令开放枪炮轰击，将匪首张沄卿格伤，并格毙匪党数十人。该匪等始退避东关匪首张沄卿家内盘踞，并将格毙格伤匪人均抢抬而去。至夜，匪党不时呐喊，假作威吓。卑职因兵力单弱，请兵未到，只能防守城垣，不敢出城剿捕，当将贼匪攻城及卑职开炮轰击格退贼匪情形禀报本府。兼因卑职被匪围城，率同幕友、家丁，昼夜守城，势在危急，不及禀报宪鉴，并求本府先行据情转禀。

至十一日，天气转寒，该匪等伏首终日，未敢逞强；至夜均因冻馁走去，声称不出十日复来攻城。正在禀报间，于十二日晚、十三日早，蒙南阳镇派拨练军马步队四哨到县。现探该匪等分股在乡，裹胁良民，复图起事。

除由卑职会同营汛及派来练军分赴各乡追捕，并移会邻封州县一体堵拿，务期将此股逆匪张沄卿等尽数弋获，照例惩办外，所有卑县教堂被匪扒毁并围攻卑县城垣，经卑职击退情形缘由，理合禀报大帅察核。

再，卑职此禀与前禀夹单稍有不符，缘初系风闻，情形多有未确，现禀各情较实。至该匪等残杀教民究有几命，容俟卑职查明，再行另文禀报。合并声明。

敬再禀者：

窃卑县境多山阜，俗尚佩刀。上年经卑前县锡令迭次请兵剿办江湖会匪吕裕恒等及盘古山逆匪石广谦等，解郡讯明，就地正法，并在卑县格杀约有数十名。惟余党甚夥，卑前县恐株连良民，未予认真剿捕，以致未能寒匪类之胆。此次逆匪张沄卿、席小发，皆系石广谦谋叛案内党伙也。现侦闻该匪张沄卿与席小发分股竖旗，张沄卿率匪千余人在卑县城北，距城数十里一带各乡村庄，搜借火药枪炮，复图起事；席小发纠匪数百人，在城南一带横行搜掠，请来练军不敷分投剿捕。合再肃丹，禀恳大帅鉴核，俯赐札饬营务处，迅速派拨马步练军两营来县，协同南阳镇派来练军合力剿捕。此次若不严予惩创，则卑县地土风气，从兹视叛逆为玩戏，置国法于不顾矣。临禀不胜惶悚叩祷之至！

批：据禀及另单均查。前据南阳府禀，转据该县禀称于未起事之先，亲往该处劝令解散，则是莠民聚众滋事，该县早有闻知，乃不能弭患未形，转诿前任未予认真剿捕，以引为掩饰地步，大属非是。仰即遵照先后札饬，勒缉首要务获，勿再玩延，致干重咎；查明教堂焚毁几处，教民致死几名，禀报查考。勿延！缴。

27. 札四道九府四直隶州查办教案

光绪二十八年二月十五日据南阳府禀转，据泌阳县禀称，该县高店等处莠民，纠合唐、桐交界匪徒，焚烧楚洼、马金沟地方教堂，杀死教民十余名，围攻泌阳县城，势甚猖獗。当经本部院派队，前往弹压保护，并飞咨南阳镇就近派兵截击，格伤匪首张沄卿等，余匪逃散，均经据情电奏在案。顷接探报，匪首张沄卿、席小发等向泌阳东北一带窜逸，该处界连江、皖，难保不纠集余党，复为巨患。合行札知。札到，该道、府、直隶州即便转饬该府、州、县，一体严防协缉，竭力保护教堂、教民。倘敢漫不经心，致有疏虞情事，定即从严参办，决不姑宽。懔遵！切切！此札。

28. 札藩臬二司交涉局四道查办教案

光绪二十八年二月二十日准外务部电开："来电已进呈，奉旨：著责成锡良严拿匪首张沄卿务获，并将逃散余匪一并严缉，分别惩办，仍认真保护教堂、教士人等，毋稍松懈。钦此。号。印。"等因。承准此，合亟恭录札行。札到，该司、局、处、道即便钦遵查照，转饬该府县悬立重赏，会同营练，速将首犯张沄卿拿获，并勒缉余匪，禀候分别惩办。倘敢缉拿不力，以致该匪远飏，及教堂、教士再有疏虞情事，定即严行参办，决不姑容。懔遵勿违！此札。

29. 札藩臬二司交涉局营务处奖励拿获案犯官兵

光绪二十八年二月二十四日

照得光绪二十八年二月二十四日准南阳镇咨，以匪首席小发经派练军官弁兵勇，于二十四日追捕就获，解交泌阳县收审等情到本部院。准此，查该犯系著名刀匪，与张沄卿结党滋事，罪大恶极。现被练军官弁兵勇购线拿获，实属有劳足录，自应重赏，以励勤能。除咨南阳镇查照外，合行札饬。札到，该司、局、处即速筹银三千两，解交南阳府收储备赏，抑或札饬南阳县就近由应解丁杂项下划拨，以期迅速。一面于备赏银内，速即咨送南阳镇银五百两，专充此次拿获匪首席小发赏项之用，并严饬府县、营练等会同营练、府县，速将匪首张沄卿拿获，立即赏银一千两。其拿获余党，由该道府等斟酌给赏。至所获首从仍饬解交南阳府，由该道府讯明禀办。倘查有承缉不力、观望迁延，致令要犯远飏，即行揭参，以儆玩泄。均分别移行知照。此札。

附：南阳府禀办理教案情形

光绪二十八年二月

敬禀者：

窃卑府于本月十五日曾将下属查办民教滋事情形，驰报宪鉴在案。到泌后一面饬委驰赴桐柏，协同印官相验杀死教民尸身，一面抚恤难教家属，并张贴安民告示，解散胁从，俾免再生意外枝节。访闻首犯张沄卿、席小发二人自攻城后，闻卑府将至泌境，即分股逃窜南北两路。卑府当飞饬勇练，秘密查拿，悬格重赏，以期必获。已于二十日晚将席小发捕获到案。其张沄卿一犯亦有眼线，分头密拿。凡此各情，曾飞致开封府张守，托其转禀宪台，用抒廑念。现在反侧已安，地方亦一律静谧。在桐柏者惟乌金沟杀死教民男妇共七口，该县已相验确实，领尸埋葬矣。在唐县者系安蓬、黄沟等处，仅邓魁宝一名，闻被乱民缚去，究竟是否杀死，尚未查有确据。在泌阳者，仅褚湾杀死叶姓男丁四口；又一口杀在桐柏石碑岭地方；又师文铎一名，亦系泌人，杀死桐境。已饬泌阳费令鸿年与委员候补县周令景棠同往相验，予以棺木、衣衾，已由尸亲领去埋葬矣。

此次闹教虽事起仓猝，蔓延三县，而幸未死一洋人。推究其故，皆由教民与各村庄积怨已久，该匪张沄卿、席小发遂假赔款为名，以激众变。其被杀教民，皆平昔结怨最深，为众人指目已久者也。卑府以为此案宜急了，不宜缓结；宜小惩，不宜大办。目前之解散虽易，日后防维难周。卑府到泌三日，已将解散胁从、抚恤教民各端，督饬印委从速办理。其逃避出外之教民，亦饬印委于城关择一空宅，令其暂住，以免疏虞。其远在数十里外者，即责成各寨首事，令其切实保护，明定功过，倘再有事，即惟该首事是问。各教民均感激无词。惟泌阳西关教堂工本稍重，非一时所能猝修，只好随后与安主教面商办法。总之，张、席二匪，敢于围城，即治以叛逆之罪；其余教民被杀，多系因仇而致，只能照寻常命案办理。案分两层，较易了结。是否有当，伏乞大帅训示祇遵，实为公便。

谨再禀者：

正发禀间，奉到钧札，并钞示电报一纸。所有洋教士纪、谭、巴三人，因彼时行至唐县，闻泌阳起事之信，即由唐折回郡城。而安主教发电之时，尚有一人未至，是以有一人无下落之说。现询问教堂，据言是三人均已回归，并无一洋人在外。用特附陈，以抒宪廑。

批：据禀勇练等将要犯席小发拿获，已准南镇咨，饬司拨银五百两解交充赏矣。至匪首张沄卿，既经觅有眼线，仰即速饬兵役剿缉务获，勿令远飏，是为切要。其应办一切事宜，仰即会商镇道等妥为办理，以期速结。所拟案分两层，不为无见，亦即一并妥商核办，禀报查考。另单称教士三人均已回归，并无洋人在外已悉。此缴。二月二十四日。

附：桐柏县禀教民被杀等情形

光绪二十八年二月

敬禀者：

窃卑县西北边境一带，与泌县之安蓬镇接壤。前于本年正月初旬，访问泌阳民教肇衅，有勾串唐邑匪徒，纠集多人，聚众竖旗情事。卑职深恐该匪徒等设使勾结卑县莠民滋事，为患匪轻，亟须严加防范。当经卑职预给卑县与泌境毗连之围山城各保绅首谕帖，谕饬整齐保甲，挑选门勇，昼夜防范，以作未雨绸缪之计。一面并由卑职会同卑营向千总永庆，率带勇役，轻骑减从，不时驰赴交界处所周历巡阅。月余以来，地方颇称安谧，以为该匪徒等想已渐经解散。讵月之初九日午后，据卑县西北乡东果园保地保陈知同禀称，本月初八日午前，陡有泌民匪徒三千余人，各执刀锚枪炮，由北路至该保乌金沟放火围庄，房屋烧毁五十余间。庄邻畏势凶猛，不敢进前救护。直至午后匪徒始散，仍由北路赴泌阳去讫。该保前往查看，门外烧杀死教民顾高顺家男妇大小七口，并杀死路人二名，理合禀报等情。旋准平氏汛司金外委函会，大略相同。

据此，卑职查该匪徒等，因民教不能相安，胆敢聚众三千余人，阑入邻境，惨杀教民多人，实属形同叛逆，罪不容诛，若不急行剿办，转恐燎原，不可收拾。并现探闻该匪徒等在本境业已肆扰数日，因至卑境，明目张胆，烧杀而去。似此愍不畏法，后患诚不可测。除由卑职移会营汛，多带练勇兵役，星夜前往勘验明确，另行禀报，一面多派差役分投严缉外，惟念匪踪飘忽靡定，卑县勇役人单，各保甲门勇亦均畏凶，不敢上前，势难抵敌。合无先行禀恳大帅鉴核，俯念地方紧要，情形急迫，迅赐飞咨南阳镇蓝，酌拨能事将备，督带练军来县，会同卑职与泌阳县费令，各带集勇兵役，一齐进剿，俾得指日荡平，免致蔓延为患，以全民命而靖地方，实为恩公两便。

批：据禀该县乌金沟地方于二月初八日既有匪徒聚众烧杀情事，该县并无一字禀报，直至本部院派拨兵练解散匪徒之后，始据该县具禀。试问所司何事？实属聋聩已极。仰即将匪首张沄卿等迅速设法拿获。倘仍任意严［违］延，本部院不能为该令宽也。懔之！切切！此缴。二月二十五日。

附：南阳知府禀

光绪二十八年二月

敬禀者：

窃卑府前将下属情形驰禀宪鉴在案。当由唐县源谭镇一带取道赴泌，沿路传见绅董，晓以祸福，并发给安民告示。见各处民情尚属安谧，惟谣言四布，至谓泌阳匪徒聚有数万，约定十九日准复围城者。卑府当即驰抵泌城，以安众心。于次日传见在城各乡绅董，剀切晓谕，饬令各安本业，不许聚众；所有被胁村庄，果能一律解散，不究既往。其首犯张沄卿、席小发二匪闻卑府将至，已分头逃窜，当饬各勇练齐力协拿，毋任远遁。二十日晚，在南乡七里冈地方，将席小发捕获到案，讯供围城扒教堂各情不讳，惟因拒捕受伤颇重，已饬该县严刑收禁。其张沄卿一犯，现已亦严饬各县及勇练四出踩缉，务获惩办。教民生者抚恤，死者殡殓，皆妥为安置，并责承各处首事，切实保护，以免再有疏虞。现在胁从已次第解散，教民亦分别抚恤，首犯张、席二匪已获其一，地方尚各安堵，足以仰纾宪廑。

至派出委员协同各印官相验教民被杀尸身、被烧房屋及抚恤家属各详细数目，并起衅缘由，谨开具清折，禀请大帅鉴核。惟事关三县，该教民散处各乡，一时耳目难周，容再逐细确查，有无遗漏，随后再行续报。合并声明。

清折一扣

候补县丞茅恒基、候补知县周景棠、候补典史傅行余，谨将奉委赴泌、唐、桐滋事处所，会同各印官详细查明扒毁教堂、杀毙教民、焚毁房屋，并分别抚恤教民及起衅大概缘由各节，开具清折，恭呈宪鉴。

计开：

一查得泌阳县西关教堂瓦房四十间，屋顶全行扒毁，墙垣峙立，梁余四根，门窗全无，续经找回檩梁十一根，验明封存，附呈绘图一张。

一查得桐柏乌金沟分堂一座，共瓦房五间，屋顶毁损无多，窗槅俱全。

一查得泌阳县城西南二十里褚凹教民叶长荣即叶老七，二月初七日夜间被匪杀死，并子叶娃、叶金榜、叶头四命，房屋未动，器物抢空，伊四子赴乌金沟送信，亦被杀害。当经费令勘验，赏给衣棺，尸亲伊婿邱清林领尸掩埋。叶长荣之妻叶王氏受伤，藏避邱清林家，赏邱清林钱四串，暂作养赡之资。

再，访闻该教民叶老七移住褚凹仅十余年，其房屋、田地皆当自褚伯申手，褚与逆匪张沄卿有亲。前年闹教之事，叶老七逃外，托褚姓照应，及事缓回家，又讹诈褚姓，经张沄卿调处，赔叶银钱息事。张逆有垫钱在内未尝，因挟仇谋杀，致毙多命。现房主褚姓已皆逃外不家。

一查得唐县东北七十里大张林被杀教民邓魁宝，访问系在安蓬赶会为首匪拉去，杀于丁堂南乱葬坟内。现尸身尚未查出，俟有确实下落，再行续报。

一查得桐柏县城西北七十里乌金沟教民顾高顺，于初八日午被匪杀死，并弟顾高贤及子劳大、劳五，儿妇顾张氏、女孙小女娲共计七［六］命，烧毁草房五十七间。初十日，经王令验明，当给棺木，尸亲顾文兰、顾老三领尸掩埋。

再，访闻该教民顾高顺系教堂会长，平时唆挑教民，讹诈无辜甚多。该教民从中说项，以图中饱，积怨既久，被害自烈。

一查得桐柏西北乌金沟西二里石碑岭，被杀教民师文铎、叶劳四二命。师文铎系程店人，闻有尸亲暗为掩埋。叶劳四即叶长荣之四子，因与乌金沟顾高顺送信，被匪拉至石碑岭杀毙，访查尸身，已被狼犬残食无存。

一查得泌阳西关教民何文敬，烧毁草房五间，器物无存。李长清草房一间，陈李氏草房一间，杨清运草房三间，魏天章草房五间，汪永祥草房二间，孟兆山草房三间，何有才草房二间。以上七家房屋如故，门窗无存。

一查得泌阳西北三里曹庄杨法林，扒毁草房二间。

一查得泌阳县东关马得山房屋无损，粮食器物抢空。

一查得泌阳县城北二里宋庄教民赵明富、赵明顺共草房十一间，均被烧毁。

一查得唐县东北九十里乔庄教民王文堂西瓦屋三间、西草屋一间、北瓦屋三间，乔打连北草屋一间，乔长海北草屋二间，乔明亮北草屋四间、东草屋三间、西草屋一间、草大门一间，乔增利东草屋三间、北草屋三间、西草屋一间，乔明深北草屋二间，共草屋二十二间，瓦房六间，均于初九日晚烧毁。

一查得唐县东北九十里前黄沟教民顾玉美北草房四间、南草房六间，刘许堂西草屋二间、北草屋三间，顾玉仓北草屋五间、西草屋三间、东草屋二间，常新富东草屋一间，杨清福北草屋二间、西草屋三间，薛建堂东草屋一间，李明玉西草房二间，杨学体北草屋四间、西草房四间，共草房四十二间，均于初九日晚间烧毁。

一查得唐县东北九十里后黄沟教民何玉泉北草房一间微扒，黄明西草房一间烧毁、北草屋三间微扒。

一查得分别抚恤被难教民姓名：江有成男五口、女三口，杨发林男五口、女三口，何文敬男五口、女三口，何天德男三口，吕运桢男五口、女六口，杨清运一口，李长清男三口、女一口，陈李氏一口，吴兴国男三口、女四口，卫天章男二口、女二口，汪海男三口、女二口，李长发男一口、女一口、雇工四口，马得山男四口、女三口，马永安男二口、女二口，赵明富男七口、女五口。

共杀死教民男十二口、女二口。共烧毁瓦房六间，草房一百六十一间。共抚恤教民男五十三口，女三十六口。

敬再禀者：

窃维此次闹教事连三县，众逾万人，其势汹汹，实有防不胜防之势。然详查被杀之人十余口，被烧被扒房屋百余间，除教民、教房外，仅黄沟延烧邻右一家，并未伤及他人。是该匪专以仇教为名，以故数日中煽惑诱胁者将及万余。若必尽法惩治，则人人各怀疑惧，必致固结不解。若杀人放火之犯，亦听其逍遥事外，则国法驯至废弛，必致玩视刑章。缓则难图，急则生变，正今日之谓也。卑府悉心酌度，张、席二匪，敢于聚众围城，自难逭形同叛逆之罪，其教民被杀被烧之家，皆结怨有自、挟仇报复所致。目前仅严办张、席二匪，其余仍以解散为急。俟人心大定，众志已懈之后，再诱拿杀人各犯，归入命案讯办。如此一缓急间，既不至弛废典刑，长彼傲气，亦不至激成大变，坚其叛心，似于教堂、地方均有利而无害。是否有当，理合禀请大帅鉴核训示，是为公便。

批：据禀及另单均悉。此次教案，杀死教民十有余人，焚毁房屋至一百六十余间之多，本部院深为悯恻。席小发受有重伤，即速提讯，开具供折，禀候惩办。匪首张沄卿，既觅有眼线，不难弋获，自应勒限严缉，勿令漏网。至本部院派往各军，某哨现驻某处，是否认真踩缉梭巡，抑或退缩不前，株守一隅，即行确切查明，飞速禀报，以凭核办。切切！此缴。图折存。光绪二十八年二月二十七日。

30．札交涉局刊发晓谕民教告示

光绪二十八年二月二十九日

照得泌阳县民因抗缴教堂赔款，纠众滋事，业经本部院分别查办在案。而豫省教堂林立，不可不切实示谕，以勉效尤。兹本部院刊印告示二千张，合行札发。札到，该局立即转行各厅州县，一体遵照张贴。惟恐有不法之徒，目不识丁，任意揣测，滕口妄说，以致愚民疑贰，易启猜嫌，应即通饬各牧令等，不时下乡接见绅耆，指陈讲说，俾使共知此意。仍饬将张贴处所具报查考毋违！此札。

计发告示二千张。

晓谕民教告示

为剀切晓谕事：

照得各国设堂传教，其本意不过劝人以为善，并非强人以必从。是以朝廷笃念邦交，凡属教士、教民，严谕切实保护，深欲中外之相安，不准民教之相忤也。

乃愚民无知，动辄成衅。推原其故，民教互有良莠，彼此遂易启猜嫌。其实口角争讼，小民之常，何分教与非教。若听地方官酌理准情，秉公剖断，原可相安于无事。无如一云教案，两造先各存意见，案情转多生枝节。神甫、牧师来自远方，安能周悉情伪。而无识乡愚，疑为袒护，渐至心不能平。由是积忿生怨，积怨成衅，往往借仇教为名，焚杀抢掠，无所不至。试问教民纵有不善，或不能仰体传教之旨，或且恃入教为护符，与乡里不相浃洽，然亦不过口角微嫌，田土细故，绝无不共戴天之仇，何至遽遭杀戮之惨。无此大冤而兴此大乱，有是理乎！此皆奸民欲从中起事，托词煽惑，百姓遂为所愚。

查据众妄杀，本属大干法纪。况国家方期保教以安民，尔等乃借仇教而滋事，上违朝旨，下启乱阶，既已形同叛逆，自为法所难容。大兵一旦云集，乌合势将星散，格杀者既身首难全，幸逃者亦勒缉务获。以一二人之首祸而害及全家；以一两村之附从而殃及合县。株连波及，家破身亡，疾首痛心，后悔已晚。

至于教民，同系中国编氓，朝廷一体抚视，自应勉为良善，恪遵主教之言，不必以入教而自疑，亦不可以入教而自恃，免致激成众怒，惨被杀伤。即使官府为之缉匪伸冤，而尔身已先罹其祸，死者不能复生，散者不易复聚，试为熟思，亟宜猛省！本部院言念及此，同深悯恻。

因思泌阳既有闹教之案，此外各府州所属教堂，现虽民教相安，亦不得不预为之计。自应早为开导，免致事后噬脐。合亟出示晓谕。为此示仰军民人等知悉：嗣后无论民教，俱应亲睦。入教者固宜恪守教规，不入教者亦宜懔遵国法。豫省理学之邦，士风称最，各城各邑不乏读书明理之人，务宜切实劝勉，以仰体朝廷怀柔之义，潜消乡里悖乱之萌。尔百姓等倘敢不遵示谕，仍启衅端，是真甘为梗化之民，王法具在，本部院断不能为之姑容也。其各懔遵毋违！特示。

31. 札傅凤飏[①]限期缉拿案犯

光绪二十八年三月初九日

照得泌阳莠民滋事，案情极为重大，且波及唐、桐交界，均系该府辖境。前经本部院迭次批示，饬令该府设法擒渠，并严札勒限半月以定赏罚，不得以交卸府篆，意存推诿。乃该府竟擅行来省，大属非是。亟应赶紧折回，督饬各该县会同防绿各营，认真踩缉，务期首要各犯速获，此事方易了结。查蓝镇军、朱道向来缉捕最著勤能，该府即禀商一切，妥筹办法。除徐令寿兹即照面禀札饬前往并分别札行外，合亟札饬。札到，该守即行遵照办理。倘各县抗违玩延，并不上紧缉拿，亦即指名独参。毋违！此札。

附：南阳府禀泌阳教案根源

光绪二十八年三月初九日

窃查泌阳滋事，由于摊款不公，偏任劣绅勒派。唐县罗庄罗振杰地只数十亩，经姚劣绅勒派数十两银。罗恳求减少，勉出银二十两，复被该劣绅殴辱，以致众怨沸腾。而唐、泌连界处之杨庄杨正宪等，又朱振纪等，程店程劳十、丁玉美等，高店胡二少等，遂抗不肯摊，竞相效尤。

其在泌境者，经锡令传谕首事，从少出资了事，民虽勉从，而怨终未解。安主教自去年赴汉议款，教堂中事政出多门，偏听靳通事挑唆，诬控平民，或以少报多，或吓诈诬陷，甚且以避难时求为寄存之物，今反谓此人抢夺伊物，种种敛怨，不一而足。安主教虽系西人翘楚，无如聒聒者时惑其聪，而教堂遂成怨府。

---

① 傅凤飏，时任南阳府知府。

去年教堂指控泌阳县已革保甲房书张云卿系石光谦[①]余党，而当日县供并未牵及张云卿。自经锡令革伊书差，冀为教堂转面了事，并谕绅董开导了结。讵张云卿惑于签语，终有此时一言坚执，桀骜不肯下人。而教堂以为锡令偏袒，安主教专函指称卑府属李经历起凤，于伊教堂事无不竭诚，请即委往查办张云卿，并为之函求代理酬劳。伊既以为此非该员不可，卑府只好俯如所请，一面切嘱该员交涉事务须慎重，免滋外人口实。讵该员仅于到泌时，传张云卿之弟到案，贿通敷衍。

安主教以自行函请指委之员仍未办结，乃请禀撤锡令。今正费令接手，人虽谨厚，究不如锡令之日久民信，不忍发难。且费令措置不慎，先盛言洋款要紧，民遂不胜其怨，而目费令为洋官。署中书役人等多与张云卿素通声气，而该令查办此事又机事不密，以致张云卿势迫畏罪，借抗款之名，与伊子张振川等首先倡祸。而唐、泌连界之各庄首事，皆应声先发，烧杀教民房屋。张云卿并勾结刀匪席小法扒毁教堂，为己复仇。不终日而连境蜂起，人皆谓锡令在此尚不至是也。

其桐境滋事各犯，惟查有毕锡魁，泌阳人，现居桐境之王集北毕庄，实为程劳十等主谋。

谨将卑府赴泌访查起事大概缘由，理合禀陈，恭请鉴核。

32. 札南阳府提讯人犯

光绪二十八年三月十五日

照得三月十四日据该府禀，转据泌阳县禀称，先后拿获要犯朱书堂、吉四妞即吉凤山二犯各等情到本部院。据此，查朱书堂等二犯，均经就获，业据泌阳县禀报在案。除批示外，合行札

---

① 前文写作张沄卿、石广谦，原文如此。以下同一人名写法不同处较多，均不一一指出。

饬。札到，该府立即提集朱书堂、吉四妞讯明，开具供折，飞速禀办。至席小发一犯，前于三月初四日曾经批饬该府确切研讯，务得详细供情，另禀察奏。迄今十日之久，未据该府禀复，应即一并讯明，开具供折，禀候核办，均勿违延。切切！此札。

北征日记

成本璞 著　程道德 点校

说明：成本璞，字琢如，号天民，湖南湘乡人。早年留学日本，归国后游宦江南，曾任浙江候补知府，辛亥革命时期曾参加南社，民国初年任国务院秘书等职。著有《通雅斋丛稿》、《九经新义》等。

《北征日记》系作者记录光绪二十九年（1903）蒙湖南学政柯劭忞奏保经济特科，赴京参加殿试的经历，反映出清末新政时期的经世意识和西学影响，具有一定的史料价值。原件稿本为私人收藏，点校整理中得到中国社会科学院邸永君研究员的支持和帮助，谨此深表谢忱。

正月元日，丁巳，大雪。试笔得七律一首：

春平正月大一统，万国冠裳拱至尊。自有威神动蛮貊，故应喜气满乾坤。纷飞瑞雪呈丰兆，乍靖瀛波感圣恩。正值太平中兴日，欢将仁德溥元□。

意拟学涪翁而无其奇崛，此自关天资，不一强也。

初二日　戊午，雪。编算恒孚义盐厘课册。

初三日　己未，雪。

初四日　庚申，雪稍霁。至壶天贺聘臣丈家。

初五日　辛酉，雪霁。在贺家住。

初六日　壬戌，晴。至蒋少穆丈家中饮，暮归。

初七日　癸亥，晴。

初八日　甲子，立春，大晴。诣溆水督销局，群宾杂班，宴饮尽欢。余榷溆水盐务至此三年矣。

初九日　乙丑，晴。易孝先（瑞谷）等来晤。鹤翘和余元旦试笔诗二首，甚可颂。曾添诚招饮。

初十日　丙寅，晴。陈焕章招饮，徐月樵招饮。

十一日　丁卯，朔风懔烈，甚有寒意。晤胡少潜孝廉。

十二日　戊辰，大雨竟日。余肩舆晓发，暮抵县门。

十三日　己巳，晴。谒陈正钧大令，以病未见。谒蓝式尹、王副倅及学师陈炼成、江鸿岩二先生，谭甚久。夜观灯戏。

十四日　庚午，大雨竟日。晓发湘乡县，暮宿湘潭之姜畬。故人陈梅根，姜畬人也，前曾过其宅，今死已经年，念之凄恻，竟夕不寐。

十五日　辛未，晴。辰后抵湘潭，寓正和生钱号，晤朱伯祯。

十六日　壬申，晴。晓发湘潭，北风甚厉，因改乘肩舆，暮抵长沙。

十七日　癸酉。谒见俞逸轩中丞、柯凤笙学宪。

十八日　甲戌。谒见督销局席沅生观察，晤廖馥棠、舒祇翼。

十九日　乙亥。公宴席沅生局宪于小瀛洲席公祠，抵暮乃散。

二十日　丙子。晤张觐侯、俞秩华、胡子晋诸人。

二十一日　丁丑。谒见校经书院监院吴斗枢先生。

二十二日　戊寅。晤罗训循大令，谒席沅生观察。

二十三日　己卯。谒见王益吾先生，晤李佛翼姻丈。

二十四日　庚辰，晴。北风正劲，登舟即发，晡抵湘潭。

二十五日　辛巳。晓发湘潭，暮抵湘乡。晤朱静斋、谢益斋二君。

二十六日　壬午。早发湘乡，暮抵瀫水。

二十七日　癸未。住瀫水。是日大雨，编算盐厘课册。

二十八日　甲申。辰诣杨树坡，祝蒋少穆丈之太夫人七旬寿辰，因留饮。迄暮返家，叙述旅况，家人团聚甚欢。

二十九日　乙酉，晴。清理书籍。

二月初一日　丙戌，晴。校定近作《瀫溪集》一卷。

初二日　丁亥，雨。家大人勖以立身行世之道甚详。

初三日　戊子，晴。萧渑其来谭。收束行李。

初四日　己丑，晴。家大人置酒，侍饮。发衣箱往瀫。

初五日　庚寅，晴。

初六日　辛卯，大晴。余蒙学使柯凤笙先生奏保经济特科，抚院俞逸轩中丞给咨，赴京恭应殿试，择于是日午刻，由家起程，到瀫水。夜风雨。成拟古二首，颇似汉人，情至之作，自能入妙。

赠妇诗

结发缔良姻，大义夙所敦。恩爱久逾笃，形影日相亲。方春美华木，晻蔼被庭墀。婉娈未云晏，倏忽将别离。理楫访湘水，乘轺指帝京。挥手与君辞，万里事长征。严装既已驾，揽辔神暗伤。岂不念之子，丈夫志四方。愿君厚自爱，慎无戚戚为。善保千金躯，俱享黄发期。恺悌神所许，薄终义斯尤。微生苦羁役，何以慰离忧。右赠妇。

妾本菲陋姿，奉辞事君子。为欢苦不足，衔诚非望始。君子青云器，垂髫弄柔翰。声华动京洛，高步跨霄汉。帝都盛文物，矫矫群英会。艰难思异材，远迹蹠区外。乘时扬令名，横流耻高尚。终展舟楫才，俛慰云霓望。灼灼桃李葩，粲粲锦衾烂。壮游自兹始，春华方未晚。恩义重绸缪，别离动尔眷。愿君保玉体，努力日强饭。右代妇答。

初七日　壬辰，风雨竟日。会计鹾数。

初八日　癸巳，雨，巳后略有晴意。德裕福招饮。午后饮于福记盐仓。夜作斗雀之戏。

初九日　甲午，雨。群宾杂沓，甚为烦苦。

初十日　乙未，晴。饮鹤翘家。夜风雨。

十一日　丙申，晴。设宴请同局各友，痛饮尽欢。

十二日　丁酉，阴雨，骤有寒意。饮傅瑞生家。是日，查有驳船曾冬友，将官盐搀和硝卤，传送有司治之。

十三日　戊戌，晴。辰赴横街刘瑞翁之招。午赴正和生盐号之招。暮赴鳜鱼池莲溪祖之招。夜与彭三话别。

十四日　己亥。寅初由濲起程，申后抵湘乡。谒学师陈炼成先生、邑令陈正钧明府，谭甚畅。夜大雨。闻特科殿试已改期八月，出自学宪柯公面说，而尚无明文。到此踌躇，难决行止。且往长沙一探之，如得展期，使余得遂初服，而免风尘之劳。静坐著书，洞观世变，亦一快也。

途中偶有所感，得词一首，调寄念奴娇，次东坡赤壁韵：

支那年少，叹纵横，今古都无英物。矫首瀛寰，如许大，坐拥图书四壁。侠气惊云，豪情喷雨，摩试吴钩雪。百年龙战，当时谁是人杰。

从此沧海扬帆，金门被褐，英论如潮发。铁轨飙轮，飞融处，六合波清尘灭。万里孤游，十年绮梦，苦换青青发。问谁知我，只今惟有明月。

豪情逸气，大类稼轩。苏辛并传，辛过于苏。

十五日　庚子，大雨，昼夜不息。住湘乡，与谢益斋谭。

十六日　辛丑，雨。泛舟至袁家河，复乘舆至湘潭。

十七日　壬寅，雨。住湘潭。

十八日　癸卯，风劲，雨稍息。巳初，乘昌和轮船，午后到长沙。晤黎仙岩、朱伯桢诸人，谈甚快。易瑞谷、王右曾均来晤。

十九日　甲辰，雨。晤蒋少穆及曹摅沧同年。

二十日　乙巳，雨。谒席沅生观察及吴斗枢师。阅各报。

二十一日　丙午，雨。至书肆，购新书数种，览之甚快。晤日本工学士细井岩弥、山口峰一郎、茂野桂一，谭甚久，劝东游。

二十二日　丁未，晴。苦雨忽霁，意气殊快，至仙岩、伯桢处一谈。周仲豪来谭。杨杭生、王鼒臣均同寓，常聚谭。

二十三日　戊申，雨。感寒骤病。仙岩、伯桢、仲章来饮。细井以书来，为东游介绍，意甚殷殷，致足感也，夜以酒馔饷之。

二十四日　己酉，雨。病甚，咯血，连服药数帖，尚未轻减。仲章来。

二十五日　庚戌，大风。病稍可，而畏寒特甚，咯血不止，恐遂成疾，拟回里调诊，诣轮，已发，遂折回。厚安来谭，摅沧来。

二十六日　辛亥，大雨不绝，愁绪苦萦。午乘湘清小轮赴潭，许季廉同坐。暮至正和生，昏然而睡。是夜大病，寒热交作，而热最甚，状如疟，自以桂支汤服之。黎明即发，苦嗽不能音。登舟后，气忽爽，薄雾罩天，细雨黏水，云气冥冥，新柳乍绿，睹之欣然，成杂诗数首：

忽忽苦行役，悠悠念太虚。不次（?）林下卧，端诵素王书。

平生知己感，寂寞叹浮名。此生金銮试，方思奏太平。

右感事五言绝句二首。

山远欲化烟，天低欲依水。新柳绿未齐，澄江碧无已。雨气罩空冥，微辨暮云紫。向晚闻禅梵，仿佛杂悲喜。

右春雨泛湘水，作五言诗一首，意拟学谢元晖也。

新种垂杨已十围，郎来攀折未应违。郎心已化东流水，妾化杨花绕水飞。

昨夜春风欲放颠，今朝细雨乍和烟。江干千万垂杨树，每到春来绿可怜。

右新柳词二首。七绝向推龙标太白，今风调稍近之矣。
二十七日　壬子，雨，风劲寒甚。早发湘潭，暮抵湘乡。
二十八日　癸丑，雨。早发湘乡，暮抵瀔水。
二十九日　甲寅，雨。征医访药，体极不适。
三十日　乙卯，雨。正和生盐号司事与秤码有争斗之事。
三月初一日　丙辰。舆疾回家。
初二日　丁巳，雨。在家养病，连日阅西史。
初三日　戊午，大雨。为塾师傅瑞生作《汉文帝减租除税物力充羡论》一篇，应课子作也。笔气纵放，大类老苏，文多不载。桐城义法，余生平所厌闻，规矩森然，自有天然结构，文之工者，每不意而自合符契，桐城云乎哉。

初四日　己未，雨。至瀫水，复征医。寒疾似去，而嗽不减。

初五日　庚申，雨。在瀫，晤曹姬，久别相思，乍见一快。

初六日　辛酉，雨。钩稽局事，遣足往长沙，暮回家。

初七日　壬戌，雨。撰策二首，为瑞生作也。一、《欧美学制及日本教法可否采用策》；二、《推广邮政策》。余纵笔直书，文不加点，近三千言，然有司多无识，未必能知之也。

初八日　癸亥，晴。校阅旧籍，杂游里中。

初九日　甲子，晴。是日清明，诣紫霞圃公屋，祀支祖以下，成礼而退。暮返。喟然有范文正、蒋果敏之志。

初十日　乙丑，大雨。读近译书，论及天演进化之理，斐然有述作之志，惜人事牵率，未能毕力也。

十一日　丙寅，雨。读《理学钩玄》，甚烦闷，不能解。其空虚缥缈，与中国宋学流弊何以异哉。西儒中之可佩者，如孟的斯鸠、卢梭、斯宾塞尔、斯密亚丹之流，致于实用，为可佩也。中国于政治之学晦蒙否塞，此其国之不振哉。

十二日　丁卯，雨。至瀫水，校算盐厘文册。

十三日　戊辰，大雨。勾当局事，暇辄阅报以自遣。

十四日　己巳，雨。校订《新民丛报》，共二十三册。

十五日　庚午，阴雨。阅报，摅沧书来，促速北行。夜返家。

十六日　辛未，阴雨。来瀫，治装。曹姬来送别。

十七日　壬申，大雨。晨发瀫水，暮宿铜钱湾。

十八日　癸酉，大雨。暮抵湘潭。途中成杂诗数首。

十九日　甲戌，大雨。乘湘清轮船抵长沙。

二十日　乙亥，大雨。候轮未至。晤蒋少穆、杨杭生、杨劭钦、曾洛源、曹摅沧诸人。又晤左葵生、易厚安。

二十一日　丙子，大雨日夜不息，滂沱汹涌之声，如江涛之骤至。拥户闷卧，阅书欹枕。摅沧书来约行。

二十二日　丁丑，大雨。作书数通，杨劭钦以俞中丞嘱题卧游图，求余捉刀。中丞原题诗六绝，又词一首，今次其韵，草草酬应，不足存也。姑录于后：

高情久爱水云乡，廿载驰驱别恨长。却忆故山好风月，橹声摇梦过横塘。

万垒恩威挟纩温，忧时双鬓有霜痕。何如醉卧空江夜，雨打孤蓬潮打门。

莺花澹冶柳照柔，十载湖山梦里游。今日功成身欲隐，只余琴鹤伴归舟。

更向天家乞鉴湖，君恩若重客愁孤。樊川诗句辋川画，输与倪迂第一图。

万事浮云眼底过，翟公门下尽张罗。采芝已结香山约，陌上花开缓缓歌。

图书万卷压归装，更有新诗付锦囊。此去东山好丝竹，苍生应亦笑公忙。

右七绝六首，次俞中丞原韵。

乍鸥咻，叹春归了，怨绿凄红，倚阑斜眺。一舸鸱夷，苍茫烟水，五湖棹。江山如画，尽检点云样稿。正草长莺飞，恁镜里朱颜长好。

休恼，问麒麟绘像，谁是白头归早。功成身隐，算惟有赤松同调。更莫笑玉女投壶，漫赢得麻姑舒爪。书画归船，争认南宫米老。

右调长【亭】怨慢，次俞中丞原韵。

诗词均未为佳作，然置之寻常酬应中，则矫然拔出矣。杂忆瀫溪，乡思忽萦，拟随意作二三十绝记之，以无负此三年小住之一段因缘，率成数首，以后有得即书，不复诠次。

数家村落忽成市，夹岸莺花殢客魂。十里瀫溪水清浅，却疑身入武陵源。瀫溪水最清绝，风景甚美，墟落灯上，市廛环之，如在桃源也。

瀫溪春水碧如油，风应瀫纹冉冉流。斜日孤帆迎塔影，梵钟梦起使人愁。瀫溪水波细秀，如瀫织成纹，下有塔，踞一溪之胜。上有破寺，抵暮，钟声远作，怡响广远。

三年留我瀫溪住，今日翻成万里行。记得莺花旧相识，背人垂泪不胜佳。余住瀫市三年，及赴京师，相识者咸依依垂泪不忍别。

渡江洗马旧才名，避地谁怜阮步兵。我亦世人争欲杀，岂知青眼属倾城。余素遭谤，为众人所不容，汪容甫所谓天谗司命，赤口烧城也。

青梅煮酒论英雄，与汝相倾意气中。文采风流谁第一，当时横槊只曹公。赠曹，曹为澱市人才第一。

二十三日 戊寅，晴。料检行装。阅《游学译编》二册。与王秦师话别。申刻，与曹君摅沧登沙市轮船，船为太古公司向以之通沙市航路者，今见怡和、两湖、日本皆通湘航，故遂以之走湘。惜我招商竟不能制浅水船以航湘而分其利也。夜大雨，与摅沧谈。

二十四日 己卯，阴。在沙市，船午时始开行。夜宿鹿角，大雨。同船有曾洛源、杨闰生、欧阳节吾先生诸人，纵谈近事，颇不寂寞。欧阳谈及门下生流血，为之呜咽。

二十五日 庚辰。阴风惨淡，雨意缠绵。水浅舟胶，泊湖中半日。暮宿城陵矶。是日成诗二首，感怀境遇，偶觞而成。

平生壮志轻千里，小别俄今又五年。余自戊戌自沪归，久不出，至此已五年矣。过眼云山如旧识，荡心鸥鹭有前缘。极思洗眼观沧海，便拟乘槎到日边。愁水愁风君莫笑，几时望理五湖船。示摅沧。

浊浪排空天漠漠，淡烟掠水雨冥冥。惊心猿唳喉终咽，拍枕涛声耳厌听。芳草远连千里绿，断云边辨九类青。闺中今夜休相忆，一叶孤帆下洞庭。

后首情韵之美，自谓不减古人。

二十六日 辛巳，雨。过赤壁，宿嘉鱼。晤姚平吾（炳奎），邵阳人，拔贡生，为两湖学堂教习，专精舆地之学。是日抗谈甚久，沿途指点形势，兼及秦陇地形，辨证甚精。其言赤壁乃今之石牌关，在嘉鱼之上，苏子瞻之言误矣。

过赤壁，感孙曹之往事，痛亚洲之近局，辄成一律：

扣舷高唱大江东，霸气销残骇浪中。千古河山余故垒，一湖烟雨蔽孤蓬。纷纷蛮祸何年已，历历兴亡转眼空。太息争存天演界，方知时势造英雄。用饮冰子语。

二十七日　壬午，晴。巳后抵鄂，即附德商之英大轮船往沪。午后登一品香之楼用膳，开怀畅饮。是日，为余初度。百年冉冉，弹指韶华，年来愁困，都无好怀，欲为一诗记之，而尘中扰扰，竟不能吟。夜晤贺因培、傅少南于舟，谈故乡事。十二点始开行。

二十八日　癸未，晴。辰过九江，暮过皖江，山川雄丽，惜无奇句写之。洛源仍同舟，有诗见赠，甚佳妙。摅沧谈史颇精，大率祖章实斋之绪论也，然在今日，亦无用之学耳。

二十九日　甲申。午过金陵，洛源别去。暮过镇江，两岸灯火乱如繁星，咏稼轩之词，自然气旺。

四月初一日　乙酉，阴雨。到上海，寓名利栈，购新书、新衣四件。

初二日　丙戌，阴雨。杂游书肆，购置零物。夜观剧。

初三日　丁亥，晴。乘招商公司新济轮船，一点钟开行出口。

初四日　戊子，晴。风日清丽，海波不兴，有观海之乐，而无航海之苦。凭栏四望，浩无津涯，感念劳生，不觉叹喟。

海皆圆形，为一大圈，顿悟地球之形即昉于此，而地动之理亦即可推。过墨水洋，凡海水极深之处，则如墨。

初五日　己丑，晴。巳后过山东海面，指点烟台、胶州、旅顺、威海各形胜，皆为敌有，海权全失，何以立国！中华之前途，真不堪问矣。摅沧成五绝一首，因即口占一绝，次韵和之：

东亚风潮急，孤舟撼未休。茫茫烟九点，何处辨神州。

夜十二点钟，船到大沽口外二十余里，距塘沽尚五十里。

初六日　庚寅，晴。由大沽乘小轮渡至塘沽，歇一时许，遂登火轮，一点钟开行。六点钟到北京前门，夜投湘乡会馆寓焉。谒见李亦元先生及陈翼谋工部。发家信。

初七日　辛卯，晴。辰与亦元师谈甚久。连旬疲劳，遂发血疾，急自下方诊之。在寓静养，而杂务仍扰人也。

初八日　壬辰。谒杜翘生师及各同乡京官。晤周季朴、李勋臣。是日，摅沧别去，暮至摅沧寓一谈。作信寄长沙。

初九日　癸巳。谒朱桂卿世丈，晤刘申甫。暮，周季朴来谈。

初十日　甲午。王承基、陈诒重来谈。作家书二通。

十一日　乙未。谒左子异世丈。阅《仁学》，其说绝精。

十二日　丙申。诣政务处投文，并填亲供。至东华门外下车，步行半里许，在殿外左侧，仰见宫阙巍峨，金碧辉煌，千门万户，不可殚状，不觉油然动容，肃然起敬。午后，陈梅生侍御来谈，曾晓棠孝廉来。阅严氏《原富》。喻志韵太史来晤，曾履初部郎来晤，亦元师来。

十三日　丁酉。阅《哲学要领》二册，竟颇有所得。

十四日　戊戌。诣燕喜堂观剧。京师优人为天下之冠，而政治不修，道路污秽，亦为各地所未有，可谓本末倒置矣。夜阅《原富》，诵曾文正之杂文。

十五日　己亥。阅《原富》。到京来即患热疾，故日内杜门静坐，不敢出游。初疑北地为苦寒之区，不意其地枯燥，热度反较南中为甚，大风一煽，黄尘四飞，水秽不可饮，道坏而不修，一坐车中，颠簸震动，竟体酸痛，而污秽堆积，臭气熏蒸，尤易生疫。安得各西人之工程、警察诸善政而行之也。且诈伪骗贼之事极多，夜亦多盗，首善之区乃复如是。夜得会试题名录，湘省共中十三名，内有郭复初、易由甫及益阳王氏，皆知名之士，而湘乡竟无一人，可怪也。与王承基手谈。

十六日　庚子，晴。炎气逼人，殊不可耐。阅《原富》。暮谒张冶秋大冢宰。夜与湘潭孙汉循[1]孝廉谈甚久。

十七日　辛丑。阅《列国岁计政要》。是日，甫得家信。暮晤欧阳节吾、杨哲子，谈甚畅。夜作家信。

十八日　壬寅。诣大学堂，晤李亦元先生，遍观仪器、书籍及游讲堂、操场、斋舍。规模甚为伟大，栋宇甚为壮丽。原系公主府所改，在煤山之麓，正傍后宫之墙。内住学生三百余人，规则严肃，其教育管束之法咸仿日本。此中国之基础也。晤周质朴比部、王承基比部、杜翘生先生，谈甚久。孙汉循招饮于义胜居，暮归。而亦元师亦归，遂招谈，杜翘生先生亦来谈，至夜分始散，多精凿之论。

十九日　癸卯。曹摅沧来谈，午后去。与王承基、陈翼谋诸人手谈，至夜三鼓始罢。旅居长安，闲无一事，默察时局，忽为一痛。嗣顷以辽东问题，英、日与俄交煽，抗不相下，各增兵备战，而政府尚泄沓因循，茫无应付之方，一旦爆裂，祸将燎原。可叹可恨。

二十日　甲辰。至摅沧处久谈，因得见保举特科名单，共四百四十九人，内除复列者数十人，综计亦有三百数十人，可云多矣。繁猥已极，牛骥同皂，以国家数百年不举之旷典，乃千载一时之盛，而庸妄竖子乃败坏之，兹为气短。吾中国当今日腐败之极，无论中西之良法美意，以今之官吏行之，皆为弊政，足以贻害天下。国之危亡，至此已迫于眉睫，不急网罗豪俊，稍赖以支撑，而独日事酣嬉，以辟门吁俊之典视为儿戏，天下事尚可为

---

① “汉循”，又作“汉珣”。

乎？晚，安化黄性田孝廉运藩，亦应征而来者，谈久之，其人甚伉爽有气。

二十一日　乙巳。与王承基谈。亦元师来谈。

二十二日　丙午。同翼谋至琉璃厂一游，夜分始归。

二十三日　丁未。早至曾煦棠处一谈，暮谒张冶秋尚书，夜以头晕早睡。是日大风。

二十四日　戊申。偕翼谋至天乐戏园观剧。夜归，大风。

二十五日　己酉。刘梓嘉、龚藻臣南归，余移至上厢房，布置竟日。室甚雅洁，明窗净几，可以久住。闲坐深念，乡愁顿起，恨不即归。作书致鹤翘，与言京师近状绝可悯笑。孙汉循、陈子常来谈。

二十六日　庚戌。偕翼谋、承基登陶然亭，城中胜景也。流连半日，饮于酒肆。又至玉皇庙，晤煦棠。夜归，作游记一篇，音调凄楚，辞采遒丽，颇近洪北江。文多另录。

二十七日　辛亥。阅地文学教科书。摅沧来，遂偕翼谋游内城佛［护］国寺，观庙会，百货杂沓，士女如云，大有西人赛会之意，惜失鄙俚耳。使有司因而整理之，可作劝工场，以为振兴工艺之基础。归，饮于酒肆。购《倚楼重梦》传奇一部，夜阅竟。

二十八日　壬子，晴。晤王子芳、王舆立二部郎。翼谋邀饮于酒肆，抵暮乃归。刘子贞观察来谈甚久。亦元师约谈一时许。

二十九日　癸丑。周质朴招饮，夜分始归。

三十日　甲寅。见刘子贞，谈久。暮同孙汉循、松润川（增，旗人）出游。北地燕支，亦自可人，东坡词所云天涯何处无芳草也。

五月初一日　乙卯。饮于朱桂卿太史家。是日得家书。

初二日　丙辰。摅沧至，来约归。同孙、松二人至金店，问筹捐事。晤瞿海如，谈久之。张仲纯来，同寓。

初三日　丁巳。同仲纯至郡馆，晤摅沧，商行止之计。复同摅沧访杜翘师，不晤，返而久谈，始别去。发电往长沙，致易厚安。夜作家书。客中憔悴，流滞不归，挑灯孤坐，百感交集。

初四日　戊午。摅沧来谈。晚晤邹沅帆、瞿海如。

初五日　己未。是日为端阳令节，与仲纯、翼谋、汉垧等畅饮。第念故乡，百感维桢。酷热，作雀戏，达夜半。

初六日　庚申。与仲纯、翼谋重游陶然亭，流连竟日，晚饮于酒肆。是日，晤洪莲瑞太史、邓峙卿孝廉。

初七日　辛酉，大风。飞尘蔽日，天地改色。同翼谋往晤摅沧，决计南返。遇潘镜征（代襄）、郭复初（朱奇）二君，皆俊士也。渡海以北，四十余天未下雨，而南中来信，淫雨至四月中犹未止，可见南北风气之异。此间自正月不雨以来，至今半年，以致风烈灰飞，臭秽熏迫，每一出门，必至掩鼻，疫疠将作，人何以堪。嗟我中国卫生之学不讲，民之夭扎［折］多矣。宜西人之痛诋之也。闻京师去年大疫，死者枕藉，皆由道路不修，水泉不洁，臭秽蒸砾，灰土凌藉之过，若不修马路与警察，皆大害于卫生也。

初八日　壬戌。酷热蒸人，几不可耐。阅李亦元师辛丑年诗数十首，卓然名家，因手恭钞之，以备异日把玩。阅《新民丛报》。夜与亦元师谈，五分钟久便出。亦元语余《陶然亭记》似汪容甫。

初九日　癸亥。谒张冶秋大冢宰，谈一时许，与言学务宗旨及教育原理，甚契洽，在今日达官中，可谓极开通者矣。甚称余书之佳妙，余以皆旧学，不足道也，张则盛诩之，谓余能观其通道之所在，无古今中外一也。纵谭颇畅。暮大风。

初十日　甲子。发电往长沙，致王秦师。阅《英轺日记》。张尚书来访。大风，灰尘蔽天。

十一日　乙丑。摅沧来约归。阅《英轺日记》。刘子贞招饮，未赴。

十二日　丙寅，大风。阅《英轺日记》竟。购参胶数件。

十三日　丁卯。得家书，顿慰离怀。刘子贞招饮，畅谈。

十四日　戊辰。大风。户部衙门失火，所有案卷、银两尽付一炬。阅《清议报》。与翼谋对弈，余屡负。饯汉珣于酒肆。

十五日　己巳，大风，天地皆晦，灰土纷飞。阅《清议报》。午后，赤日当空，热气转甚，而风仍不息。摅沧来谈。

十六日　庚午。同摅沧观剧一日，夜二鼓始归。晤易煦陔（名抱一，长沙人），通晓西学，兼精算学，为陕督崧公所举。

十七日　辛未。静坐无聊，填词三阕，词多别录。

十八日　壬申。决计南返，往各处作别。晤刘子贞，谈久之。易煦陔（抱一）来谭。夜同汉珣出游。杨式椒来自金陵。

十九日　癸酉。李亦元先生来谭。阅《新民丛报》。摅沧来。曾晓棠兵部来，遂邀饮于酒肆。晤许仲期太史。

二十日　甲戌。得家大人电谕，四十余字，伏诵感切，遂拟暂辍归计。复禀一缄，由邮递。阅《新民学说》。

二十一日　乙亥，暑甚。作家书数通，得新诗五绝句。暮诣摅沧一谈。夜与孙汉珣话别。余自四月到京，至此未见雨。

十里扬花绕翠楼，凤城西畔月如钩。燕支北地无颜色，却忆卢家旧莫愁。

十丈黄尘扑面飞，漫天柳絮糁征衣。红羊劫后山川老，洒涕新亭万事非。

慷慨高歌击筑哀，茫茫始信世无才。休将意气消杯酒，谁赎燕云弃地回。

颓天来倚海西倾，碧眼虬髯势自横。我叹众生倡革命，拼将流血购文明。西人云：文明者购之以血。

娇小温柔貌绝伦，与君少日便相亲。无端小别成憔悴，回首天涯泪眼新。忆蕙娘。

右都门杂感五绝句。

永遇乐

游陶然亭，亭畔有香冢、鹦鹉冢，凭吊久之。遂登城头，遥望西山，徘徊四顾，悯时念乱，沧然有作。

莽莽山川，英雄去后，荒凉终古。一代沧桑，千秋形胜，迹付渔樵语。废营残郭，断戈埋戟，寂寞斜阳烟树。咽胡笳，征夫白发，伤心泪落如雨。

萧条天气，指西山寒翠，偏似美人眉抚。鹃血飘残，翠鹦梦醒，别有销魂处，乱鸦飞度。汉家陵阙，犹是承平歌舞。最愁绝，西风残照，故冥禾黍。

学稼轩而哀艳过之。此年来得意作也。

贺新凉

湘潭孙汉珣孝廉遇于都门，出示迦陵填词图拓本长卷，国初诸老题咏殆遍。展玩竟夕，不能释手，老辈风流，邈若坠雨，忾示之余，辄尔继声。

绝代销魂事。付生绡、传神阿堵，美人名士。三百年来风流尽，直恁钟情如此。尽检点，偷声减字。檀板金尊干甚事，衹繁华，逝后春如水。知汝者，云郎耳。

乌丝一曲千行泪。最堪怜，须髯如戟，终朝沉醉。谱出新词三千首，作者后来谁继。问水绘，幽欢应记。欲赎杨枝无气力，料山花，山鸟同憔悴。迦陵临殁，吟云山鸟山花是友，于犹振手作势。重省识，旧愁起。

激昂跌宕，追踪竹垞。

卜算子慢　用柳耆卿体

都门感旧　寄瀫溪诸友

觚棱梦断，铜狄泪零，目极凤城天远。扑面黄尘，困损俊游心眼，料春人，可是伤情惯。应念我，京华倦旅，岁华飘泊催晚。

转眼沧桑变。尽泪染鹃啼，血飞龙战。万里辽东，怅望故乡不见。叹飘零，书剑功名贱。便欲诉，闲愁万种，奈东皇不管。学柳七而无其丽。

右词三首，十七日所作，今写定如此。

二十二日　丙子。送汉珣行。独坐惆怅，拟致柯凤荪先生书一通，中畅论时事，未能详尽，文势拟迦陵。同杨式椒往电局，发电往潭。

二十三日　丁丑。天气郁热，甚不可堪。作致柯先生书成，计千数百言，颇可诵。暮许，邓仲期太史招饮。晤晏云卿、左立达诸人。

二十四日　戊寅。至煦棠处一行，谈久之。归与翼谋对弈。李亦元先生来谭，有特科考试于本日请旨之语。得家信数缄，甚慰。暮阅邸抄，奉旨："经济特科保荐人员，著于闰五月十六日在保和殿考试。钦此。"是日，又得王秦师、易厚安二缄。暮小雨。

二十五日　己卯。将柯公书复改定。发家书往潭。昨得鹤翘书，言周仲章已死，感叹绝久。与李亦元师谈及，共相伤感。因言中国学者于卫生之学全不加讲，以致流于文弱。高材之生，瘁心力于无用之文字，往往夭其天年，重以穷愁抑郁，百事陵铄，皆促年之原因也。仲章之不永年，余固早知之，而不料如斯之速也。少年友朋中，往来最密者，无如仲章，今竟死矣。追念曩好，不自知涕泗之横流也。拟作诗文悼之，伤感之中，不能成字。年来友朋之能文者，往往早死。去年死梅根，今年又死仲章。文章憎命，忧能伤人，可胜痛哉。天既赋之以才，而又何促其年也。仲章诗文，可存者多。异日归，当访其家，搜辑其遗稿，为刊布之。

是日，大雨竟日，一洗炎歊气，为之大快。阅姚惜抱选本《古文辞类纂》。复与李亦元师谈至夜分，阅其近作稿本。李谓中国之文字当遂灰灭，余不谓然，辨诘良久。李向主张词章，近乃一变至此，佞西太甚，丧弃本来矣。中国不亡，则中国之文字无可废之理也。文字废，则孔教绝矣。

二十六日　庚辰，大雨。京师苦旱，万类俱焦，今得此雨，不致成灾，可云大幸。阅姚选《古文辞类纂》。

二十七日　辛巳，雨，巳后稍止。是日传胪，状元为王寿彭，山东人；榜眼左霈，广东驻防；探花杨兆麟，贵州人。杨君字次典，有文明思想，梁任公之门下，曾入保国会，乱后始更今名。今科仍重楷法，与前无殊甚矣。中国习气之深如此，宜变法之难也。晤刘子贞，谈甚久。闻特科之试，亦重楷法，余书甚拙陋，若如闻者之言，则余无望矣。然号召天下之英才，以试其经世之学，复凭楷法以定取舍，名实相悖，政令不足取信于天下矣。中国之事尚可为哉？

二十八日　壬午。至琉璃厂，流连竟日，购买纸笔、考具，作楷数百，苦不能工。余生平事事不让人，乃天以此厄我也。

二十九日　癸未。王承基等提雀来，游戏竟日。夜阅《华生包探案》二卷，甚有奇思，可见西人之风俗人情矣。警务之精绝如此，故能行民治之制，以立宪法之基也。中国于警察，徒袭其名耳。办法不善，遂无成效。往年黄公度观察行之于湘，不旬月而地方大治，收效甚捷，政变后遂罢其事。今湘复踵行，而不逮曩年远甚。立法在人，得人则万事治，岂不信哉。

闰月初一日　甲申，天阴风劲，甚寒，有秋意。作楷千字。

初二日　乙酉。作楷，拙劣太甚，甚自愤愧。

初三日　丙戌。作楷。

初四日　丁亥。诣摅沧一谈，遂同易煦阶徒步游海岱门，历交民巷各使馆，遂登正阳城楼，苍茫四顾，百感横集。暮得潭电，汇来三千金。夜与李亦元师一谈。

初五日　戊子。为捐事游行各处，始定议以同知请奖。暮诣刘子贞观察，久谈，至二鼓始返。

初六日　己丑。晤左子翼京卿，谈及特科之试仍重楷法，为之太息于积习之难返，变法之无期也。作楷。

初七日　庚寅。小雨，旋晴。陈诒重招饮。作楷。

初八日　辛卯。姚平吾来谈。作楷。

初九日　壬辰。至摅沧、平又任数处一谈。暮谢涤荃（鼎庸，湘潭人）招饮。晤刘仁澍、子贞两观察。晤曾晓棠、周质朴二部郎，纵谈时事，甚快意。

初十日　癸巳。赴礼部，报名投卷。遂至恒裕金店，为报同知，去市纹二千八百二十两整，议妥一切。赴刘子贞处谈竟日。归，小饮。曾少吾来谈。夜，阅姚平吾所著舆地学。

十一日　甲午。天气酷热。作楷。得家书。

十二日　乙未。作楷。曾煦棠、谢蓉稚二君来谭。

十三日　丙申。作楷。

十四日　丁酉。作楷。闻俄聚兵船四十余号于海参崴，将与日决裂。俄于辽东仍强占不退，政府亦将许之，天下大局岌岌殆哉，可痛哉。政府已将苏报馆之主笔邹某拿到，闻其持论悖逆，指斥乘舆，社会颓败，道德沦落，真可虑也。中国之大，无怪不有，观此真无中兴之望。粤西匪乱未靖，岑帅督师，将粤西抚司各官劾罢，可谓近时疆吏中之矫然拔出者矣。闻匪踪已逼宝郡，我楚受其灾，深可虑也。许仲期得家书云：湘乡及邻县均办团。南望故乡，不胜愁盼。

十五日　戊戌，天气酷热。料检考具，同刘子贞观察入内城，诣中左门侧上驷院宿焉。遂往各殿遍游。夜热甚，不成寐。

十六日　己亥。八点钟点名，自携考具上保和殿，甚以为苦。九点钟出题，醇亲王等监试，特派张香帅八人阅卷。余至日暮乃出，精力疲倦，出殿几乎晕倒。夜二更出城还寓。

十七日　庚子。在寓休息，困甚，热益甚。暮，诣摅沧处一谭。

大戴礼保保其身体、傅傅之往义、师导之教训，与近世各国学校体育、德育、智育同义论；汉武帝造白金为币，分为三品，当钱多少，各有定直。其后白金渐贱，钱制亦屡更，竟未通行，宜用何术整齐之策。此殿试之题，补录于此。

十八日　辛丑。热甚。诣煦棠处一叙，暮归。在寓休息。

十九日　壬寅。发家书。是日发榜，日暮无耗，余已落矣。命之多蹇，才之多困，于此见矣。扼腕之余，不禁流涕。此乃天也，复何道哉。仲纯竟取一等第九，相形之下，弥难为怀。二更时，报条始到，余取中一等卅六名，勃然大喜，可谓绝处逢生矣。名次太低，复试当努力为之，以夺锦标。

二十日　癸卯。发电往潭，汇款，为捐同知核准事，次交免保千两及印结，各项共需千四百余金。是日，同周和诚奔走一天。甫就绪，大雨。与洪莲坞、邓次青久谈。

二十一日　甲辰。是日，应酬一天，将捐事办妥。

二十二日　乙巳。作楷六开。是日，见全榜共取一等四十八名，二等七十九名，榜首为梁士诒，广东三水人，编修。

二十三日　丙午。至礼部处报名投卷，又至各处应酬。归，作楷五开。阅丹徒陈庆年所纂《兵法史略学》。

二十四日　丁未，晴日炽空，暑甚。作楷七开。

二十五日　戊申。发电往潭催款。作楷五开。与李亦元师久谈。诣欧阳节吾处一叙，晤王伯谅。暮，潭电至。

二十六日　己酉。至日升昌，将款兑妥。料检行李，同欧阳节吾、张仲纯入宫城，宿内阁。夜甚凉快。

二十七日　庚戌。早七句钟，诣中左门，点名领卷，自携考具上保和殿。八句钟出题，余兴致勃发，振笔疾书，至六句半钟交卷出场，仍往内阁小坐，乘车出城还寓，日尚高也。共作三千余言，写一十五开，才力横肆，论辩雄玮［伟］。虽得之有命，然自问已无遗憾矣。

周礼农工商诸政各有专官论。桓宽言，外国之物内流而利不外泄，则国用饶民用给，今欲异物内流而利不外泄，其道何由策。

是日，入试者共一百二十余人。

二十八日　辛亥。暑甚，休息。王承基招饮。

二十九日　壬子。早往礼部，将呈明履历事办妥，又至周质朴处取结。午后李亦元师、邹沅帆先生、瞿海如司马招饮于松筠庵，大会宾朋十余人，皆一时之隽。申后，大风暴雨，对面不见，燃炬开筵，已而雨止晴霁。暮归。阅月光阴，弹指已过，岁月如流，客子愁人，甚感慨也。

六月初一日　癸丑。往陶然亭一游。归，诣礼部听信，无所闻。访易、式，皆不遇，晤许岳钟、黄运藩二孝廉。

六月初二日　甲申。诣庆乐园观剧。暮归，阅邸抄。此次复试，一等取九人，二等十八人。余竟被黜，痛泣而已，遂决作归计。余之命蹇运乖，遂至于此，不胜叹哉。

初三日　甲寅。料检行装。亦师留住，谈久之，遂别去。

初四日　乙卯。杨式椒、曾惺吾招饮。与仲纯、翼谋别。

初五日　丙辰。巳刻，抵天津，寓奥界佛禄栈，杂游街市，观剧听歌。晤大公报馆主笔许季纯之弟伯年。

初六日　丁巳。晤杨哲子、梁璧增二君。访舜循不遇。暮上承平轮船，开平矿局之运船也。

初七日　戊午。巳后驶至塘沽，泊四时许，暮始驶。风雨骤至，羁愁无聊。同舟者，曾煦棠、杨式椒、郴州陈观察父子、贵州杨德懋（铭修）孝廉，大学堂师范生也。

初八日　己未。抵秦皇岛。船上煤，修一铁道，横亘海中二英里，由开平运来。岛距榆关数十里，形势极佳。

初九日　庚申。住秦皇岛。风雨大作，愁绝无聊，乃吟诗以自遣，成数首。

泛舟秦皇岛作寄都门诸友

轻舟狎洪浪，迅若挟两螭。风水既相失，坐卧忽超夷。荒天憺无极，云气望多疑。崇山何威伫，草树碧迷离。秦皇昔全盛，车乘照海湄。神山不可即，风行舟自移。既无不死术，久生复何为。矫首睇扶桑，谁折若木枝。西望昆仑颠，八骏逝将驰。勒石告之罘，功德杳难追。神仙不可见，怅立有余悲。萧萧海门潮，郁郁丛神祠。瀛寰方震荡，蜗蛮战无时。誓言志岩谷，永谢百怪嬉。愿因惠风领，高咏招隐诗。立意欲学唐乐，愧未工也。

初十日　庚申。航海东行，望见旅顺，斜过青岛胶澳，遂绕成山抵烟台。① 风浪甚劲，舟人皆惫不能起，余独径登船顶。斜

① 原文如此。

雨如注，极目四顾，想古今之成迹，恸亚欧之近局，不觉泣下，遂成数绝。

出都杂述

众生进化有公例，万劫迷信无夙因。大乘龙象宗风绝，嗟我寥天一倦民。

排外尚能知国耻，摘［谪］仙终不为时容。狄郎山岳俱灰烬，恨煞当年玛利侬。

舍身投世无恐怖，使君惟想天人超。驱车含涕吊菜市，恨血千年碧未消。

平生未受玉皇恩，此去拂衣更无言。终是婵娟惯落魄，海红帘底叹春魂。

春明留住九十日，酒酣涕泪莽纵横。此去愿为楚三户，他日应思鲁二生。

软仁尘里斗以兵，手板脚靴抵死争。一例醉生梦死客，几人懵懂到公卿。

十一日　辛未。过威海，望刘公岛，成一律。

过刘公岛吊乙未战事

微风动瀛海，冉冉谷信生。天入大荒尽，山从云外横。危崖孤石耸，落日暮潮平。见说东征役，楼船苦战争。

十二日　壬申。过黑水洋。

十三日　癸酉。夜抵茶山，月色如画，景绝高旷，成一诗。

月夜望海思家

海上生明月，流波万里飞。星随云共隐，天绕水成围。

惊浪如山立，凉风吹我衣。闺中应忆我，倚幌惜孤晖。

十四日　甲戌。午后抵上海。此行航海，迟滞至十日之久，备极艰苦，殆余殃未尽耶，岂非天哉。然得尽揽北洋之形胜，亦一快也。异日考其图籍，可以兴矣。夜出游，阅各报。

十五日　乙亥。住沪，晤李茹真、成笃生、刘申甫、姚石顽诸人。作书致都门诸友。又作二律贻刘子贞，感其情也。

精究天人学，刘公信我师。亚欧通象译，吴蜀识旌旗。才大时犹谤，功高世未知。乡贤高郑莫，经武迈前规。

素王大居正，改制本微言。岂意群龙战，数成杜宇冤。千秋公论在，六合替人存。愁绝樱花落，黄金铸国魂。日本以樱花为武士之魂。

称心而谈，语语沉痛，不觉其近少陵也。

十六日　丙子。饮于酒肆，遂游张园。暮，上轮返鄂。

十七日　丁丑。过镇江、金焦二点，梦魂绕之，惜未一游也。

十八日　戊寅。过南京，与式椒别，倍增离索之感。

十九日　己卯。过安庆。暮，又过九江。

二十日　庚辰。抵汉口，寓长郡会馆。今年茶市大旺。

二十一日　辛巳。大风雨，江流汹涌。住汉口。

二十二日　壬午。乘湘泰上驶，速率甚疾，为诸船之冠。

二十三日　癸未。暮抵岳，登岸。晤张砥如。烟雨冥冥，追念劳尘，又忽忽半年，感喟之余，遂成二绝。

夹岸荃荪更不春，风帆沙鸟正愁人。可怜一掬卢均

[钧] 泪，枉学彭盛殉国民。

云水苍茫望远汀，鹧鸪啼罢雨冥冥。风鬟雾鬓知何在，遥睇君山一发青。

二十四日　甲申。晡后抵长沙，夜晤王秦师。

二十五日　乙酉。煦棠来谈，仙岩、伯桢诸友均来晤，询及京国近事，亚欧大局，惟感慨太息而已。清一来。

二十六日　丙戌。煦棠别去。谒席局宪，一谈，甚畅。

二十七日　丁亥。谒见柯先生，慰惜之忱见于言表。

二十八日　戊子。陈树人来谭，吾湘奇士也。曾晓棠苦邀入报馆，力辞卸之。官报馆诸友招饮。

二十九日　己丑。将殿试稿送柯公一览，遂辞别。

三十日　庚寅。李勇来，得家书，因悉局中近事。杨杭生来，同寓。摅沧来，久谈。

劳尘纷扰，遂过一月。自叹生平不识彼苍何以位置也。

七月初一日　辛卯。遣清一同李勇先去。遂访各友。

初二日　壬辰。是日为亡妇黄宜人忌日，感伤旧事，涕落不已。夜有火警，惊扰达旦。阅各报，见沈渔溪以杖毙，惨酷之至。士生斯世，党祸方作，何必自投网罗哉。噫！

初三日　癸巳。友人招饮。湘才偕梅根之子来，唁以四元。

初四日　甲午。乘轮到湘潭，住德厚福。与夏子瞻、唐耀先二君同舟，谈及捐事，遂定局。

初五日　乙未。住潭，晤夏、唐二君，定捐。暮，大宴于旧游之家，李星汉丈诸友皆会。

初六日　丙申。乘舆早发，夜抵湘乡，晤邑令陈正钧，久谈，情殊依依。

初七日　丁酉。到瀔，去此半年，不胜惆怅。

初八日　戊戌。住瀫，群宾亲沓。

初九日　己亥。住瀫，钩稽旧数，略有部署。

初十日　庚子。到家，妻病，内热，征医量药，倍增愁绪。离家半年，飘身万里，浮生苦劳，可胜叹喟。

十一日　辛丑，晴。发蒙学之原理。

十二日　壬寅，晴。凉风渐至，顿觉清快。

十三日　癸卯。瑞生别去。

十四日　甲辰，晴。陈介亭来。

十五日　乙巳，晴。妻病未愈，征二医至。罗龙骧来。

十六日　丙午，大雨竟日。

十七日　丁未，阴。妻病愈，欣喜之至。龙骧为宝臣先生之子，专精家学，技过其父，与谈甚快。

朱桂卿太史（楹联），郑叔进太史（楹联），张冶秋尚书（楹联），曾嗣沅兵部（楹联），李筠庵（画屏），洪莲坞太史（画屏），萧漱贤字屏。

癸卯四月，余到京师，晤李亦元先生，与谈庚子乱事，不胜沧桑之感。先生出诗数十首见示，皆伤乱之作。由玉溪以窥少陵，因辍业，以二分钟手草录之，以备览观。顷如记王与后王题《司马温公集》。

抵死相争太扰攘，凫颈非短鹤非长。空将三尺区区法，较量何只为黄金。堂主来黄金台。

谁道昭王能爱才，千年霸业剩荒台。乐生龌龊非奇士，帝子苔痕玉座青。鹧鸪啼处雨冥冥。北门剑佩迎蕃使，南极风涛接御亭。江海佳期愁晼晚，水天旧事梦娉婷。秦丘能与

春潮语，一曲蘼芜忍泪听。弟子

伫苦停辛自不胜，旧欢新约绝难凭。谈兵玉帐依刘表，待诏金门哭李陵。青美渡江无信息，黄旗横汉有中兴。伤春杜枝多才思，写遍美娘十番绫。寄怀郑苏龛

天遣多情有别离，绿杨枝外抵天涯。粉蛾点滴牵丝出，金雁零丁怨柱移。锦字无多裁恨远，重帘不卷放愁迟。高唐梦雨相逢道，赋就春寒已后期。天遣

摇落于今又一时，劝君减恩复裁悲。禁寒海燕原无赖，入梦江鸦不自持。石阙衔杯相望久，车轮生角得来迟。茂陵松柏秋萧瑟，莫为梁鸿赋五噫。摇落

汉女遗珠佩，湘妃倚女萝。拟愁供楚雨，量恨与吴波。往事兼春怨，流尘着梦多。玉珰无觅处，长是隔秋河。有寄

瘴花开谢水沈销，梦后楼台已寂寥。空觅峡中长短雨，不逢江上去来潮。相从谒凤书何在，便作飞龙骨自消。十二珠帘浑卷尽，依然人更比天遥。题手帕

世论多翻覆，天心有废兴。仓皇诛管蔡，羽翼失疑丞。国狗应难噬，城狐未可凭。夜来看北斗，佳气满昭陵。十月二十日之诏

百万生灵血，来朝晦祸心。易名传册玉，流涕发滕金。定策当年事，逋臣海外心。宜春多故伎，秋梦不重寻。其二

汉家制度本抢攘，刀笔虚依日月光。绛灌不须谗贾谊，当时俗吏是张苍。咏史

玄菟城头紫气横，长安月照国西营。天边马角无消息，海外龙髯有死生。跸路青山连茂苑，祠官白髮问春樱。年年风雨黄陵道，泪竹啼鹃识此情。望帝

曲江宫殿锁莓苔，蜡炬炉熏认劫灰。玉杯已随芳草出，銮舆曾为看花来。残灯不照秦乌返，落日惟余汉雁回。夜雨秋衾鸡塞梦，归时应过李陵台。曲江

故宫双阙倚斜晖，雉扇凄凉事已非。城草渐随乌尾长，陌花留送翠翘归。黄金海舶倾车出，赤羽梁园夹道飞。搜括岂知民力尽，年来江左已无衣。故宫

海内诗人郑太夷，风流文采擅当时。三年江上看鸿雁，一夜秋风入鬓丝。若说归田真上策，更怜痛饮是吾师。京华冠盖多台省，萧瑟平居独汝思。寄怀郑苏龛

世外容疏放，危栏对郡城。江空秋雨响，月落夜潮生。云树微茫出，渔灯历乱明。归舟从小溪，试为具渔羹。寄题郑苏龛江上盟鸥榭

九月边城雪，南砧尚捣衣。龙蛇犹自起，乌鹊欲何依。已共庭花落，还兼塞雁飞。故园松菊好，留滞不如归。雪

丧乱仍霜雪，川原野哭哀。强随明月去，偏挟冻云回。客里青尊在，愁多白发催。苦吟生意尽，怀抱向谁开。对雪

一棹湘江去不还，杜陵高峻苦难攀。曾侯老眼分明在，解道涪翁学义山。题山谷集

软尘京洛点朝簪，孤懒心情百不堪。长忆板桥灯火夜，画船听雨梦江南。寄哀陈伯离金陵

已作登楼赋，翻闻出塞歌。百年为客久，双鬓奈愁何。病酒秋来瘦，新诗别后多。怜君持汉节，凿空到天河。寄郑叔迢

李亦元比部辛丑年诗：

乱离重说太平年，宣武城南三月天。崇效寺中寻芍药，陶然亭畔吊婵娟。九衢车马如流水，百戏鱼龙过禁烟。记否春衣初试酒，玉池荷叶正田田。乱离一首，仿元白体示颂年、叔晋二太史。

去住无消息，传闻有是非。艰难天险在，予夺圣心违。驿路梅花发，官筵苜蓿肥。孤臣中夜泪，沾洒向征衣。海上遇葛侍郎

芙蓉别殿锁瀛台，落叶鸣蝉尽日哀。宝帐尚留琼岛药，金缸空照玉阶苔。神山已遣青鸾去，瀚海仍闻白雁来。莫问禁垣芳草地，箧中秋扇已成灰。西苑

车走雷声不动尘，千门驰道接天津。杜鹃九死魂犹在，鹦鹉余生梦尚新。抱蔓黄台成底事，看花紫陌已无春。汉家

陵阙都非故，残照西风独怆神。陶然亭题壁

尊前怊怅试罗衣，韦曲莺花乱后稀。紫殿不闻春燕返，碧城还见夜乌飞。焚香复道吞声过，侧帽新亭洒泪归，一自金仙辞汉去，人民城郭已全非。感旧

哀艳之至，逼真杜陵。

落尽庭槐独掩门，贞元朝士已无存。空城草木秋霜早，故国江湖夜雨翻。梦里觚棱非往日，愁中鼓角易黄昏。青衫走马章台路，珍重当时旧酒痕。乱后同曾重伯还京师

金鞭宝玦走天涯，紫塞黄尘日又斜。北去铜驼惟有泪，西来玉马已无家。愁闻虏骑随秋草，莫遣宫莺问落花。闻道青门多白骨，更无人种故侯瓜。哀王孙

青枫江上古今情，锦瑟微闻呜咽声。辽海鹤归应有恨，鼎湖龙去总无名。珠廉隔雨香犹在，铜辇经秋梦已成。天宝旧人零落尽，陇鹦辛苦说华清。湘君

行笥衣录

宁绸夹开气袍，宁绸夹外大褂，实底纱开叉袍，实底纱外大褂，青干纱长衫，鸡皮湖绉单纱，青绢裤（二条），瞿良裘汗衫（二条），干纱衣裤（二身四件），纺绸衣裤（二身四件），纺绸小裤（二条），绿罗纱马褂（一件），黄湖绉夹衫，蓝湖绉单衫，红摹本夹袍，天青杭缎夹马褂，墨青杭缎夹袍，天青缎对襟夹马褂，雪青湖绉夹衬衫，黄湖绉单衬衫，柳条罗汉衫，蓝纺绸衫，金酱呢袍，青呢马褂，红宁绸夹袍，金绒夹背心，鸡皮绉单套

裤，黄宁绸夹套裤，黄湖绉夹套裤，金酱宁绸棉套裤，金银罗单衫，蓝宁绸夹背心，灰青缎棉袍，天青缎对襟马褂，蓝宁绸棉袍，金酱宁绸琵琶襟马褂，黄宁绸棉背心，灰鼠皮袍，湖绉棉袍，湖绉棉马褂，纺绸罩袍，纺绸洋式小袄，宁绸单开气袍，宁绸单外大褂，白罗纺绸单衫，淡黄宁绸夹背心，蓝竹布衣裤（二身四件），格花大布衣裤（二身四件），白竹布汗（衣二件），东洋布小衣（二件），蓝生布汗衣（二件），洋式汗衫（二件），绒夹衣，袜子（单二双，夹二双），包脚布（四双，大布二，洋布二），风帽（未带），大袖棉袄，大袖夹袄，靴子一双，呢大帽一顶（绒套），绒领，小领，鞋子，湖绉腰带（扣带，文武带，丝带二），忠孝带（附荷包），玉牌，扣带，眼镜，马表。

十三世达赖喇嘛晋京纪要

扎　洛 整理

说明： 因英国军队侵逼拉萨，十三世达赖喇嘛偕随从于光绪三十年（1904 年）六月十五日夜逃离西藏，随后在蒙古草原及内地辗转近四年。光绪三十四年（1908 年）九月初四日，达赖奉旨抵京，进驻黄寺，十一月二十八日，离京返藏。

十三世达赖喇嘛晋京陛见为清末治边重大事件，集中反映了内外交困背景下中央政府与西藏地方关系错综复杂的特征，然因相关史料分藏各处，前人述此者多有未能占尽史料之憾。笔者特综合各方史料，将达赖喇嘛晋京期间活动按日编成大事纪要，为开展进一步研究提供方便。文中所据史料包括：中国第一历史档案馆、中国藏学研究中心合编《清末十三世达赖喇嘛档案史料选编》（简称《档案选编》，中国藏学出版社 2002 年版）所收录的中国第一历史档案馆藏清理藩院、军机处等机构相关档案；索文清整理《清末十三世达赖喇嘛档案史料选编》所收录日本东京东阳文化研究所图书馆藏，清民政部巡警队撰《内厅侦查达赖报告》（简称《内厅报告》，该报告作为附录收入《档案选编》中）；台湾中研院近代史研究所档案馆藏外务部西藏档案（简称《西藏档》，档案号为该馆所编检索号）；当时部分报刊的记载。特别是中研院近史所所藏档案此前未见研究引用。不过，该资料似有少量遗失，个别会见记录未能找到。

据记载，达赖喇嘛在京期间，多国驻华公使密集拜访，试图就此与西藏地方建立直接联系。外务部专派值日委员驻黄寺，负责处理达赖喇嘛接待各国访客及提供翻译，并每日上报当日会见情形及具体会谈内容。这些会见一般都通过两次转译的方式进行，即由达赖喇嘛的随员（主要是谢庭华堪布）进行汉藏语翻译，由外方自带的翻译或外务部译员完成汉语和外语翻译。

另据《国风报》载，“达赖喇嘛入觐也，军机处特派一司员监之。凡达赖一日中语言动作，无问巨细，必详记密报。尝在某枢密处见其稿本，所记甚详密，然全属琐事，无一字关系西藏大局者”。（《国风报》，第2卷，第8号）果如所记，军机处资料想必也颇多细节，遗憾的是迄今未见面世。此外，达赖喇嘛在京期间结交广泛，活动繁密，或有其他记载尚未面世亦在情理之中。

九月初四日

午后一时一分，达赖喇嘛由西火车站下火车，进正阳门，道经东长安街、王府井大街、丁字街、交道口等处，出安定门，至三时五分到黄寺敏珠勒胡图克图佛仓驻锡。（《内厅报告》，第287页）

当日，由理藩部堂官会同内务府大臣、步军统领、顺天府府尹、在京首领喇嘛等，在正阳门车站迎迓。（《理藩部奏闻达赖到京日期折稿》，光绪三十四年九月初四日，《档案选编》，第149页）

民政部派巡警队暨乐队在车站迎迓，并派巡警队护送。达赖喇嘛所带随员堪布、兵役共二百六十人，其中近身扎萨克喇嘛、大小堪布十六人。

抵京日，光绪皇帝赏赐：连鞍马四匹、银一万两、绸缎四十八匹。赏给扎萨克喇嘛、大小堪布等绸缎、银两。

（《寿耆等奏代达赖喇嘛受赏谢恩折稿》，光绪三十四年九月初五日，《档案选编》，第151页）

九月初五日

午前十时余，有日本商人寺本婉雅[①]，在东四六条胡同居住，来拜谢堪布，至十一时余走去。（《内厅报告》，第287页）

九月初八日

收军机处交片称，交理藩部、外务部、军机处大臣面奉谕旨：达赖喇嘛现在到京，著派达寿、张荫棠随时照料。钦此。相应传知贵部钦遵可也。（《奉旨达赖喇嘛现在到京著派达寿张荫棠照料由》，光绪三十四年九月八日，《西藏档》：02－16－007－01－072）

美国公使柔克义（William W. Rockhill）[②]遣华人韩姓来，给谢堪布、罗桑丹增送梨、枣、黄油、奶子等物。（《内厅报告》，第289页）

九月初九日

午后四时余，法国钦差巴思德，带翻译穆文琦、端贵、范纳隆来黄寺，谒见达赖喇嘛，至五时余辞出。（达赖喇嘛）送法钦差藏枣、葡萄、梨、白绸子等物。（《内厅报告》，第289页）

---

① 寺本婉雅，日本东本愿寺僧人，通晓藏文、汉文，此前赴西宁塔尔寺、山西五台山，多次与达赖喇嘛会面，并介绍大谷尊由与达赖喇嘛会面。著有《藏蒙旅日记》、《西藏秘密国之事情》等。

② 柔克义，美国著名藏学家，通晓藏语，曾游历青海、西藏等地。1905年出任美国驻华公使。1908年6月与陪同托马斯·哈斯金斯（Thomas Haskins）赴五台山，于19日、21日两次与达赖喇嘛会面。当时，达赖喇嘛赠美国总统西奥多·罗斯福唐卡一幅、《般若波罗蜜多八千颂》一卷。

九月十二日

午正十二时，美国钦差柔克义，带翻译丁家立、参赞一员、武官四员，拜谒达赖喇嘛，并送达赖喇嘛银碗、酒等物。（《内厅报告》，第290页）

军机大臣面奉谕旨：九月十二日达赖喇嘛陛见，著听候另行改期再为传知。钦此。（《军机大臣传知理藩院面奉谕旨著达赖喇嘛改期陛见》，光绪三十四年九月初九日，《档案汇编》，第152页）

达赖以此次觐见两宫，部议礼节，仅有见皇帝礼节，无见太后礼，须另议具奏，故觐见改期。（《达赖改期觐见》，《大同报》，第10卷，第13期）

九月十四日

午后有钦派王大臣、那王、棍贝子来寺，偕同达赖演礼。理藩部、内务府、外务部等衙门各堂官，皆带同司员来寺照料。至四时余各散。（《内厅报告》，第290页）

九月十七日

奥国护理钦差大臣斯马加遣人送致达赖喇嘛信一件。（《内厅报告》，第291页）

九月十八日

收值日委员恩庆、陆国祺日报称：十八日十点半钟，奥国署使遣马夫将昨日收信之藏文收条送回，面问达赖究竟何时见面等语。当即传潘喇嘛来所，问以昨日奥信之内容。据称并无别事，不过请见达赖，今彼既来催问，容即往谢堪布处回明等语。旋据潘喇嘛复称，已回明达赖等，谕准本日一钟接见。当由委员缮法文信作复。又据潘喇嘛称，十六日有人带来日本使署信一封，谓欲见达赖，并已约定日本代理公使今日来见等语。当即将此情节面禀张大人，旋奉谕饬即往谢堪布处询明缘由，到底本日达赖见日本公使之约，系何人所定，明白回复委员。奉此，即往谢堪布处询之。据称，十六日带日本使署之信者，系日本和尚，疏姓，现亦在此。谢堪布即领之进内见面。该日本和尚身穿黄袍马褂，装束与当差之喇嘛无异。委员问该和尚到此何事，何时到京，是否随同达赖来的。据称，来此欲见佛爷；十六日日本使署之信，系伊带来，并约定今日敝国公使来见，但公使至时，当必有贵委员带领往见等语。委员询以今日达赖见公使之日期，前日系何人所定，本委员为何不知等语。惟该和尚所操话语不甚清楚，委员又询之是否系专为达赖来京，则云不是，在京另有分内之事等语。语多含糊不能，再四查询，难得要领。查该和尚行迹可疑，既非奉有使署明文，又不能备述来意，假装服饰，出入自如，倘他日再来，亟当详询明晰，再为禀闻。

一点半钟，日本代理公使阿部守太郎、翻译官高尾亨到寺，当由委员引见。张大人寒暄毕，遂有委员带领谒见。达赖正中高坐，公使等鞠躬递哈达毕，按次序傍座。

达赖问：贵使身体平安？

公使答：托庇，平安。

公使问：敝国日本向来尊奉佛教，并中华、西藏彼此均是佛教之国，深望佛爷随时维持，俾佛教事理得以日臻发达为幸。

达赖答：西藏、中国、日本彼此同一佛教，今我到此，幸得见贵公使，至于佛教事务，我亦深愿随时维持之也。

公使问：敝国人民有欲求见佛容者，意欲由敝署带来，不知能否赐见，并请赐定日期。

达赖答：很好。若无公事时，尽可随时接见。

公使曰：深望佛爷在京，嗣后身体日增康健。

达赖曰：诺。

达赖嘱杨堪布送茶，公使接茶少饮。公使起立趋前，达赖递哈达并谢公使所送银壶一个、银碗两个。退出，至左厢房小歇。达赖命堪布送来苹果一盘、藏枣一盘。后即由委员带出而去。

午后二点二刻，奥国署使臣师特克[①]等四人来寺，即由委员引见。张大人寒暄毕，即由委员带领谒见达赖。礼成，各按次序而坐。

师特克问：今日我等蒙佛爷接见，实在欣幸。

达赖答：今日我去［会］诸君亦很荣幸。

师特克问：佛爷一路安好？

达赖答：托福，很好。又问师曰：阁下在京几年？

师特克答：一年。

师特克问：佛爷几时离京？

达赖答：现在尚未陛见，离京日子未定。

师特克问：敝国驻日本参议希拉士君前到过大吉岭，看过西藏山景。

达赖答：诺。

师特克举茶为达赖祝寿，又曰：今日我等蒙佛爷赐见，不特我等荣幸，即敝国亦很荣幸，必将优待情形奏明本国皇帝云云。言毕退出。随后达赖送师特克等四人鸭梨一盘、藏枣一盘。师特克道谢。临别又曰：我等随后尚有礼物奉赠等语。遂由委员带出而去。

（《达赖事》，光绪三十四年九月十九日，《西藏档》：02－16－007－01－089）

九月二十日

早四时，达赖由黄寺前往颐和园陛见，当派内外城驻守黄寺之队长、分队长、队兵等二十二员名护送至德胜门，再带同巡官广印等，均着便服，沿途侦查。并有内城马巡队长兵四十四员、外城马巡队长兵十员名，随同进德胜门，出西直门。七时二刻，达赖抵颐和园提督衙门公所，休息少时，于八时一刻陛见，亲呈

① 《内厅报告》记载，奥国署使臣为卢达伟，师特克为参赞译员。

皇太后黄色哈达一方、银卓麻佛一尊，【呈】皇上黄色哈达一方、长寿佛一尊。当蒙钦赐朝珠、袍褂、烟壶、皮斗篷、白哈达、碧玺带头桃儿帽子、册页、折扇、搬指等物。至八时三刻退出，仍由原路回寺住锡。所有往来经过之处，内外城均派有队长、队兵、巡官、长警等排班护送，沿途照料，并无事故。(《内厅报告》，第293页)

是日，皇太后升仁寿殿，召御前大臣并御前侍卫等至仁寿殿内侍立。理藩部堂官分引达赖喇嘛并通事喇嘛二名、堪布喇嘛四名进仁寿殿左门，由纳陛左阶引达赖喇嘛纳陛上侧跪（即单膝下跪——笔者），通事喇嘛二名跪于达赖喇嘛之次，堪布喇嘛四名于纳陛下侧跪。达赖喇嘛敬谨跪递佛一尊、哈达一方，御前大臣接受；堪布喇嘛四名于原跪处敬谨跪递哈达，御前侍卫接受。达赖喇嘛跪请皇太后圣安，叩谢恩赏，跪听皇太后宣谕。御前大臣传旨，通事喇嘛递相转传。达赖喇嘛对，仍由通事喇嘛递相转答。御前大臣复奏，礼毕引出。(《理藩部奏恭进达赖喇嘛陛见礼节折》，《政治官报》，第356号，光绪三十四年九月二十八日)

皇太后温谕问达赖喇嘛：由五台山至京一路可好？现时天气渐凉，藏中气候亦如京中否？京中各庙宇曾否前往瞻仰？(《军机处记慈禧接见达赖温谕》，光绪三十四年九月二十日，《档案汇编》，第153页)

随后，陛见光绪皇帝，礼仪基本相同，只是皇上御座侧特设矮床，为十三世达赖喇嘛座。在达赖喇嘛恭请圣安、叩谢恩赏后，皇上陞座，赐达赖喇嘛坐。宣温谕慰问达赖喇嘛：由山西来京沿途均好？在五台山住锡，地方水土可均相宜？到京数日，此处天时冷暖相宜否？(《军机处记光绪皇帝接见达赖温谕》，光绪三十四年九月二十日，《档案汇编》，第153页)

达赖喇嘛觐见于仁寿殿，俟两宫办事召见大臣后，巳初入

宫。达赖跪拜时，皇上起立，旋即赐座头。（《东方杂志》，第5卷，第10期）

（是日）圣母皇太后在仁寿殿升明殿宝座，辰正二刻五分陛见达赖喇嘛等，辰正二刻十分陛见毕。上升座，辰正三刻陛见达赖喇嘛等，辰正三刻四分陛见毕，退出。（《慈禧光绪接见达赖喇嘛时辰单》，光绪三十四年九月二十日，《档案汇编》，第153页）

九月二十一日

本日十二点半钟，俄廓使[①]偕带丹国阿代办[②]及翻译等十员来谒达赖。时达（寿）、张（荫棠）大人均在公所，接见晤谈后，委员等带见达赖。俄廓使、丹代办见达赖，递哈达毕，达赖让坐。旁侍喇嘛递奶茶，并鸭梨、藏枣各一盘。

达赖问：贵使臣身体安好否？

俄使答：本大臣托庇，尚为粗适。本大臣代本国皇帝问佛爷好，并祝佛道日益发达。

达赖曰诺，并问：贵国境内近日亦颇安谧否？

俄使答：现在敝国情形尚属平静。

达赖问：贵使臣到北京几何时日？

俄使答：计已四十余日。

达赖属杨堪布让茶，俄使少饮，即起，取藏枣数枚退出。复至公所，茗谈辞去。

（《俄廓使等谒见达赖事》，光绪三十四年九月二十一日，《西藏档》：02-16-007-01-090）

本日，瑞典国公使遣人来送致达赖喇嘛信一封。（《内厅报告》，第293页）

---

① 即俄国公使廓索维慈（Korostovetz）。

② 丹麦公使代办阿列斐。

本日，午后两钟，署荷兰国使臣欧登科等三员来公所。时，达、张大人接见，晤谈数语，当【由】委员等带领往见达赖。相见问答开列于左：

达赖问：贵使臣身体好否?

欧署使答：敝体甚好。

欧署使问：佛爷来京，一路平安?

达赖答：一路平安。

达赖问：贵国境内太平否?

欧署使答：敝国境内平安。

欧署使问：佛爷拟在京住多少日?

达赖答：甚愿早归，惟未奉谕旨，不敢归。

达赖问：贵使臣在华多少年?

欧署使答：在京十五年。

达赖问：十五年只在京?

欧署使答：其间曾到俄国去过几时［次］。遂出。

（《荷署使等谒见达赖事》，光绪三十四年九月二十一日，《西藏档》：02－16－007－01－091）

日本人寺本婉雅，身著西服，来寺谒见谢堪布。该人曾在五台山谒见谢堪布，近又着喇嘛服装或西式服装来寺谒见谢堪布二次。探闻该日人原住六条胡同，现住雍和宫。（《内厅报告》，第294页）

本日，军机大臣面奉谕旨：达赖喇嘛著于十月初六日巳正，在紫光阁赐宴。（《军机大臣传知内务府面奉谕旨著在紫光阁宴请达赖》，光绪三十四年九月二十一日，《档案汇编》，第154页）

九月二十二日

午后两钟，德国使臣雷克司偕参随等员十人来公所，达、张大人接见晤谈，后由委员带领往见达赖。谢堪布传话。

雷云：昨日来信定于今日来见佛爷。

达赖答：已得贵公使信，故于今日接见。

达赖问：贵公使身体平安？

雷答云：谢谢，身体平安。

雷问：佛爷来京一路平安？

达赖答：一路平安。

雷随将所携来之德国名胜墨印照相簿一本递于谢堪布，云：此本为德国名胜地方照相，送给佛爷。随又将照相簿一包递与谢堪布，云此内照相簿数本，分赠诸位。

达赖云：谢谢。

雷又问：前曾有照相一方（随用手比其大小，约一尺二宽），为德国皇帝、皇后照相，佛爷可曾接到？

达赖稍思索后答云：皇帝照相已曾接到，皇后照相则未。

雷又云：此方为德皇、德后全家照相，皇帝、皇后并六皇子皆在其上。

达赖答：只接到德皇照相。

达赖问：前曾将哈达一幅赠予德皇帝，可接到否？

雷答云：此幅哈达盖经一驻津武官带回者，此武官计时此时方到。

雷又云：佛爷由铁路来京，以佛爷之意观之，铁路好否？将来亦欲造一路通西藏否？

达赖答：铁路甚好。至于造否铁路，应俟将来商量（其言吞吐）。

雷又问：佛爷到京，亦曾到各处一游览否？

达赖答：日前陛见，曾看沿路之景。

达赖问：贵国境内平安？

雷云：谢谢！本国尚属平静。

达赖让茶。公使辞去。

（《德使等谒见达赖事》，光绪三十四年九月二十二日，《西藏档》：02－16－007－01－092）

午后两点半钟，瑞典国代理公使克德伦、翻译陶伯来公所，与张大人寒暄毕，由委员带领谒见达赖。问答列后：

克起立曰：瑞典国使臣参见佛爷。

达赖曰：诺。贵公使身体安好？

克答：托庇，安好。

达赖问：贵国平静否？

克答：平静。

克曰：今日蒙佛爷赐见，不特本使臣荣幸，即敝国亦很荣幸。

达赖答：我今日幸得见贵公使，我想贵公使将来亦必将见我之情节奏报贵国皇帝。

克曰：是。

达赖属谢堪布让茶后，克即起立，遂由委员带领出门。达赖又命堪布送克使藏枣一盘、石榴一盘。克使携之而去。

（《瑞典国公使参见事》，光绪三十四年九月二十二日，《西藏档》：02－16－007－01－094）

九月二十三日

午后三点二刻，接到英使朱尔典致达（寿）、张（荫棠）大臣函一封，拟二十六日午后三点钟见达赖。又，本日午后四钟有巴黎大学堂拉布路，偕同一男二女来寺游览，当派差导往，游毕，即去。又，英国人克鲁司布路克司等三人来寺闲游。（《英使拟见达赖，又英法人等来寺间游由》，光绪三十四年九月二十三日，《西藏档》：02－16－007－01－095）

九月二十四日

午前十一时，达赖派堪布四员、藏兵八名至颐和园拜谒庆亲王、醇亲王、鹿中堂、袁宫保、张中堂，并分送哈达、氆氇、藏

红花等礼物。至八时二刻回寺。(《内厅报告》，第295页)

日本提督青木宣纯、松井石根遣华人胡姓持该督名片来寺，商议二十七日拜见达赖喇嘛事。(《内厅报告》，第295页)

九月二十五日

收黄寺委员蒋崇谦报告，大西洋国柏德罗偕汉文参赞左治来公所，与张大人寒暄毕，由委员带领往见达赖。

柏使云：今蒙佛爷赐见，本使臣很荣幸。

达赖问：贵国国名用贵国话如何说法？

柏使答：葡萄牙。

达赖问：贵国在东方抑在西方？

柏使答：在西方。

达赖问：距英国多远？

柏使答：两日可到。

达赖问：贵国国内平安？

柏使答：托庇，平安。

柏使云：本使臣今日回到使署，必将佛爷今日赐见之意奏明本国君主。

达赖让茶。

柏使辞去。

(《达赖事》，光绪三十四年九月二十五日，《西藏档》：02－16－007－01－090)

午后五时，英国参赞梅尔思带翻译一员来寺，至外务部公所云：次日该国公使来谒达赖喇嘛。(《内厅报告》，第296页)

五时余，比国公使柯霓雅遣人来寺，送致外务部公所信一件。(《内厅报告》，第296页)

九月二十六日

收黄寺委员陆国祺、于德濬报告，午后三钟，英国公使朱尔典等十二人来公所，先与达、张大人寒暄毕，由委员带领谒见达赖。

达赖问：贵公使身体平安？

朱答：托庇，平安。

朱问：佛爷由五台山至京，沿路平安？

达赖答：平安。

朱问：佛爷由五台山至京，乘坐火车抑系驰驿？

达赖答：由五台山至定州系驰驿，由定州至京系坐火车。

朱问：北京天气比西藏冷暖何如？水土于佛爷身体相宜否？

达赖答：北京天气比西藏暖多，水土亦服。

达赖云：今天与贵公使相见，我很喜欢。西藏与贵国向来很好的，就是我自己对于贵国也没有甚么，请贵公使回去将今日相见情形达奏贵国皇帝。

朱云：敝国与西藏交情向来很好的，更指望将来彼此来往，一天好似一天。本公使回去，必将今天相见情形奏报敝国皇帝。

达赖问：贵国境内平安？

朱答：敝国一切平安，即与各国交情亦都很好。

达赖嘱堪布让茶后云：贵公使如无别话，改日再见。

朱使起立云：本公使蒙佛爷今日接见优待，甚为感谢。遂退云。

达赖命堪布将藏枣、蜜枣各一盘送与朱使。领毕后，由委员带回公所，稍坐，去。

（《英使谒见达赖事》，光绪三十四年九月二十六日，《西藏档》：02－16－007－01－097）

九月二十七日

收值日委员长福等报告：本日早十一钟，有道胜银行法人欧贝尔偕俄人聂字贝特来公所，请准在寺游览，遂饬差役导观。午后一点半钟，日本使署卫队统带青木宣纯偕同松井石根来谒达赖。先见张大人，寒暄后，两点钟由长福、王鸿年带见达赖。问答另登簿。两点半钟，比国公使柯霓雅偕武官一员来公所，少坐。张大人接见，谈毕，由委员等带见达赖。问答另登簿。（《日本使馆卫队来谒事》，光绪三十四年九月二十七日，《西藏档》：02－16－007－01－101）

收委员长福等报告，本日下午两点钟，日本使馆卫队统带青木宣纯偕松井石根来谒达赖，张大人接见，晤谈后由委员等带见达赖，谢堪布传话。

达赖问：贵大人好？

青木答：好。

青木云：今日特来参见佛爷。

达赖答：是。

青木云：我两国同系佛教，仰佛爷法力保护东方人民。

达赖答：是，两国同系佛教，将来尚须仰仗扶持。

达赖问：贵大人来京几年？

青木答：五年。

达赖问：曾回国否？

青木答：今年曾回国一次，两个月。又来京，此后尚须多住数年。

达赖问：贵大人将来回国时，能否见贵国皇帝时，请将今日所谈之事面奏？

青木答：是。

青木云：佛爷事情甚忙，请此告辞。

达赖即让茶，青木辞去。

（《日本卫队统带谒见达赖事》，光绪三十四年九月二十七日，《西藏档》：02－16－007－01－100）

收值日委员文惠报称，下午两点半钟，比国公使柯霓雅偕武官一员来谒达赖。张大人接见，谈毕，由委员等带见达赖。谢堪布传话。

达赖问：贵公使好？

柯使答：很好，多谢佛爷。

柯使云：今日得见佛爷，不胜荣幸。

达赖云：是，甚喜得见贵公使。

达赖问：比国在北京何方？

柯使答：在正西方。

达赖问：由北京至比国是驰驿抑系乘坐轮船？

柯使答：由北京至比国本无驿站，乘坐轮船、火车均可往来。

达赖问：由比国至北京行若干日？

柯使答：乘轮船行四十日，乘西伯利亚火车二十日。

达赖问：贵公使到北京几久？

柯使答：到北京现已二年。

柯使问：佛爷由西藏至北京共行若干日？

达赖答：共行四月有余。

达赖问：贵国境内现在平安否？

柯使答：敝国境内甚平安。

达赖云：贵公使见贵国君主时，请将今日晤谈之事面奏。

柯使答：本大臣回国时，必将今日晤谈之事面奏敝国君主。

达赖云：贵公使如无要事，改日再见。

柯使起谢，辞去。

（《比国公使来谒事》，光绪三十四年九月二十七日，《西藏档》：02－16－007－01－099）

午后五时，有美、奥、俄等国男女三名来寺欲见达赖喇嘛，当由外务部公所传，未见。（《内厅报告》，第297页）

九月二十八日

午前八时余，有仲义堪布一名由黄寺进安定门，至东交民巷美国使馆拜见窦纳义。（《内厅报告》，第298页）

十月初二日

午后一时五分，达赖由黄寺赴雍和宫住锡，至一时三刻到。（《内厅报告》，第299页）

十月初三日

收黄寺照料委员陆国祺等报告，本日早晨十钟，达赖派堪布丹增江赞、班殿却札二人并通事喇嘛一人，赴奥、比、丹、瑞典、和兰、葡萄牙等六国送礼，委员等当即派干员两人随往。午后三钟余，该员等回所。据称所送各国礼物内有哈达二块、铜佛一尊、氆氇六匹、藏香十六子。各国公使等接见时，亦惟寒暄数语。惟丹国公使因赴宴未回，通事喇嘛云将礼物暂存，明日再往。其后，该堪布喇嘛等遂赴东安市场游玩，已有民政部巡警暗随云云。（《达赖赴东安市场事》①，光绪三十四年十月三日，《西藏档》：02－16－007－02－013）

午前七时二刻，达赖遣堪布等十四员带兵役十二名前往紫光阁，恭代达赖演习筵宴礼节，至十一时二刻回至雍和宫。（《内厅报告》，第300页）

十月初四日

午后一时二刻，达赖由雍和宫起行，前往白塔寺、嵩祝寺、福佑寺、玛嘎拉庙等庙拈香，并拜谒庆亲王、醇亲王，均未见，各进送哈达一方。又拜谒张中堂，未见，进送哈达一方。遣姜堪布拜见世中堂，面递哈达一方。又拜谒鹿中堂、袁宫保，均未见，各进送哈达一方，各送还哈达一方。至六时二刻，达赖仍回喇嘛印务处住锡。沿途均无事故。（《内厅报告》，第300页）

十月初五日

午后一时二刻，达赖由雍和宫起行，至二时一刻仍回黄寺住锡。（《内厅报告》，第300页）

---

① 此件题名有误，当日系达赖喇嘛随员堪布等前往东安市场，达赖喇嘛并未前往。

十月初六日

午前七时，达赖由黄寺起行，赴紫光阁筵宴。至午前十一时回至黄寺住锡。（《内厅报告》，第 301 页）

收黄寺照料委员杨书雯报告：本日皇上赐达赖宴于紫光阁。达赖六钟余由黄寺启行，八钟到福华门，下轿，入布棚稍息。九钟一刻，皇上升殿，达赖跪迎后入座，进酒作乐。九钟三刻，宴毕，皇上还海。达赖跪送，礼成，回黄寺。委员文惠、唐德萱前往照料。（《黄寺委员照料事》，光绪三十四年十月初六日，《西藏档》02－16－007－02－024）

是日，皇上宝座左侧设矮床，令达赖喇嘛入座。其余驻京洞阔尔呼图克图、扎萨克喇嘛、堪布喇嘛及随同达赖喇嘛来京之堪布喇嘛等，在两旁豹尾枪末斜坐。驻京蒙古王、贝勒、贝子、公、台吉、塔布囊等，均按品级在左、右两旁入座。皇上驾临，应入座之蒙古王、公、呼图克图、喇嘛等，俱在道旁按翼跪迎，达赖喇嘛在入宴坐次跪迎。皇上入武成殿少憩。引应入座人等以次就位。皇上升座，众均在应坐处跪行一叩首礼，坐。尚茶正进茶，众皆跪。皇上用茶时，众均行一叩首礼。茶毕，致众茶，均跪受，行一叩首礼。饮毕，复行一叩首礼。……皇上还宫，达赖喇嘛在原坐处跪送。引蒙古王、公、呼图克图、喇嘛等出，仍在道旁跪送。其赏项，达赖喇嘛暨王公等自行跪领，行三跪九叩首礼谢恩。[①]（《理藩部为在紫光阁筵宴达赖致军机处咨呈》，光绪三十四年九月二十八日，《档案汇编》，第 159－160 页）

午后十二时余，有人夫将御赐达赖喇嘛珊瑚念珠、蟒袍料、金银壶、金银盒、玉器、鼻烟、茶叶等物，及御赐各堪布等十六员尺头、瓷器、玻璃盘碗等物，送达赖住锡处。（《内厅报告》，第 301 页）

---

① 此条为理藩院九月二十八日拟定的筵宴达赖的仪式程序。

紫光阁筵宴。达赖喇嘛蒙上赏物件列后，计开：蟒袍料四件、珊瑚念珠一盘、金器二件、银器二件、玉器四件、瓷器八件、鼻烟二瓶、茶叶八瓶、尺头四卷、瓷器二件、玻璃盘二件。（《内厅报告》，第 303 页）

十月初八日

午后三时，义国公使儒拉带领随员牟那格来寺，谒见达赖喇嘛。（《内厅报告》，第 304 页）

十月初九日

午前四时二刻，达赖由黄寺起行，赴西苑门呈进祝嘏贡品。当蒙皇太后面赏珍珠念珠一盘、哈达一方、御用黄伞、御书匾对、珊瑚、如意等件。至午前十时三刻，回至黄寺住锡。沿途派警兵照料，均无事故。（《内厅报告》，第 304 页）

是日，由理藩部堂官分引达赖喇嘛等由德昌门右门入，进勤政殿右门，引达赖喇嘛至纳陛上皇太后御前跪。[①] 引通事喇嘛在达赖喇嘛之次侧跪。达赖喇嘛恭捧瓷盘，内盛黄缎包净水瓶、长寿瓶、长寿丹，衬黄哈达，唪经，敬谨跪递，御前大臣接受。皇太后面赏珍珠念珠一盘、哈达一方、御用黄伞一柄、御笔匾一面、御笔对联一副、珊瑚如意一柄，达赖喇嘛跪领，行三跪九叩首礼谢恩。总管内务府大臣进皇太后茶，赏达赖喇嘛茶，乾清门侍卫转授达赖喇嘛，行一叩首礼。礼毕，引出。[②]（《寿耆奏拟达赖亲递万寿节贡物礼节折》，光绪三十四年十月初五日，《档案汇编》，第 165 页）

达赖喇嘛进禀：恭祝皇太后万寿，亲递净水瓶一尊、盘一方，长寿丸盛盘内。呈进：吉祥大哈达一方、寿佛连衣坐一尊、

---

① 此次觐见之礼仪，官方记录为“跪见”，是否亦为“侧跪”，未见有其他记载。

② 此条为寿耆十月初五拟定的达赖祝嘏进贡程序。

菩提鹿角一枚（带哈达）、如意成副、黄金一百封（每重一两）、黄金缎五匹、各色氆氇十五匹、红黄特尔麻二十匹、藏顶香二十五把、上用藏香六十把、藏细香二百把、蜜桃脯一匣、藏甘杏一匣。（《理藩部奏达赖祝嘏进呈贡物清单折》，光绪三十四年十月九日，《档案汇编》，第166页）

午后二时余，美国公使柔克义来寺拜荣义堪布，未晤。（《内厅报告》，第304页）

午后二时余，葡国参赞左治，送与达赖喇嘛银花瓶、花杯、洋点心等物，由谢堪布收讫，未晤。（《内厅报告》，第304页）

十月初十日

午前五时三刻，达赖前往南海恭贺皇太后万寿，叩行祝嘏礼，当蒙钦赐达赖及堪布等福寿字、如意、尺头、瓷器、食品等物，至午后一时二刻回至黄寺住锡。沿途派警兵等保护照料。（《内厅报告》，第304页）

皇太后万寿圣节时，预由理藩部官引达赖喇嘛于景福门外祇候，俟皇上率王大臣行礼后，理藩部官引达赖喇嘛诣景福门阶下，行三跪九叩礼。礼毕，退出。（《达赖另班祝嘏礼节片》，《政治官报》370号，光绪三十四年十月十二日）

万寿赏达赖听戏，位列王公亲贵上。（《达赖位尊于王公亲贵》，《大同报》，第10卷，第12期）

传赏达赖喇嘛：福字一方（由懋勤殿要）、寿字一方（由懋勤殿要）、上交三镶各色真石如意一柄（成匣）、上交绣罗汉挂屏一份、瓷瓶二件、瓷盘二件、鹅黄云缎四匹、大红大卷八丝缎四匹、鹅黄圆金二匹、石青圆金二匹、大红圆金二匹、绿圆金二匹。（《内务府为达赖给慈禧祝寿传赏物品单》，光绪三十四年十月初十日，《档案汇编》，第168页）

内阁奉上谕：朕钦奉慈禧端佑康颐昭豫庄诚寿恭钦献崇熙皇太后懿旨，达赖喇嘛上月来京陛见，本日率徒祝嘏，备抒悃忱，殊堪嘉尚，允宜特加封号，以昭优异。达赖喇嘛业经循照从前旧制，封为西天大善自在佛，兹特加封为诚顺赞化西天大善自在佛。其敕封仪节，著礼部、理藩部会同速议具奏。并按年赏给熏讫银一万两，由四川藩库分季支发。达赖喇嘛受封后，即著仍回西藏。经过地方，该管官派员挨站护送，妥为照料。到藏以后，务当恪遵主国之典章，奉扬中朝之信义，并化导番众，谨守法度，习为善良。所有事务，依例报明驻藏大臣随时转奏，恭候定夺。期使疆域永保治安，僧俗悉除畛域，以无负朝廷护持黄教、绥靖边陲之至意。并著理藩院传知达赖喇嘛祇领钦遵。钦此。（《谕内阁加封达赖喇嘛诚顺赞化西天大善自在佛封号》，光绪三十四年十月初十日，《档案汇编》，第168 页）

十月十二日

收黄寺达侍郎、张右丞报告，午刻黄寺遣人通知达赖，先托病不见，往还三次，始定二点钟见面。先问达赖：昨日尔报上理藩部呈子内有要求奏事之语，此事与谢恩折不一律，应须更换，另递谢恩呈。达赖云：我亦知之，惟思理藩部所传旨意系兼言藏事，故我谢恩折内亦兼言之。我是遵旨。寿等云：旨意内因尔祝嘏，皇太后、皇上甚喜尔至诚，故加封尔并兼及归藏后各事宜，正是体恤达赖之意，不可不知，且尔所请会同奏事之语与旨意正相反。达赖云：从前旨意不提藏事，故我谢恩亦不提藏事，此次有言及藏事之语，故我亦言之。寿等云：尔所言会奏之语与向例不合，皇上降旨与尔系遵例办理。因将西藏奏稿指明与达赖看，并云：皇上办事是照旧例，尔如何不遵守此例。达赖云：此旨是道光年间之例，我所求是会奏之案，是从前曾有过的。并云：为欲保西藏平安，非如此不可。寿等云：尔若说旧事，一时也说不完，孰是孰非，恐达赖亦有不是处，但此次旨意是如此，你若不遵，岂非违旨？且谢恩折内不应题及此事，今与你商量，是指导你不应于谢恩折内乱说藏事，谢恩自是谢恩，奏事自是奏事，须分开说。达赖云：我亦非背旨，但我呈子如此递，不能更改。寿等见其执意不改，因另将其谢恩呈子另写其说，藏事处另行具呈，归理藩部代奏。达赖仍不遵，乃云：若另具呈，恐来不及，我不久将要归藏，不能等理藩部另奏。寿等因宣扬此次皇太后、皇上优待之意，并告以俟谢恩后敕封你，你若不谢恩，则以后之事何能办理。达赖云：敕封之事系皇上作主，我不能勉强，我呈子已经递出，我便谢恩了，理藩部奏不奏与我无干。寿等再三开导，伊仍不同意，并云：我今日有病，不能久坐，请二位照我呈子办理，欲改不能。且云：此事系与堪布等大众商量的，我一人不能作主。寿等因劝其余堪布等再详细商量，将我所说之话要从详计较，且听你回信。旋由达赖派堪布通事五人来并将呈子带来。寿等又与反复开导，该堪布只有仍求照从前呈子办理，若令更改，决不能从。寿等又执前言，仍令将呈子分开写，谢恩归理藩部办理，奏事呈由寿等二人必为代奏请旨。该堪布等互相商酌，乃云：大人能保奏事折子必经皇上允许，则可分递，否则不能等语。自前日理藩部司员与该堪布商酌一日夜，本日又由寿等亲见达赖，当面开导，仍执己意。复与该堪布等再三商酌，至令将呈子分写，允其另行代奏，亦复不从。乃以代奏请旨之事，要寿等先许其必能允准，方能分写。似此要挟狂妄之言，出自堪布之口，实属目无朝廷，非口舌能谕，是以将原呈掷还，应如何办理之处钧示。(《达赖托病不见事》，光绪三十四年十月十二日，《西藏档》：02－16－007－02－034)

收黄寺照料委员恩祐等报告，午前十一点钟，达赖派堪布赴义国使馆回拜，并送氆氇、藏香等物，当由委员等派差员两人同往，至一点钟回寺。据差员等称，十二点钟到义使馆，由义

【使】牟纳洛[1]接见，寒暄数语，遂即辞出。(《堪布赴义馆回拜事》，光绪三十四年十月十二日，《西藏档》：02－16－007－02－033)

十月十三日

午后十二时余，有罗桑旦增堪布带喇嘛一名进安定门，赴雍和宫，毕，转至分司厅胡同，往谒日本人川岛浪速寓所拜见。仍出安定门，至二时回寺。(《内厅报告》，第305页)

一时余，有罗堪布之通事喇嘛道布青携带寝具进安定门，往东交民巷水关迤东城根路北德国邮政局高姓洋人处住宿养病。(《内厅报告》，第305页)

十月十五日

收委员恩庆、蒋崇廉报告称：午后两点半钟，大学堂教习铎尔孟来寺，即由委员等带见达赖。问答列后：

达赖问：教习身体安好？

铎答：托福，甚好。

达问：教习在京几年？

铎答：两年半。

铎问：闻佛爷有往京师大学堂参观之说，不知确否？

达答：并无其事。

达问：京师大学堂在何处？

铎答：在马神庙。

达问：教习几时回国？

铎答：打算明年回国。

达赖云：今已与教习相识，如无话说，即可请便。

铎尔孟退出，达赖赠藏枣、鸭梨各一盘，铎携去。

(《教习来寺事》，光绪三十四年十月十五日，《西藏档》：

---

① 《内厅报告》作牟纳格。

02－16－007－02－039）

十月十七日

午后四时余，有义国人奈葛哩、郎得、斗乃、斗尼等四名来寺，欲见达赖喇嘛，当未见，随时去。（《内厅报告》，第 307 页）

十月十八日

收黄寺值日委员报告：午后一点钟，日本人川岛浪速来见达赖，先至公所，委员接见，坐谈片刻，引见达赖。问答如左：

达赖问：君身体安好？

川岛答：托庇，平安。

川岛云：闻佛爷是观世音化身，我亦信佛，今日蒙佛爷赐见，甚为感激。

达赖答：从前日本和尚有赴西藏者，我曾见过，今日又与君相见，也很喜欢。

达赖问：君何时到京？

川岛答：到了没有几天。

达赖问：从日本到北京走几天？

川岛答：多则十天，少则七八天。

达赖问：君先后到北京几多年？

川岛答：在京共八年。

达赖问：闻君从前在北京曾与喇嘛往来。

川岛答：从前在京见过喇嘛，与谈佛教，深蒙指教。

达赖问：贵国大皇帝安否？地方安否？

川岛答：托福，敝国大皇帝很康健，年成也好。

达赖让茶，并命堪布送川岛藏枣、苹果各一盘。川岛辞出，携藏枣、苹果出。

委员嵇镜、汪森宝谨呈。

（《日本人川岛见达赖事》，光绪三十四年十月十八日，《西

藏档》：02－16－007－02－044）

十月十九日

收黄寺照料委员报告：午后两钟，法馆汉文参赞柏良才来公所。据称奉公使命先送达赖哈达一方，嗣后再定期谒见达赖。当由委员将哈达交给杨堪布转递，旋由达赖还给哈达一方，交柏良才携去。四钟余，瑞典代使克德伦派人持一函致张大人，并附一镜装黄寺景式相片。据函称，系从前自来此地照存者，转送达赖作为到京纪念。遂收下，将送信回单签字交还。

照料委员郝树基、蒋崇谦、于德濬、汪森宝、唐德萱谨呈。

（《法馆参赞见达赖事》，光绪三十四年十月十九日，《西藏档》：02－16－007－02－047）

十月二十日

收黄寺委员呈：午后两点钟，驻京法使署文案官苏馨、大学堂教习贾士藹、译学馆教习何士昌来见达赖，即由委员带往谒见。问答列后：

达赖问：君等皆系文官否？

苏等答：是。

达赖问：君等身体安好？

苏等答：托福，很好。

达赖问：君等在京几年？

苏等答：五年。

苏馨等言毕，遂即退出。

委员恩庆谨呈。

（《教习见达赖事》，光绪三十四年十月二十日，《西藏档》：02－16－007－02－048）

十月二十一日

本日光绪皇帝去世。

十月二十二日

本日慈禧太后去世。

十月二十三日

收黄寺照料委员报告：午后奥使馆送达赖地球模型一个、相片两盒、望远镜一个。已转交达赖矣。达赖回礼哈达一方。又，奥馆卢参赞致张大人函，介绍英国吉女士见达赖。达赖不愿见妇女，当即面复奥使者。（《奥使馆送达赖地球模型事》，光绪三十四年十月二十三日，《西藏档》：02－16－007－02－050）

十月二十五日

午后一时余，达赖喇嘛处上喇嘛一名，雇大车两辆，载铜佛大小四十余箱，运往东交民巷俄国使馆暂存。（《内厅报告》，第308页）

十月二十六日

上午八时余，达赖喇嘛处喇嘛冉白一名，押大车一辆，载铜佛二十余箱进城，运至东交民巷俄国使馆暂行存储。（《内厅报告》，第308页）

理藩部代奏，达赖喇嘛呈请率徒叩谒大行太皇太后、大行皇帝梓宫唪经，应于何日，请旨。奉旨：著于二十七日巳刻叩谒。钦此。（《军机处传知理藩部奉旨著达赖喇嘛二十七日叩谒光绪梓宫》，光绪三十四年十月二十六日，《档案汇编》，第169页）

十月二十七日

午前七时，达赖带领堪布喇嘛等进安定门，至东华门，进内诵经毕，至十一时余回寺。（《内厅报告》，第309页）

十月二十九日

黄寺照料委员报告：午后一点钟，英员卧克纳偕同哲孟雄王子①来寺，欲见达赖，当由委员带往谒见。

---

① 卧克纳（Frederick O'conner），或译为鄂康纳、欧克纳。哲孟雄王子，即斯炯活佛（srid－skyong sprul－sku），后继任哲孟雄第十代国王。

王子问：佛爷来京沿途平安？

达答：平安。

卧问：愿佛爷身体康健。我是江孜英国商务委员，此回奉敝国政府命，带哲孟雄王子游历欧美、日本，今到北京，特来拜见。

达问：何时返印度？

卧云：日间当搭乘火车赴汉口，取道上海、广东等处回印度。

达赖让茶。哲孟雄王子起立，行三叩礼退出。至二门前，哲孟雄王子出藏字信一封，请杨喇嘛代递达赖。杨喇嘛接过略看信面，即将该信交还哲孟雄王子，并云改日重新写过再带来，当即代呈等语。又，哲孟雄王子对杨喇嘛曰：无事可请到英馆叙谈。杨云：敝处公事甚忙，不便出外，如有事可请来寺面谈。遂由委员带出而去。

委员陆国祺谨呈。

（《英员见达赖事》，光绪三十四年十月二十九日，《西藏档》：02－16－007－02－054）

午正十二时余，有印度西京[①]王【储】带同英国副将欧克纳来寺谒见达赖，并进送哈达一方、银匣子一个，当收，随还哈达一方，并赠藏枣、苹果等物。一时余去。（《内厅报告》，第309页）

午后一时余，奥国钦差遣华人松姓持像片送与达赖喇嘛，当收，随时去。（《内厅报告》，第309页）

十一月初一日

十二时，印度西京王子遣华人林姓来寺送与达赖喇嘛信一封，交杨堪布。（《内厅报告》，第310页）

---

① 即锡金，清代称哲孟雄。此表述有误，锡金当时并非印度所属。

午前十时，王堪布进城，至英国使馆拜谒。（《内厅报告》，第310页）

十一月初二日

午后一时，有印度西京王子来寺谒见达赖，至五时方走。（《内厅报告》，第310页）

当日理藩部代奏：窃据达赖喇嘛呈称：卑达赖喇嘛再四思维，满、蒙、汉、番四项人等均重佛教，永远绥安，所有各处大小庙宇容僧栖身诵经，实蒙保赤之恩，叩恳敕封，依旧安业，永守黄教定制，实为至祷。嗣后遇有番服一切要件，恳准卑达赖喇嘛自行具奏，或与驻藏大臣会衔具奏，以固边疆，而期敦睦番汉。此禀本系依照陈例，并非新起意见，否则与整顿番服多有窒碍。卑达赖喇嘛此次来京陛见，叠蒙厚恩，惟有吁恳天恩敕准奏事恪遵黄教旧制，恳乞一并通饬各省文武知照，实为恩便缘由，理合据实报明，恳请代为奏明等因前来。臣等不敢壅于上闻，理合恭折据情代陈，伏乞皇上圣鉴。谨奏。（《理藩部奏达赖请准自行奏事或驻藏大臣会衔奏事折稿》，光绪三十四年十一月初二日，《档案汇编》，第170－171页）

十一月初三日

理藩部奏：据达赖喇嘛呈称：大行太皇太后慈驭上宾，大行皇帝龙驭上宾，保赤子恩无以为报，拟于十一月初五日会同二十八寺庙僧众，齐至雍和宫供佛唪经。卑达赖喇嘛恭诣经堂，布施斋茶，唪诵经典，恳祈代奏。（《理藩部奏达赖请准率僧众到雍和宫为慈禧光绪讽经折稿》，光绪三十四年十月初三日，《档案汇编》，第171页）

十一月初五日

午前十一时二刻，达赖带堪布等赴雍和宫诵经，毕，至一时二刻五分，仍回黄寺住锡。（《内厅报告》，第312页）

奉上谕：依钦天监所择吉日，于十一月初九日辛卯午初初刻举行登极颁诏巨典，相应札行达赖喇嘛遵照。（《理藩部为宣统帝登极日期致达赖札》，光绪三十四年十月初七，《档案汇编》，第173页）

十一月初六日

军机处交出军机大臣钦奉谕旨：达赖喇嘛率堪布徒众、各寺喇嘛等在雍和宫讽经，殊堪嘉尚。达赖喇嘛著赏给哈达二十方、妆缎十匹、大荷包四对、小荷包四；堪布徒众著赏银二千两；各寺喇嘛每名著各赏钱粮三个月。（《典属司为达赖率徒众到雍和宫讽经赏赐事咨行度支部柔远司》，光绪三十四年十月七日，《档案汇编》，第172页）

十一月初九日

理藩部代奏：窃据达赖喇嘛呈称：本月初九日皇帝登极，是日卑达赖喇嘛亲诣朝贺叩见，恭进黄色哈达一方、长寿佛一尊。自作皇图永固、江山万代之经，恳准请旨将此经缮写，分传各省僧俗长诵，以祝圣寿无疆，而期天下太平。谨呈贺贡，恳祈代为奏明等因前来。臣等查，朝贺大典，喇嘛向不入班。今皇上登极，达赖喇嘛呈请朝贺叩见，并呈进贡物，可否准行，臣等未敢擅拟，伏候钦定。本日军机处交出奉旨：无庸朝贺，准其呈进贡品，著理藩部查照成案，酌给赏项。（《理藩部为宣统帝登极勿庸朝贺事致达赖喇嘛札》，光绪三十四年十一月初九日，《档案汇编》，第174页）

达赖进贡物品恭录于后。计开：黄色大哈达一方、又哈达一方、长寿佛连衣一尊、又佛一尊、藏经一部、每重一两黄金百封、藏红花三十两、藏金缎五匹、黄贡香十把、红贡香十把、红黄高细香三十把、藏细香三十把、上等红色氆氇五匹、各色花氆氇二十匹、红色特尔麻五十匹。（《内厅报告》，第313页）

十一月初十日

理藩部奏：达赖喇嘛蒙恩加封诚顺赞化西天大善自在佛，经礼部会同臣部声明，定例应由内阁撰拟敕书，恭请钦派正副使各一员持节往封等因，议复奏明在案。惟查现值大行太皇太后、大行皇帝大事，往封达赖喇嘛礼节于百日内未便举行，而达赖喇嘛在京不服水土，若令其久候，转不足以示体恤。臣等公同商酌，拟请变通办理，令达赖喇嘛先行起程，至西宁塔尔寺恭候受封。俟敕书缮齐呈览后，交臣部山驿递交西宁办事大臣，就近赴塔尔寺往封。达赖喇嘛于受封后，即遵前旨回藏。军机处交出奉旨：依议。钦此。（《理藩部为受封变通事致达赖喇嘛札》，光绪三十四年十一月初十日，《档案汇编》，第175页）

十一月十一日

军机处交出理藩部奏：达赖喇嘛呈请陛辞据情代奏一折。奉旨：现在大行太皇太后、大行皇帝之丧未满百日，著勿庸陛辞，照例颁赏。钦此。（《理藩部为慈禧光绪丧事未满百日勿庸陛辞事致达赖札》，光绪三十四年十月十一日，《档案汇编》，第177页）

收黄寺委员报告：本日十二点钟，英国《太晤士》访事摩利逊①来公所，请见达赖，当由委员带领往见。问答列后：

达问：阁下身体安否？

摩答：托庇，平安。

达问：阁下来此几年？

摩答：十年。

达问：此后欲往何处？

摩答：欲赴四川，往巴塘等处游历。

摩问：佛爷何日可回藏？

达答：现未定期。

---

① 摩利逊（George Ernest Morrison），又译莫理循，时任《泰晤士报》驻华首席记者。

摩问：约一月可起程否？

达答：大约一月间便可起程。

达赖让茶，摩利逊辞去。

委员嵇镜、陆国祺谨呈。

（《英员见达赖事》，光绪三十四年十一月十一日，《西藏档》：02－16－007－02－060）

十一月十二日

达赖喇嘛谨呈：五辈达赖喇嘛进京，时值顺治壬辰年十二月内陛见，至于癸巳年正月底由京回藏。行途之间，至是年五月初一日接奉敕书、金册，著该达赖喇嘛如遇紧要大事，准其专折奏事；如遇平常事件，与噶布伦等商议妥确，转呈驻藏大臣代奏。又至第六辈达赖喇嘛，时值乾隆十五年，与公爵噶布伦班第达会同具折奏明，情因有郡王俱米昂结滋生巨端，至是年十一月十八日接奉大皇帝谕旨，达赖喇嘛与公爵噶布伦班第达钦遵外，又派总督等官来至西藏，与达赖喇嘛等会同商议办理。是日，又接奉谕旨：达赖喇嘛如有具奏之事，准其奏闻。当经钦遵在案。以至第九辈，凡有大事，照前专奏。由此以后，达赖喇嘛辈辈冲龄圆寂，因此怠荒专折具奏之事，至今所有事件，甚殊多误。今因为著汉番敦睦永远和合之事，为此恳请降旨，允准施行。谨呈。（《达赖再陈允准专折奏事致理藩部呈》，光绪三十四年十一月十二日，《档案汇编》，第178－179页）

十一月十三日

宣统皇帝登极，照例赏给达赖喇嘛：六十两重镀金银茶桶一件、镀金银瓶一个、银钟一个、蟒缎二匹、龙缎二匹、妆缎二匹、片金二匹、闪缎四匹、字缎四匹、大卷八丝缎十四匹、大哈达五个、小哈达四十个、五色哈达十个。（《理藩部奏宣统登极照例颁给达赖赏项折稿》，光绪三十四年十一月十三日，《档案汇编》，第179页）

十一月二十日

达赖喇嘛进呈陛辞贡品。计开：黄色大哈达一方、佛连衣一尊、藏红花一匣（重三十两）、红色贡香五包（每包十把）、上用红色香一包（共五十把）、高藏香三包（每包六十把）、藏细香五包（每包一百二十把）、红色特尔麻二包（每包三十六匹）、红绒氆氇五包（每包十匹）、红色长绒氆氇四包（每包衣料五件）、红色藏丝绸一包（共二十匹）、红色上等氆氇一包（共六匹）、各色氆氇四包（每包六匹）、红黄色氆氇二包（每包六匹）、水獭皮一包（共二十张）、猞猁皮四包（每包共二十张）、豹皮一包（共九张）、沙狸皮三包（共一百七十五张）、狐狸皮一包（共二十二张）、熊皮一包（共五张）、藏杏八箱、藏枣一箱、藏小葡萄一箱、藏杏脯一箱。（《内报告厅》，第 315 页）

十一月二十一日

收黄寺委员报告：午后两点钟，日本（公使）伊集院（彦吉）率同参随武员等六人来公所，请见达赖，当由张大人接见，坐谈片刻，后由委员带领往见。问答列后：

达赖问：贵公使好？

伊使答：托庇，平安。

伊使云：敝国与中国、西藏同奉佛教，佛爷到京，早拟晋谒，适因中国国家大事，致稽时日，今蒙赐见，不胜欣喜。

达赖云：贵国崇奉佛教，余所素知，从前亦曾与贵国喇嘛谈过。

伊使云：敝国喇嘛极想考究西藏佛教事情，后日倘有人至西藏考察，深望佛爷招呼。

达赖云：那时再斟酌办理。

达赖让茶，伊使辞去。①

（《日员见达赖事》，光绪三十四年十一月二十一日，《西藏档》：02－16－007－02－074）

十一月二十二日

收黄寺委员报告：本日午后两钟，瑞典国代使克德伦偕同翻译官来公所，并带有瑞典国君主相片一张。据称，系敝国君主亲自画押寄来，命转送达赖等语。当即由委员带往谒见。问答列后：

克云：本代使奉到敝国君主寄谕，谓前承达赖佛爷寄赠哈达，已收妥珍存。兹特寄回相片一张，饬本代使转呈佛爷，以答雅意，并作纪念。克使遂亲递相片。

达答：贵国君主如此厚意，实为感谢。我得见此照片，无疑与贵国君主见面矣。

克云：现闻佛爷不日起程，想佛爷到京后身体向来康健。

达答：我到京后虽平安，而水土似不甚服。现已定期二十八日动身。

（《瑞典国派员谒见事》，光绪三十四年十一月二十二日，《西藏档》：02－16－007－02－075）

十一月二十三日

理藩部代奏，据达赖喇嘛呈称：窃因恭祝皇图永固，黄教兴旺，拟于本月二十六日率徒一百四名亲赴雍和宫，与寺僧等恭诵经典，并请拨给马八十匹，以备是日骑用等因前来。除由臣部咨行陆军部预备马匹，并知照民政部、步军统领衙门派拨巡警、弁

① 据多田等观《入藏行纪行》（钟美珠译，中州古籍出版社 1986 年版，第 7 页）记载，达赖喇嘛在京期间，“在北京的日本公使馆逗留了一周。当时的林权助公使热情接待了达赖。后来当达赖再次见到我，回忆起当时的情形说，在日本公使馆逗留的几天，犹如回到了自己的家”。此说有误。

兵妥为护送照料外，理合恭折奏闻，伏乞皇上圣鉴。谨奏。于光绪三十四年十月二十五日奉旨：知道了。钦此。（《理藩部奏为达赖率徒众赴雍和宫诵经知照民政部等护送照料折稿》，光绪三十四年十一月二十三日，《档案汇编》，第 186 页）

当日内阁奉上谕：本月二十八日达赖喇嘛出京回藏，著派御前大臣博迪苏送至保定。其经过地方，著沿途各督抚、将军等酌派文武大员妥为护送照料。钦此。（《内阁奉上谕达赖出京回藏著博迪苏送至保定沿途各督抚派员照料》，光绪三十四年十一月二十三日，《档案汇编》，第 187 页）

查，达赖喇嘛此次出京，仍乘火车，其赴火车站需用马匹三百〇六匹，内驮马带鞍者五匹，应由陆军部按数拨给，于二十七日守晚，以便次日骑用。其驼只一项，应由顺天府预备五百八十只，务于二十六日发至黄寺，以便驼运包裹等物送至火车站。……所有达赖此次呈报僧徒人众计二百七十一名，包裹斤数约在三十万斤，自骑马共五十六匹。（《典属司为达赖出京人数包裹斤数及预备车辆马匹驼只数目咨行陆军部等呈稿》，光绪三十四年十一月，《档案汇编》，第 191 页）

收黄寺委员报告：昨日达赖遣堪布（见赞错臣）赴奥、瑞典、意、比、丹、荷、葡七国送氆氇、藏香等物，辞行。本日午后两钟半，收比使柯霓雅致张大臣函内云：昨日复承达赖派员送赠礼物，当已珍存，请贵大臣代向佛前道谢，并祝佛驾沿途平安等语。当即由委员传知杨堪布转告达赖矣。委员陆国祺谨呈。（《堪布送礼事》，光绪三十四年十一月二十三日，《西藏档》：02－16－007－02－076）

十一月二十四日

收黄寺照料委员报告：昨日（即二十三日）午后两钟有海关员英人白浦来寺，欲见达赖，当告以起程在即，各事纷纭，不克接见，白浦遂去。又，有法国武官拉理伯等五人来寺，亦要见达赖，当告以明早达赖起程，各事忙甚，不能接见等语。惟拉理伯声称昨日已预先函知外务部，约定今日来见等语。委员遂饬陈喇嘛往禀达赖可否接见。而杨、谢两堪布又适进城，无人传话。拉理伯等候至四钟半，尚不见杨、谢堪布等回寺，只得怅然而去。委员文惠、陆国祺谨呈。（《英人见达赖事》，光绪三十四年十一月二十七日，《西藏档》：02－16－007－02－083）

收黄寺照料委员报告：昨日午后五钟半收到理藩部知照一件，为达赖二十六日赴雍和宫唪经事。

本日午后一钟半，美使柔克义遣人带来礼物两包，声称柔使两点钟来见达赖；此礼物先存王喇嘛房内，俟柔使到时亲自呈递等语。适王喇嘛外出，当由委员通知谢堪布禀明达赖并将礼物先行送进。洎至两点钟，柔使偕同汉文参赞丁家立至寺，直往达赖门前下车。差员等再三邀请先到公所，柔使置之不理。委员遂即亲自前往招呼，欲带领晋谒，不料柔使坚不肯从。据称从前已蒙达赖屡次接见，今日此来，亦系专见达赖，不是拜谒贵公所，且我已带有翻译，不必劳驾等语。查向来各国使臣及官员等晋谒达赖，不论有无翻译，均由本公所委员等带进。今美使柔克义竟不受干涉，自行晋谒，其中因何事故，委员亦无从悬揣。唯所虑者，达赖起程期尚距数日，如有别国来见达赖，亦照美使办法要直接来往，则当如何办理之处，伏乞训示祇遵。

（《达赖赴雍和宫事》，光绪三十四年十一月二十四日，《西藏档》：02－16－007－02－078）

十一月二十五日

收黄寺委员报告：午后一钟，日本本源寺僧二十二仁铠同翻译等来见达赖。据称：已早通知达赖，允于本日相见。当由委员延进少坐。谢堪布来见，告以本日适有要事，请少候。至三钟，请入东厢坐待。本日适为西藏大祭日期，达赖与众喇嘛会食于殿上，俟食毕，方引日僧等随众喇嘛进见。未及交语而退后。日僧拟进谒达赖，有所陈述，经杨堪布告以本日甚忙，万难再见，有话请说，当可转达。日僧不得已，将来意陈述，大旨谓久仰盛名，今日得见，深为荣幸。此次达赖到京，有大可纪念者三事：一、达赖来京，初逢万寿，继遇大事，得以对国家竭尽忠诚。二、中国皇上待遇达赖十分优渥。三、内国外国人均敬爱达赖，中国正当立宪时代，十年之后，必有可观，深望达赖回藏振兴佛教，俾与中国国政一同进步。日本素奉佛教，与中国、西藏同为一体，故敢致其希望之词等语。杨堪布入告达赖后，传述达赖感谢之词，并赠日僧哈达一方、佛一尊。日僧遂辞去。委员陆国祺、嵇镜谨呈。（《日本寺僧见达赖事》，光绪三十四年十一月二十五日，《西藏档》：02－16－007－02－080）

十一月二十六日

理藩院代奏，据达赖喇嘛呈称：遵奉先年谕旨，由藏差派驻京教习唐古忒文字正副教习二名、译话通事喇嘛一名。兹查译话通事喇嘛现在京充职，其正副教习尚未到京，今拟充补正副教习之缺。……再，拟由藏差遣慧灵幼童五名，来京学习汉字及语言、规矩等事，俟学成后再为更换，亦令其教习等主张管辖。奉旨：依议。钦此。（《理藩部奏为达赖请选留驻京喇嘛及派幼童来京学习汉语等事请旨折》，光绪三十四年十一月二十六日，《档案汇编》，第188页）

本日，理藩部尚书寿耆等奏，据达赖喇嘛呈称：卑达赖喇嘛此次来京，屡荷恩施，兹届出京伊迩，乃复蒙恩颁赏连鞍马八匹、银二万两、景泰蓝器八件、玻璃器八件、皮衣四套、大卷江绸缎八匹、大卷八丝缎八匹、大小五色哈达一百个、饽饽二十匣、果品二十匣。并蒙颁赏随来之大小堪布、跟役兵丁等。（《寿耆等奏代达赖离京回藏赏赐谢恩折稿》，光绪三十四年十一月二十六日，《档案汇编》，第189页）

收黄寺委员报告：本日午后两钟，达赖赴雍和宫唪经，四钟回寺。五钟，美国博物院委员罗佛[①]来公所，当由委员带领晋谒达赖，并送达赖在德国印之藏文史书一本。问答列后：

罗云：久仰盛名，今蒙赐见，不胜荣幸。

达云：阁下来京几年？

罗云：到京半年。

罗云：我到京买得西藏书籍甚多，惟三藏经一书，不识现在西藏有出印否？

达答：三藏经西藏有存，阁下到京买如许藏书，足见关心佛教，我得闻亦甚欣喜也。

罗云：拟求佛爷亲笔写藏字一张，将来回美国悬挂博物院内，不知能否允赐？

达答：现因起程在即，各事甚忙，如明日有暇书之，送上可也。

达赖让茶，罗佛辞去。

委员陆国祺、嵇镜谨呈。

（《美国派员见达赖》，光绪三十四年十一月二十六日，《西藏档》：02－16－007－02－082）

十一月二十八日

上午五时三刻，达赖喇嘛自黄寺启程，至西车站，离开北京。（《内厅报告》，第323页）

达赖喇嘛于二十八日率领徒众、堪布、兵丁、跟役等，到正阳门外西车站，臣等（理藩部堂官）会同内务府大臣、步军统领、顺天府府尹等，赴车站公送如来时礼节。达赖喇嘛于辰初二刻乘火车起程，沿途巡警护送，均极严肃安谧。（《理藩部奏报达赖离京时刻及护送情形折》，光绪三十四年十一月二十九日，《档案汇编》，第190页）

---

① 罗佛（Berthold Laufer），多译为劳佛尔，著名汉藏语言学家。

六二回忆（二）

李景铭 著

编者按： 本篇部分内容曾在本刊总67号中，以《一个北洋政府官员的生活实录》之名刊载，为保证此次全文发表的完整性，特重新整理刊发。

民国四年乙卯，余三十七岁

是年春即旧历年底，崇文门监督何棪派马弁致余空函，内装五千元支票一纸，其意欲以贿余。何胡为贿余乎？因崇文门向有三分加一陋规，余陈于周部［总］长①，欲取销之。某日会议，周告余曰："崇文门陋规，在前清为内务府奉上之脂粉费，今改民国，应归公府，汝可不必过问。"余亦姑置之。而何以余有分润意，故以五千元来试。余乃饬第三科屠科长作正式饭银收入，给与正式批回。翌日回堂，交库乎抑交会计科？张寿龄次长批交科，余乃移付会计科。张曰："吾家有五千支票，明日一并叙稿。"告诸周部［总］长，周曰："吾家亦有一万元，一并叙稿可也。"后将此款批作各参司年终津贴，余及各司司长各得六百金，堂上所批给也。其余则科长以下，由各司长分别劳绩，定有等差，呈堂批定，大抵每司以三千元为限。事为夏寿康肃政史所闻，乃纠劾财政部朋分崇文门税款至数十万之多。张寿龄早有所

① 周自齐，时任财政总长。

闻，开单呈袁批阅。袁批一“可”字。故交部明白查复时，据此呈复。而夏寿康又呈请穷究，并谓蒙蔽总统，竟欲以一“可”之批辞，掩盖天下人之耳目。项城置之不问。周初得此信，戏谓余曰：“天下本无事，庸人自扰之。汝若收受此金，妻子尚不闻知，况肃政史乎。今至此，罚汝为文一篇，自行呈复。”余具草而张寿龄润色之，周又删其不平之语，举事直书，事遂寝。然此乃表面文章，其内容则因粤派与皖派倾轧之故。粤派以梁士诒为首领，而周自齐辅之。皖派以杨士琦为首领，而周学熙辅之。时杨士琦（杏城）已入阁，排斥粤派，故调周自齐为农商总长，而周学熙又长财部，梁士诒为税务督办。余告梁曰：“子知税务处之所以成立乎？先是唐绍仪（少川）在海关供职，总税务司驱使之如奴役，唐矢志如能腾达，必不甘居总税务司下。故于光绪中叶，建议政府专设税务处，为监督总税务司机关，以户部尚书铁良为督办，唐自为会办。总税务司始不受令，见清廷上谕已发表，碍难收回成命，不得已而服从。约定星期二、星期五为督会办接晤总税务司之期。督办对之用令，总税务司对之用呈，专指船钞为经费。于是税务处成为总理各国衙门大臣及户部尚书之兼职，而提调以下皆由总理衙门及户部司员兼充。何也？赔款及海常关条约，惟此二机关之人员为娴熟。”梁从余言，乃调余及陈威、徐恩元同兼税务处帮办。时余为赋税司司长，陈威为库藏司司长，徐恩元为制用局局长。

余初到处，处中人员告余曰：“行文总税务司不能用‘该’字，只称‘总税务司’可也。此为税务处创例。”时杨五密陈项城曰：“梁虽去财政部之职，而财政部人员均兼税务处要差，是非把持财政、收揽人心之证据乎？”袁以诘周，周曰：“诚然。但财政部人员之兼税务处者非梁意，实自齐意也。何也？赔款、关约二事，部处息息相关，若不接洽，恐有违约之言，必遭总税务司顶驳，斯中国人无能监督指挥之矣。”周回衙告余等曰：

“子之兼职，何不事先告余？今遭杏城中伤，项城诘问，吾早为梁燕孙及汝等弥缝矣。汝好自为之，毋令旁人笑汝拙也。”未几，周学熙长部，以钮元伯为次长，调余为参事上行走，姚诒庆以赵椿年之介绍，署理赋税司司长。余离任时，周自齐交卸之一日，告余曰：“汝办验契二年有余，收款至七千余万，不无微劳。汝可叙稿，请照征收条例给奖。”呈入，奉批：“赋税司司长系中央官吏，非督征、经征之官可比，不准给奖。既据称微劳足录，可传令嘉奖。”此亦杨杏城意也。

余虽调充行走，投闲置散，然外交上之重要，如议满蒙课税问题，仍余任之。盖出席外交部会议，向为赋税司司长事，而姚诒庆期期不能出诸口。外交次长曹汝霖乃咨商财政部，指定余名，请部派余出席。尝忆黑龙江有所谓亮税者，外交、财政两部均不知此税之性质。会议时，众以询余。余曰：“此即所谓灯税也，惟黑龙江有之。盖鱼在冰下，冬令取鱼，凿冰一孔，置灯其上，鱼见灯亮即跃冰上。每灯应纳税若干，即谓之亮税。”于是政界人中均神服余之堪称财政专门也。旋蔡松坡为经界局督办，调余兼该局评议。周学熙以人言崇文门之案凿凿有据，乃调全卷研究，穷昼夜之力，方知余之无他。周之初次莅部也，以数职责余一身，及其再来，则置余于闲职。何以前后若两人？或曰：是时袁已有帝制自为之意，恐遭日本学生反对。余与曲卓新、陈威、王璟芳均日本学生也，故同时去职。以徐文蔚（蔚如）代曲卓新之会计司司长，以丁道津（佩瑜）代陈威之库藏司司长，以姚诒庆（翼堂）代余，以丁振铎为审计院院长，王璟芳亦赋闲。是民四之调动，乃项城有复用旧人意，非周之本意也。是时，张寿龄亦去职，深为余抱屈焉。未几，筹安会事起，各省纷纷请愿，福建由陈璧（玉苍）夫子领衔，余则以例得授为中大夫。是年三月，母亲大人六旬大庆，以在服中，未设宴。

是年，政府举行高等文官考试，余被派为襄校官，已襆被入闱矣，遇周登皞（熙民）为监临，以余八弟乔平应试，应回避，余乃怅然而返，遂派沈云潜同年补余缺。乔平即于是年入选，分发教育部学习，嗣由周自齐调充农工商部附设之工业试验所学习焉。

是年十二月二十五日，云南起义，战事延长至翌年六月方止。是之谓洪宪之役。

民国五年丙辰（即洪宪元年），余三十八岁

先是有筹安会之组织，梁士诒（燕孙）主其事。时徐世昌为相国，段祺瑞为陆军总长，江朝宗为步军统领。一日，筹安会在午门外走廊内开大典筹备处，有会议，江往探究竟，朱启钤（桂莘）诫江不必发言，但请步军统领旁听而已。江踞中座曰：“余为地方官，不可不管事。”会中议国体事，拟改太和殿为建极殿，又拟以民国五年元旦为洪宪元年。江闻言后，翌日谒徐相国。徐曰：“此系学术研究机关耳。”江曰：“将改元矣！岂仅学术已哉？如果国体必须更改，何如归政，否则亦须展缓数年。”徐现不悦色，曰：“子可告总统，取进止。”顷之，江以告徐者告袁。袁曰：“民国已四年矣，不过尔尔，似非改弦更张不可。汝意云何？”江曰：“不如归政，否则展缓数年，将苛捐杂税先行豁免，人心归服，何事不成。”袁曰：“清室尚有用，吾当设法保其安全。”江曰：“西南之意云何？”袁曰：“子可与丁槐联电广西陆荣廷一询。”盖陆为丁旧部也。电发而得复云：“现正请假，不闻国事。”袁促再电，而陆与云南唐继尧、贵州刘显世联电云：“不能对二姓称臣。”而筹备处译为“一致赞成”，将以蔽袁，且诫江勿泄。

不数日，居仁堂有会议，列席者二十一人，即通电各省，令于民国五年改为洪宪元年也。时徐相国居首座，因华世奎遣其弟友梅告徐，若对袁称臣，吾等将驱逐其出天津籍。故徐临时请

假，朱启钤代理，杨士琦、钱能训亦未到。二座为段合肥，时任陆长，闻将签名通电，托故如厕，移时未到。袁怒，诘阍者。阍者再探，已出新华门矣。三座为梁士诒，四座为江朝宗。梁以电稿授江，江起朗诵一遍，众均无言。袁曰："汝意如何？"江曰："此电未出国门，尚是总统制；一出国门，则不易收回成命矣。西南来电，大典筹备处均有案可稽，宜细察之。"袁怒曰："一个是强盗，一个是小孩，一个是行将就木之人，（一谓陆荣廷，一谓唐继尧，一谓刘显世。）可勿虑。所虑者一事，汝能代措置否乎？"江曰："总统有命，敢不遵。"袁曰："其为我往清室，劝其劝进。"江曰："清室止求安全，似无难事。"袁曰："子将何词乎？"江曰："将告清室，既经逊位，以政权让于民国全权办理，今民国以为共和制度不良，非别定国是不可，然对皇室之安全及一切优待条件，仍极力保护，且可永久期巩固焉。"袁笑谓梁士诒曰："此诚善为我词矣。"江请手谕为凭，袁自书云："癸丑之役（指解散国会言，民国三年事也。）未能办到归政，余心至今耿耿，所有优待皇室条件，永不失其效力。暂不废尊号，府第落成，再行迁让宫廷，列入宪法。袁世凯志。"江请用印，袁呼监印者曰："速速用印。"时民国四年十一月六日也。

翌日，江入见醇王，告以袁意。王延见瑜妃、珣妃（以上同治妃）、瑾妃（光绪妃）。时隆裕太后已崩，瑜妃最有能干。江告以此意，瑜妃曰："王室只求安全而已。"不数日，皇族公推伦贝子在外交大楼宴二十一人，即表示劝进意。二十一人中，有蔡锷者，曾签名于改元通电。雷震春为京畿执法营务处督办，时侦察其行踪，以为日颠倒于小凤仙妓寮也。不意其受梁启超（卓如）之介绍，奔入日本兵营，由日本保护赴津，搭轮径赴云南，而西南反帝之电出矣。陈宧（二庵）出京时，跪在袁前曰，袁不称帝伊不起。袁以好语慰之，乃入蜀，为巡按使，知有库藏一百六十万金；云贵事起，见事无可为，乃挟款而逃，至资州，为冯玉祥所劫。冯为陈旧部，故遣陈逃而劫其辎重。时各省响应，天下骚然，项城方有觉悟，乃饬梁士诒筹办地方研究会，意欲扩大地方自治之权限，以缓和党人之意见。龚心湛时为盐务署署长兼研究会会员。龚、梁均问策于余，余曰："事已晚矣。如不取消帝制，徒欲以地方自治之虚文自为欺饰，恐无效也。"

是年一月十日，因本任赋税司司长之缺改为简任，照章觐见。其觐见云者，即寓引见之意。是时，周学熙尚在财政总长任内，欲办财政学校，为培育专门人才机关。余与王璟芳商榷，就经济学会之旧址筹办财政讲习所，专招考询知事及格之人员入所肄业，以一年为期，授以所得税、印花税、营业税之新知识，并令研究海关条约，为加税免厘之准备。由经济学会会员赵椿年领衔呈请财政部批准立案，每月由部补助一千元，不敷之款则由经济学会津贴。毕业之六十人，呈部分发各省财政机关任用，考列最优等之一二名，则由部调用，以示鼓励。呈上，周学熙准办，并批加统计学功课一门。众举王璟芳为该所所长，余为教务主任，王琨芳为庶务主任。夫所谓经济学会者，会费则由周自齐筹之，而主持校事则属周学熙任内事。盖其时民党与政府恒立于对待地位，故欲以此等机关罗致新旧人物，汇于一炉而冶之。当时如张公权、谈荔孙、谢霖甫等银界中人及财政中人，无不充该会会员。上海则设有分会，宋汉章、王文典、廖廉能等，皆其中坚之矫矫者。故余两次出差路经沪上，皆承分会之招待。至是国会已取消，民党之气焰稍戢，而经济学会尚有余款，有主办月刊者，有主办报纸者。余曰："不如办学之造就人才，收效较宏远也。"璟芳从余议，而周学熙亦甚谓然，故办理十二年，迄民国十七年国民党入京始停办，然造就之人才，今在京外服务者实繁有徒矣。

是年二月，政府派田中玉（蕴山）为考察各省税厘大员，赵椿年副之，调余为参议。盖袁有帝制自为意，以为非充实国库不可。欲充实国库，必自长江六省整理税厘始，故有田中玉之命。田曰：“欲令税务起色，须予以便宜行事之权，并准带卫兵一百二十人，如遇有贪官污吏，准其先斩后奏，方能着手进行。”袁一一从之。乃未启行而洪宪失败，遂中辍矣。

是年洪宪失败后，五月某日，袁病大渐，江朝宗入视。亲眷在侧，袁犹大声叱曰：“国事至此，余何能顾妻子辈乎？”江劝总统夫人暂退，视其脉已将脱离，急以薄衾盖之。时段合肥、王聘卿、徐菊人、张一麐及江朝宗五人在侧。江曰：“总统弥留，以黎宋卿代摄总统职权（其实袁无此言，江以意度之。），似宜拟遗电。”东海阅毕，授段，段纳诸怀。江虑段与黎有隙，如由国务院拍发，设有中变，国事益纷。江又曰：“此电可呈总统阅后，由公府拍发。”而总统已薨逝矣。黎得代摄消息，以电询江。江曰：“可询段总理。”故黎知江避嫌，而心实感江也。

黎既任总统，余友王璟芳（小宋），以黎大钧之举荐，简山东财政厅长。盖先是分国税厅、财政司为二机关，国家与地方分立。至袁欲称帝，乃买好各省长官，将厅司合并，改为财政厅，兼管国地两税，自是而中央无权过问国税矣。

璟芳既放山东厅长，余乃以讲习所主任兼代所长。俄之葛诺发、法之马肃、日之常吉德寿，均佐余讲授功课。是年又兼财政讨论会会员、全国烟酒事务署顾问。时张寿龄为烟酒督办，以余去赋税司司长之不平，欲藉此以酬余劳也。

十一月，陈锦涛为财政部［总］长，殷铸夫为次长。殷固民党之有力也，陈亦民党中人，以余于财政粗有经验，问策于余。余言二事：一须创办农工银行，一印花税须设独立机关。时姚诒庆已去赋税司司长，以袁永廉署理，故陈、殷令余与袁会呈，请设全国印花税处，提出国会通过。设总办一人，以简任职待遇，由部呈请派充；另设会办一人。王家襄固在国会有声者也，举荐其乡人陈威充总办。虞熙正（伯严）参事，亦民党中人，与陈、殷有素，乃力言印花设处之议李某创之，李以实缺赋税司司长派充总办，于理至顺，故陈、殷从虞言，乃以余为总办。余即请以查风声为会办，盖查本在赋税司经办印花者也。中央既有总处，各省须设分处，以收指臂之效。陈、殷欲用民党中人，余则主用旧人。最初拟派李湛田（丹孙）为直隶印花税处处长，以李为直隶人也。遣李自征省长朱家宝同意。朱曰："吾所不解者，陈澜生为部［总］长也。印花征税亦不可解。若印花税设处，则尤不可解。"李知难而退。余曰："子可往南京乎？"李曰："南京冯国璋，余之旧主也，部可径派，无需征同意。"乃派李湛田为江苏印花税处处长，李恢（仲谋）为会办，盖李恢民党人也。朱贵州人，余乃派唐肯（公柔）为直隶印花税处处长，盖唐与朱有乡谊，朱不便拒绝之。山东则以王璟芳厅长兼充。福建派林炳章兼充，以钟启扬（讱吾）为会办。由是次第增设，遍于各省。印花税法原定十元以上贴印花二分，后乃推扩一元以上者贴一分。各省藉口违法，抗而不贴，租界则推行尤难。故余自赴天津、济南，劝告指导者两次，唇焦口敝，乃渐有起色焉。

未几而炼铜厂之案发生。盖交通系人欲上台，而藉端以陷民党之阁员，乃公举巨商，请包办炼铜事，行贿于陈、殷。而虞熙正、贾士毅有介绍之嫌疑，于是而陈等皆下狱。殷则商行止于曾毓隽，曾曰："谚云：'三十六计走为上'。又谚曰：'好汉不吃眼前亏。'"殷从其言，乃易服脱逃。后陈以中国银行分红事判徒刑，殷在通缉中，虞、贾各判罪有差。不久，余曾代陈、殷请特赦，未准。未几，而陈特赦，殷亦取消通缉矣。

是年三儿念滋生。余以陈夫人之在床褥也，乃从税务处宋梦云、文博亭、徐元抚等为冶游。南妓有名文娟者，博亭所狎也。梦云则有意于梁素珍。时梦云避地天津，在京津车上遇素珍，以叶恭绰之见介绍识素珍。素珍固于天津卖艳者也，而其妹彩琴则在京呈艺。日者梦云在中央公园宴彩琴，余等与焉。迟日，又设宴于彩琴宅。博亭呼文娟备酒，余则以文娟女弟文悌为陪。文悌年十六，常依余不去。余酒醉，诸客均散，戏语文悌曰："汝甘作妾乎？"文悌曰："年幼无知，当与母商之。"母商于媪。媪即忆芳之女佣也，知余家事甚悉，力怂恿之。而余犹以为戏言耳，迟疑未决。宋梦云曰："合则留，不合则去。迟疑未决者千金耳，子何吝此区区者。大丈夫作事顾如是乎？"余以其激而从之，出饮酒楼，呼文悌母来。梦云为余先付犒金一百，即以舆接文悌入门。文悌循北俗，以纸马草豆烧掷门前，谓可祓除不祥。女佣告余妇，妇怒。翌晨，文悌请去，余亦听之。盖妇已哭一夕矣，声之悲痛，较十年之孤为尤惨。程树德（郁廷）戏余曰："海之浅深无人敢试，石芝大胆敢入龙宫，幸未灭顶即登彼岸也。"

民国六年丁巳，余三十九岁

是年春，余以考察印花名义赴天津，与商会接洽，推销租界。未得端倪，乃赴济南，访王璟芳厅长。璟芳以官轿迎余夫妇，灯笼前导，隶役后呼，犹是前清旧派。余在轿中有一奇感，即沿路均是嘎嘎水车声。是夕宿财政厅中。翌晨游大明湖，过铁公祠。祠前蒹葭十里，鸥鹭纷飞，饶有野趣。又翌晨游曲阜，拜圣庙。唐槐汉柏，蓊郁葱葱。惜乎欲登泰山而未果。

三月十一日，余母六旬晋三，余父之服亦已满，乃在辟才六条补祝。制锦为屏，黄濬（秋岳）撰文，沈雁南年伯书之。未几而有复辟之举，七月三日事也，至十二日即取消，为期仅九日。时宣统帝年方十二，见南苑飞机在养心殿掷弹，疑是爆仗，启殿门出视。陈师傅急引之入，仍从容讲周易。

先是黎总统欲提参战案，而国会讦之。段祺瑞为国务总理，固主参战最力者。不得已，电督军入京主持，所谓督军团者是。

李经羲组阁，仍无解决办法，乃以步军统领江朝宗代理总揆，解散国会，宣布参战。而张勋于七月二日在江西会馆演戏，群贤毕集，笙歌达旦，不知龙旗早已备齐，翌晨竟迫宫复辟矣。

夫参战之举出于英、日、美之劝告，朱尔典主张尤力。黎总统曾留学德国，知德国军备甚足，地下全密藏军火，以为德不易侮也。且其时彼曾遣人来华游说，谓中国如不参战，事平之后，可订中德攻守同盟，以抗俄日，故黎信之甚深。段合肥亦曾留学德国，谓德国虽强，究不能为天下之敌。且其时日本鼓吹甚力，段亦思借参战之款，名为添练边防军，实欲以统一中国。然民党反对甚力，故黎授意国会议员不与通过参战案，且嗾使阁员六人辞职赴津，不与副署。于是段合肥乃一怒而去，由伍廷芳代理总理。合肥至津，以电致黎，请其于二星期内下野，否则有督军团入京兴问罪之师，使黎负责。黎不得已，命江朝宗代理总理。江朝宗乃与朱尔典相商，向其要求四事，为参战之交换条件：一、提高国际地位；二、退回庚子赔款；三、取消领事裁判权；四、允许中国关税自主。朱云：第一项不成问题，既已参战，自然与各国列平等地位；第二项可先议缓付；第三、四两项有难色。然参战之议亦旋定。商诸伍廷芳，伍尚游移，其子朝枢坚持不可，谓解散国会实属违法，宁去位不可违民意。故伍辞职，黎命江朝宗继其位。江乃发通电解散国会，宣布参战。江维持二十余日，黎命李经羲继江后。李就职后，张勋乃挟督军团入京。初无复辟之说，不过介绍李盛铎、袁大化、雷震春、李庆璋、张镇芳等为阁员，而李悉摈之，用触张怒，而各人逐以复辟之说进。

旧历五月十二，江西会馆公宴有剧，张勋以二千金缠头。夜半，戏未散，而辫子军已入城矣。王士珍（聘卿）奔告江朝宗。江发令箭，遣壮士守四城，入城者斩。以电询警察总监吴炳湘（镜潭），均不应，盖已赴南池子张勋宅议事矣。江朝宗急电黎，黎已入睡，告以急，须戒严。少顷，有张军四百余人包围江宅，随有军官数人，劝江及王聘卿同赴南池子议事。一入张府，见吴总监等，江叱之曰："汝辈深夜乃在此议事乎？"雷震春曰："今夕何夕？江提督且勿排驾，且依张帅意旨行事。"江曰："汝辈不在其位，不谋其政可也。余为地方官，能不管事乎？"语未已，张勋狂奔出，辫盘颅顶，大呼曰："汝反对复辟乎？今夕非汝杀我，即我杀汝。"江大笑曰："顷不在江西会馆听戏乎？汝中了戏迷，何要学小丑为耶？"张曰："我定复辟，汝奈我何？"江曰："复辟有道，汝都措办就绪乎？"张曰："然。"江曰："三条铁路如何？"张曰："汝可不管。"喝令缚江。时汤玉麟执数勇士前，江叱曰："汝敢尔耶？"盖汤曾犯法，张作霖欲杀之，江曾代救。汤感旧恩，应张命至江前止，垂手曰："唯唯诺诺。"江推之门外，以几据门，面斥张曰："汝固耿耿忠臣也，但有三事不如我。清之末年，汝在江南尚有十万之兵，何以弃城而逃？时余在汉中，兵不满三千，尚死守数月，孤城未破，汝曾有函电夸我。此其不如一也。隆裕之丧，余在京召集文武旧臣，为之追祭。汝在徐州纳妾唱戏，是何心肝？此其不如二也。袁世凯称帝，余苦口力谏止，有无廉耻之人，首先上表称臣。此其不如三也。"江时大汗淋漓，以手入袖取巾。张疑其取手枪行刺，乃大畏惧而咆哮狂跳尤甚。江急牵王聘卿、陈秀峰衣以自卫。少顷，张颇和缓，自言曰："各行其是，可乎？"江曰："亦只好各行其是也。"未几鸡鸣，而复辟之诏下矣。吴镜潭由警察总监赏三品顶戴，署巡警部尚书。少顷，醇王遣洵贝勒、涛贝勒等往劝江朝宗入贺。江本受清室深恩者，如命趋朝，进觐宣统帝。帝即哭询大局如何？江面奏：张勋兵仅三千，恐草率任事，不必成功。旋而，后妃四人均召见江，亦以此意告，命到军机处与醇王妥议。江告醇王曰："三条铁路不在掌握中，三千之士焉能敌天下之师。段合肥尚易说，西南民气嚣张，未易遏也。"醇王从江言，乃拟一通电及照会，报告中外，谓复辟之举出自张勋之意，朝廷实不得已而容纳之。此电由美使馆代转，故事后中外人士均知非出自帝意也。时张勋首上折，参劾江朝宗阻挠大计，请明正典刑。帝阅折曰："不可如此办，我家事全赖江提督照料，今日何可杀他。"时宣统才十四龄也。宣统命醇王调解，故江朝宗仍为步军统领如故。

是役也，首道上谕即撤除印花税，盖前清所未有而民国所新设也。时余以结束处务，尚每日进部，见张镇芳翎顶辉煌，俨然度支部尚书；杨寿枏（味云）衣冠楚楚，充度支部左侍郎（右侍郎为黄承恩）。部吏呈奏稿云：明日请正堂值班。正堂委左堂往，杨曰："奏事尚须亲往乎？"吏曰："旧例然也。"杨曰："是不如民国之简便。"顷之，马厂起义，梁鸿志（仲异）短衣浃汗，随曾毓隽等搭段祺瑞专车兵临城下。前一夕，常吉德寿以电告陈耀西转余曰，明早炮攻张勋宅（时住北河沿），请余暂避日本使馆。余却之。时有南妓，避地余家。沈雁南日携烟壶由儆子胡同到余宅，诙谐谈谑，絮絮不休。炮攻张宅之日，余等坐在庭中，见火龙交射，毫无惧意。傍晚则赴护国寺看花，行人甚少，闻军事已解决，张勋入荷兰使馆。警察总监吴炳湘出示安民，令辫子军缴械，而散兵仍满城。时警察厅有会议，傅良佐主格杀勿论。江朝宗曰："是皆吾同胞也，成败何常之有。愿受编者改编，不愿者给资遣散，一军官给三十两，一兵给若干元。"不终日而就绪。是为七月十二日也。事定，冯国璋摄总统，段合肥仍为总理，江朝宗辞职。经月余，以李长泰继江任，盖以酬马厂之功也。国会既经解散，第一届议员乃于九月间赴广东集会。是之谓护法战争。战争延长至七年四月方已，为期仅六个月。

是年，政府举行普通文官考试，资训四弟奉派充襄校官。余以民国四年回避，不获入闱，此次又未点派，乃知文衡获与与否，亦有命运存焉。

政府既对德宣战，组织战时国际事务委员会，余充会员，各部重要司员之结识，自是年始。

十二月，奉令充修改税则委员会副主任。是时梁启超为财政总长，袁永廉为赋税司司长。余告袁曰：“海关税则自辛丑以后未修改者十六年矣。此为海关立法之事，甚关紧要，本部当会同税务处行之。”于是乃呈请税务处提调曾述棨为修改税则委员会正主任，余为副主任。因年度标准问题久未解决，议暂行办法又不成功，英使啧有烦言，乃改派蔡廷干（耀堂）会办，承曾乏，调曾回京。余以此留滞上海，而冰心夫人及廷俊女随余住白克路廖廉能（劭闲）所。廷俊年六岁，有日，邱豫萱抱往林宗男宅，未告余等。索之不见，以为失踪矣，亟报工部局，派人在各车站查缉。冰心则以头抢地。其义母张培英（岱杉）之次女，亦掩袖而泣。家人正在慌忙无措中，而廷俊嘻嘻回矣，岂不异哉。是为醉司命之辰，于是大家破涕为笑，各浮一大白。

蔡廷干视钱如命，在汉口纳一妓，甚喜之。其母在沪，以旧年馈水果来。余曰：“当与以犒金。”蔡曰：“然。”倾囊以四十青蚨与之。余曰：“毋乃太啬乎？”曰：“否否。”除夕，与商各醵二金，购酒肴，以酬一岁之精神。蔡曰：“毋庸，蔬食果羹足矣。”众乃谋醉酒楼，而蔡独留守门户。此老之悭，世所罕见也。

年度标准既定，乃进行调查货价事宜。吾友施弼（伯安），农工商部技正，最有研究，每遇夕阳西下，则以汽车赴江湾巡行而返。余询其故，曰：一日用脑过多，非此流荡不能增益精神。又劝余家中须有小小图书馆，案牍书籍、外报杂志均须罗致，充实智识。余亦谓然。有日，议货价，自晨至暮，十三国代表委员均通过，而日本委员独保留，以请示政府。美国委员询日本所定之价与中国所提之价相距若干，核算结果，每年只差十三两。美国委员曰：“十三国代表已捱饿一天，区区十三两日代表尚须请示政府，以中国一年所增，全部切实之值百抽五，不过二千万两，吾美国巨商一人之力足以报效，何劳十三国商人之负担？况此区区十三两者竟须保留乎？且吾人奉命前来，代表美国，直接于大总统，有独立资格，不似日本政府事事干涉，锱铢必较也。”日本代表仍坚请保留，亦勉从之。

民国七年戊午，余四十岁

是年正月二十五日，为余四十坠地之辰，同乡沈瑜庆（爱苍）太年伯昆仲、林开謩（贻书）丈、郭燊（诗辉）表弟，及经济学会分会之廖廉能（劭闲）、王文典，银行界之宋汉章、张公权、谈荔孙、钱新之等均在沪，为余借徐家花园，称觞演剧上寿。每六人一桌，桌有红围，犹是前清京派。有名旦演《纺棉纱》，余忘其名矣。戏散，大雨，车行于泥中，衣衫尽湿。逾二日，李宣龚（拔可）、高梦旦、梁仲异等，邀余等赴苏州访林棨（肖旭）。林时任苏州高等法院院长。余及冰心夫人并廷俊女，偕张弧（岱杉）夫人及张女培英，同船赴木渎镇，林为向导。由苏州到木渎镇，须一夕风帆。时遇雨，群蜷伏舱尾，谑谈终宵。翌日放晴，以篴舆抵邓尉，过司徒庙，盘桓于清奇古怪四松下。又数里，登香雪海，有高宗御笔题字。遥望周围梅花将十里，称艳绝，诚江南胜境也。乡人云，十年前梅尤盛，近村氓以桑利较厚，故易梅而桑者过半。然一白无际，蜂蝶纷飞，尚不失雪海之大观。三月，游龙华，看桃花，仿佛日本小市川风致。四月，往浙江西湖，探灵隐，住艮山门汪傅仁所。汪有中表姐妹曰顾允娴、刘湘珍者，同舟游湖。湖中遇雨，城将闭，舟子急撑舟，舟将覆，同舟者大歌壮胆，获抵岸，庆更生。然甫抵艮山门，神魂未定，晕倒于地，争呼始醒者，则张氏女培英也。翌晨，自杭回沪之数人者，饯别车驿，留一照影为志云。

是年八月，资训四弟在口袋胡同建屋落成。先是以六百金得旗营箭场八亩，用为建筑园林，请名于陈弢庵师。师额之曰

“愉园”。四弟以影照寄沪视余，并附方兆鳌（策六）题愉园诗云：“宛宛围墙树影齐，芳亭卓立小池西。好花幽鸟时相悦，此是王城隐者棲。古籐花馆认前尘（次贡前居古籐花馆，相传为竹垞旧宅。余考竹垞宅为古籐书屋，非花馆殆然。），更觅园居著此身。最喜粥蔬供夕膳，板舆能奉太夫人。经营水石学南垣，前后怡愉各有园。一幅云烟拓平远，匠心画里见渊源。（国初有张南垣者构怡园，摹平远画意，经营水石，王贻上极称之。）剩有胡僧话劫灰，前朝台树已蒿莱。诗人毕竟多清福，借认城西别墅来。（王渔洋有城西别墅，在宣武门内。）”余母在南方旧居有板地，北来砖地不惯，故四弟急于成屋，奉母安居。自是四弟、八弟侍母者，十有二年云。

是年八月十五日，余偕李宣龚（拔可）、高梦旦等赴海宁观潮，全城士女鼓舞轩鬓。潮初来时，一线白光，少顷，如万马奔腾，澎湃而至，诚巨观也。是役事竣，余以修改税则所得，编为《修改税则始末记》。鉴于盛宣怀、吕海寰等议定通商条约及所谓值百抽五者，并无片纸只字之旧案可稽，询诸外务部司官及税务处同人，无有能道其颠末者，可见前辈办事亦多疏忽。余矫旧失，将会议经过及货价表册穷研互究，勒为成书。其时各省渴望免厘加税，欲得参考材料，此书不胫而走，遍于海内，出版二千部，得价六千金。由杨立泰购取葡萄园，赋工属役，得谋堂构者，盖取资于此也。是年，曹汝霖（润田）长部，呈请给予四等文虎章。曹盖兼交通部［总］长。

民国八年己未，余四十一岁

财政部以余办理印花有成绩，晋奖二等嘉禾章。一月，新税则实行，晋二等大绶嘉禾章，奉令兼充管理敌国人民财产事务局评议员。时任局长者为曾彝进（叔度），后由李钦（介如）继任。二者与余交有素，故有建议多见采纳。蔡廷干（耀堂）则为遣送敌侨委员，或云是役遣散余金颇多，余则未审其详。

是时，部中设德华银行清理处，姚钟琳（仲瑜）为主任，李宣钺（伊度）为副主任。先是清理处设中国银行内，由中国银行总裁王克敏（叔鲁）主之。王去，乃移设部内，归部长龚心湛（仙洲）主持。龚于公牍极究心，而姚精英文，李精日文，于中文稍逊，公牍尤不娴。稿上，龚辄斥，不署诺。上海有帛雪黎一案，大概意大利人，颇跋扈。初王克敏以中国银行总裁兼清理处总办，斥之去，索酬金不允，曾经提诉于会审公堂，案甚复杂，龚斥不批。李就正于余。余为易稿，龚不易一字而签定。龚询知为余手笔，自是经余具稿者，无不准行，否则遭驳。余戏语李曰："余笔枯矣。"李曰："毋躁，吾必有以润汝。"时禁兼差兼薪，李无奈，促钟上言，派余帮办，月给二百金，次长卢学溥（涧泉）力也。未几，以郑士勤介绍，充陕西督军陈树藩之顾问。余以京职兼外差者自此始。士勤曾赠余唐开成石刻九经全套，至今尚未付裱。

龚心湛之为总长也，一日阅英文报，谓崇文门监督刘鹤庆（子和），苛罚漏税之外国人，视货价至数十倍之多，不遵者幽闭一室，令其绝粒，惨酷异常。龚令译出，派余密查。余召询该关总务科科长王其渊，果有其事。漏税之货，除充公外，按应纳税款罚二十倍。凡邮包出崇文门迤东行者，以为有赴关纳税之意，否则迤西行即以漏税论。处罚之款分成批给员司作奖金者，由总办主之，监督则明知故纵。余据实呈复，并陈整理意见大纲如下：一、罚款宜减轻；二、纳税处所须明示商人；三、提成给奖须报部核定。而扼要之图，首在取消三分加一，裁撤书吏。龚纳余议，派余会同刘鹤庆考试书吏，分别去留。书吏等衣食如斯者数百载，一闻改革，有议罢考者，有议闹考者，甚而包围王其渊科长之宅，请求缓颊，而图以焚烧住宅相恐吓者。刘畏缩，恐滋事端，乞余转陈部［总］长暂缓举行。余曰："本部失其威严，尔尚能为监督乎?”因传饬恳求免裁之领袖四人来见。顷之，四人于于然来，头发皓白，伏地哀求。余呼起立，诫之曰：“考期分笔试、口试，年长资老者用环保法，准免考。所谓笔试者，但书履历及经办事件；所谓口试者，报告籍贯、姓名、年龄、月给，实则除聋哑外，均能应考。如有罢考、闹考，唯尔等是问。尔等敢以身家尝试乎?”众皆唯唯。乃决翌日开考。刘请派卫兵镇压，余曰：“毋庸。”届期陆续应考，鱼贯至者二百余人，随到随考，无误上税之期。于是保送者三分之一，考取者三分之二。开单呈部，请派核算生、办事员有差。不及格者，给恩饷二年，阁议原案也。而书吏乞增一年。余乃代拟呈稿，并代陈于龚云：“吏之衣食于斯者，自明以来二百有余年矣。今一旦失业，鳏寡孤独，呼饥啼寒，于崇文门一带者数十百家。我总长闻见之下，必有恻然大不忍于心者。曷申阁议，广予恩施乎。”龚闻言，有动于心，颔首者再，告余曰：“明日再提阁议，子其具稿来。”卒之竟获通过。闻者欢声雷动，谓余有生死肉骨之恩。嗣以被裁之家债务纠葛，纷争无已。盖旧吏多以饷银为抵押，今改为一次支给，则债权者无所着落，因而诉诸法庭者有之，诉诸本部请扣留恩饷者有之。余一一传讯，代其清理，将数十年来债权债务之纠纷爬梳而厘剔之。同部之人戏余曰：“印花税处竟成为简易法庭。”余以得龚知遇，又深知书吏情形，故亦不惮其烦。裁吏欲醵金制万名伞，颂余功德，余峻却之。翌年，余母寿辰，群举长老四人，趋叩门前，燃放鞭爆，称谢而退。

是年有直皖之战，起因以段祺瑞把持参战借款，名为对外，实欲以平定南军，且压迫异己之直系，故曹锟于七月十五日发难，未一旬即妥协。世人谓之第一次直皖战争。夫所谓参战借款者，即西原借款之一部，其用途即为徐大总统选举之费用，而交换条件即为我国承认青岛归日租借。而世之攻击曹汝霖（润田）、陆宗舆（润生）、章宗祥（仲和）为卖国贼者，因借款乃三人所经手也。参战借款之支付，均由参战督办事务处主之，部库并无账簿可稽，故国民均疑有弊窦。日本亦禁吾发表密件。其交换条件最堪惊骇者，即交换承诺青岛租借之公文中，有“欣然承诺”字样。余尝谓，设有人据其妻女，偿以身价，令其于卖身契内自签“欣然承诺”，有是理乎？巴黎会议时，美国威尔逊大总统为主席，大声朗诵谓：中国既欣然承诺，何尚云受日本压迫乎？故我国和会全权委员陆征祥等，在和会对山东问题，要求于约内注请保留，不允；改附约后，又不允；改为约外，又不允；改为仅用声明不用保留字样，又不允。不得已，改为临时分函声明，不能因签字而有妨将来之提请重议云云，终被拒绝。电达外部请示，外部尚有临机酌办之复电。然留法学生扣马而谏，陆征祥卒不能往签字。先是国内鼎沸，学生罢课者有之，商民罢市者有之。山东公民到府请愿惩办卖国之人。于是俯从民意，于六月十九日免交通总长曾汝霖、驻日公使章宗祥、币制局总裁陆宗舆之职。翌日，徐世昌即咨参众两院辞大总统职。夫徐岂与章、曹、陆有连带关系乎？即因参战借款，办理选举之功归于曹、章等，故曹、章既去，义难独留。卒以参众两院挽留，取消辞职，不过由总揆钱能训负责请辞，以龚心湛暂行兼代国务总理。陈弢庵夫子尝与余谈学生不宜干政，余曰：“良然，但如此黑暗庸懦之政府，非内外学生合力谋之，则胶澳早已断送矣。是不可不分别言之。”（是年十二月二十八日，代理总统冯国璋在京邸病故。其续配周夫人，即余友刘含章姑母，以常服珠粉，盖先冯而卒去。）

民国九年庚申，余四十二岁

是年以周登皞（熙民）之介绍，充绥远都统蔡成勋（虎臣）咨议，又兼经界局评议会主任。曾宗鉴（榕圃）以安福系故，任经界局总办，局址即今雅叙园。又兼全国烟酒事务署参事上行走。时甫改烟酒公卖局为事务署，设督办一员，张寿龄（小松）充之。张寿龄以外烟宜重税也，不顾条约，拘留洋商，令其遵纳。英美烟公司不得已就我范围，订一协定，愿于完纳关海税后，再完百分二十，豁免全国税厘。公使屡有烦言，张亦置之不理。余虽服其勇敢，究又嫌其武断。五月，奉令兼充经济调查局副总裁。盖徐东海当国，另组新国会，而旧国会议员除赴粤护法外，留滞北京者尚有其人，故不忍置之闲散，以战时经济变动为理由，设立调查局，特派孙宝琦（慕韩）为总裁，郭则沄、王乃斌为副总裁。嗣郭代孙为总裁。每月经费十二万元，维持数月，郭欲求去，以张元奇（珍午）夫子继其后。张举方兆鳌（策六）为副总裁，方荐余自代，以余熟谙财政，当能措款臂助。师从其言，于是余奉副总裁之命。既而李景龢（孟鲁）率全局人员，在中央公园来今雨轩开会拒余，谓能筹款应节则表示欢迎。余毅然就职。考究经费来源出自盐余，府署均有分润，及余就职，盐署追回支票。盖盐署署长张弧（岱杉）受安福系王揖唐、梁仲异、曾云霈（时任交通次长）等指使，藉此以厄余，谓余非其同系也。时李思浩（赞侯）为财长，午节经费俱有点缀，独对调查局靳而不与。余不得已，商诸交通银行经理胡筠（笔江），允以个人资格助余三万金，合诸旧存款余款，并搭配定期兑换券，发薪五成。自后拨用印花税款，稍资挹注，勉强支撑者三月，余仅得一千八百元定期兑换券，至今尚藏箧衍，仅成废纸。余去，政府以于宝轩（子昂）代余职。于为钱能训（干臣）侄女夫，故亦与东海有渊源也。

是年六七月间，近畿战事发生，其动因始于直系之曹锟（仲珊）、吴佩孚（子玉）反对边防西北军，而吴尤于安福系有夙憾焉。初谭延闿盘据湘中，政府派张敬尧、吴佩孚讨伐之。原约先入湘者主湘，乃吴已入湘，而湖南督军竟以与张。盖张亦安福系，而吴则直系也。吴衔之，屯兵衡阳，观望不南进。而白坚武为之介绍，与谭延闿言欢，交换兰谱。故谭乘直军换防之际，先后侵占耒阳、祁阳，将以驱张。而政府则派王占元巡阅两湖，吴光新检阅湖南。吴佩孚乃率师北上，助曹发难。时段祺瑞与之对抗，屯兵南苑。商会见双方交锋，人民必遭涂炭，乃公推江朝宗（宇澄）等晋谒东海，请其下停战令。东海曰："汝已下野，何必过问闲事?"江曰："我惟下野，故为人民请命。"东海曰："然则吾即委汝往商合肥，劝其退兵。"江如言往，以利害告段，且曰："汝为吴师，胜不为荣，败则大辱。况吴师已过固安，汝众不过三百，岂能敌三千强锐?"段允熟思。未几，出送客曰："吾决战矣。前言戏之耳。"盖又入左右之言矣。卒之前锋交迫，势将喋血京畿。东海乃令停战，而曹、吴不从，故免曹、吴职。时萨镇冰为国务总理，郭筱麓为秘书长，段祺瑞为边防事务处督办，曾毓隽为交通部［总］长。边防军与直军战斗甚烈。七月十五日，东路徐树铮所率西北军，由张庄、蔡庄、皇后店进攻杨村，曹锳所率之直军当将杨庄［村］占领，旋为直［皖］军夺回。西路吴佩孚所率军队，与边防军第一师大战于涿州之北。奉天军亦于十六日加入直军，十八日会师攻下涿州。第十五师二十九旅旅长张国溶，及边防军第一师师长曲同丰，均向直军投降，边防第三师亦弃械遁。奉天军队于二十三日进驻南苑。世所称第二次直皖战争者是。民国十四年，曲同丰偕余赴西陵瞻拜，尚指琉璃河旧址告余曰："此民九与直军交绥之战场也"。七月十五日，余友郭筱麓在城外听戏，萨撰遣数人要于路曰："速回院，拟撤销曹、吴处分令。"筱麓呈稿，萨又叹曰："既有今日，何必当初。"未几，二十九日东海又饬拟惩办徐树铮令。萨叹曰："今日惩办，明日又将撤销之乎?"盖萨亦有菩萨美号，自己无主意，止听人颐指而已。同时下令通缉徐树铮、曾毓隽、段芝贵、丁士源、朱深、王郅隆、梁鸿志、姚震、李思浩、姚国桢等。先是数人已逃入日本兵营矣。时梁住西华门大街，余往视之，其对门德聚成古玩店铺铺长高尚智告余曰："全家妇孺均逾墙遁，室无人矣。"余知梁夫人及众［仲］异爱妾名丽云者，均住六国饭店，曾往视之。夫人挽余与侯德山商保护其脱险。侯曰："不可，监视者有数道军警也。"翌年，梁眷始脱逃。余曾偕张超南（蟹庐）入日本兵营，慰视梁众［仲］异，而曾、丁诸君谈笑自若。未几，伏日本使馆公用汽车内，潜逃至津云。

李思浩既被通缉，政府以周自齐为财政总长。周劝余辞经济调查局职，派余兼财政金融讨论会专任委员，并改印花处总办为实缺，秩视各司司长。

是年新屋落成，长媳善葆来归。余迎养母亲于颐养轩，寓颐养天和意。陈弢庵师名余园曰"适园"，示适可而止意。是年冬，以先父遗墨装潢成册，遍征题咏，昭示后人，勿忘先德。

民国十年辛酉，余四十三岁

是年代理财政金融讨论会副会长，奖三等宝光嘉禾章。战时国际事务局事竣，奖三等文虎章。交通研究会给交通名誉奖章。

九月二十九日，发生湘鄂战争。鄂有羊楼洞、赵李桥、茶庵岭、蒲圻、通城、通山等处，均被湘军占领。至八月七日，湖北督军王占元辞职。同日，始命吴佩孚为两湖巡阅使，萧耀南为湖北督军，孙传芳为长江上游总司令。盖是时湖南为赵恒惕所据，自称总司令，既非南方军政府所派，又不服从北方命令，擅发通电，主张省宪，成为独立区域之状态。同时粤桂战争起，陆荣廷、陈炳焜相继离邕，广东军政府即派任马君武为广西省长。滇黔联军攻入桂林，沈鸿英军队退据全州。此诚国内多事之秋。而美国哈丁大总统忽有太平洋会议之召集，将以倡导世界永久和平。盖是时日英尚是同盟之国，于欧战德败之后，此等同盟其目的必系对美，且于远东问题亦有碍，故美拟召集太平洋会议，合中、日、英、美为一团，以免世界有所纷争。美先征英之同意。

英首相罗陶氏于八月十八日在下院演说，表明其态度云：“今次战争中得一经验者，即与我同盟之日本以忠实之意，履行条约之义务，诚可感也。当时德国巡洋舰发现于大西洋之上，击沉英国船舶。此时英国甚欲得新西兰及濠州、印度之援助，若非日本海军坚守太平洋、南太平洋及印度洋，则五十万之濠州兵、百万之印度兵，焉能横海飞来。今若背弃同盟，则是困难之时得其援助，至无事则恝然舍去，英帝国决不出如此行动。但续订同盟究将对抗何国，世人均疑为对美，则又大误。英外交第一政策与美取完全协调。盖英美情谊如兄弟，毫无以美国人为外国人意。所困难者，吾人不敢忘日本友情，又欲同时保全兄弟情谊，故甚望讨论一两全办法。窃思人类之问题，今日在于大西洋，昨日在于德国之海洋，明日在于太平洋。是时太平洋问题有最大关系者，英、美、日也。”议员中有大呼又有一中国者，于是加入中国，当合四大国为一协商。今日重要之关系，无逾乎此。此太平洋会议，吾华所以极表赞同也。英既受美之邀请，于是驻京美代办芮德克亦照会我国外交部，请参列该会。财部潘复总长、钮传善次长征选财部专门委员，随同代表团前往。卢学溥（涧泉）、朱延昱（耀东）司长，均以畏劳辞。最后征余意见，余曰：“食禄公家十有余年，岂敢畏劳贪逸，但不谙英语，焉能坛坫折冲。”潘曰：“此行希望在增加关税，整理国债，子素研讨条贯。部中能英文者，听子酌调。”余乃调朱鹓青偕镇江关监督贾士毅（果伯）同行。是役各部合派专门委员百余人，良莠不齐。最贻人口实者，陆军部李钟岳司长，夹带鸦片，入美私售，众皆以鼻嗤之。其中有妇人焉，即陈贯一夫人，名孙步兰，天津孙某巨富之女，曾字顾少川未果，陈得之，工英语。众以孙父曾执李文忠爨业，出身寒贱，亦鄙薄之。余于九月二十九日启行，十月十九日抵檀香山即夏威夷，应华商欢迎会。散后游览郊原，屋宇疏落有致，花木红绿相间，地含赤壤，电车飚发，四面玲珑，鬟影衣香，景如天上，人在画中，都市田园，沆瀣一气，诚胜境也。夕宿海滨旅馆，斜阳初下，月光东升，小艇出没云烟间，士女婴儿嬉嬉海浴，蹀躞归来，大有浴沂风雩风致。回忆幼时留学日本，读有贺长雄地理学，言美风最和睦，绿阴草地，团聚笑谈者不知有若干种族，然皆欢若家人，不分畛域。今来此间，所过水边树畔，无论须眉脂粉，均有和蔼气度。此诚合众国之精神，共和政治之极致也。

十一月抵美，十二日太平洋会议开幕。哈丁大总统主席演说云：“今日欢迎各国会员来此国都，不胜荣幸。而所以表示欢迎者，非但因协同参战各国曾为同一牺牲故，实因战胜各国此后关系更加密切，且在座诸君均为各国代表，一言一动与人类之痛痒无不相关，故致词于诸君之前，实为荣幸之至。（中略）本总统深信，此会为二十世纪文化所感悟而成，既无痛苦忧愁之状，然亦非战胜各国提出条件之和会，实乃地球各国会聚一堂，本人类善良之本性，驱除国际上之误解而已。本总统虽为邀集此会之发起人，然事实上，此次参战各国均具有同一主张，意将恢复原状，增进亲善，救济人道，立永久和平之保障也。（中略）现在大战之后，国际团体自信力及其热望均已更新，要在吾人自知觉悟而利用之。债负之多，应求轻减，毁伤人类之机械，应求减少。即以战费及军备之巨而论，稍有意识者，亦无不愿切实减缩或停止也。扪心自问，世界千百万人民，和平时则负担租税，战争时则牺牲身命，谁有不愿以毁伤之虚费，移为建设之要需，为现在及将来增进福利乎？列席诸君须知，美国欢迎诸君，毫无私见，亦无恐惧；既无卑污之心，亦无疑敌之意；至争夺觊觎之思想，更不必论矣。美国所有者，已极满足，现在所求者，乃高尚之事。然高尚之事，非一国所能成功也。此次会议一堂，完全以真意相待遇，开诚布公，以期通力合作。因现在世界之情状，非平心静气，详慎考量，未必有济。虽明知不牺牲无以改良，然非一国所能办，势必通力合作，共同行事也。本总统之意，非必牺牲权利、限制自由，或不顾国家必需之条件也。是以状态之变迁，及特殊地位之关系，自必有保卫之法。设国家所应顾虑者，亦茫然不察，则亦未见其可也。但各国宜一致进行，将彼此互相顾虑之点设法消除，方为上策。然此非阴谋者所能成事，又须由各国领袖交换坦白之意见，乃克有成也。”美总统演说毕，法首相演说最有态度，英意次之，日本德川演说，英语不甚流利。我国施肇基（省之）诵演说稿时，口拙手颤，或云其有病，究不足壮观瞻。

此次与会者，英、美、法、意、日五大强国外，加入中国、荷兰、比利时、葡萄牙，共九国。所谓《九国条约》者，即根于此会。俄德均不与。九国条约以尊重中国领土完整、行政独立为主旨，而对中国门户开放，机会均等，则尤美国向来对华之政策，中国所承认而各国均赞同，亦载入《九国条约》中。至缩减军备问题，则由美国务卿许斯演说。其缩减主要战舰建筑计划云，在建造中者，或已计划而尚未建造者，应分别停止，旧式战舰应废弃之。照此办法，美国海军力应减少至十八主要战舰，计五十万零六百五十万吨；英国海军力应减少至二十二主要战舰，计六十万四千四百五十吨；日本海军力应减少至主要战舰十艘，计二十九万九千七百吨。此项契约以十年为期，仅限于英、美、日三国。十年之后，以新易旧，每舰不得过三万五千吨。按以上减缩计划，美国应废弃十五主要战舰，其中十三舰正在建造中，两舰已完成下水者，总价值共三万三千二百万元，吨数计六十一万八千吨。余友邓萃英告余曰：“美之缩减海军计划全盘托出，含有命令的支配的，不含有商议的讨论的意义。”大抵事前得英谅解，而日本则未之前知。然日本近以第一强国自居，不欲受人之命令支配，骤闻美之演说，颇觉惊惶，从之则受人支配，居海军力之第三位；不从则违背人类正义，外交破裂，立启战端，冒天下大不韪。故美国记者往征日本代表加藤大将意见，加藤以简单日语“彻底”二字复之。以英文意义译之，谓美之提案含有猛烈强毅之意，故世有评哈丁为大胆武断者。卒经商议，成立军备缩减条约。而我国所提四原则亦成立，为九国条约关税条约，具见于外交文牍中。

余于会议余暇，参观美前总统古兰氏坟茔。古兰于南北战争时被选为总统，曾游历我国，与李文忠交有素。文忠赴欧过美时，古兰已逝，文忠痛人琴之感，于其墓庐手植两树为志，至今犹存。仰见前贤结契之深，各具松柏后凋之意。会毕，余由西雅图回航，风浪颠簸，危险万状，帆倾桅倒，妇孺号呼。船主曰：“冰山冲动，数十年来所未有。”余与钟紫垣坐食如故，而侑食之音乐寂然无声矣。是役同行者朱鹓清、贾果伯、沈楚纫、钟紫垣、陈懋德、李心庄、陈贯一、孙步兰及余十人，相依为命，围炉谈竟日。炉乃凿窗砌砖，以铜铸松节三根虚其中，缀以红色电光，望之如燃烈火，其实不过一种装饰品。盖美国百年前家家燃薪御冬，今设此者，存旧俗也。船上无俚戏，代李心庄拟四句，寄其通德云：“镜前红豆费相思，说与归期又误期。却为迎头风浪恶，身如累卵命如丝。”通德答云：“人家夫婿觅封侯，汝为微名亦浪游。若念罗敷是新嫁，不应北路买舟回。”（南路则经过檀香山，风浪极平，但多六日水程。北路冬间风浪极大。心庄主南路行，余主北路行，故途遇大风，心庄甚悔。）戏代沈楚纫拟四句寄夫人云：“申江一水（沈眷在沪）隔悠悠，爆竹声中动客愁（大家赶回国过年）。十日海程千万险，惊风骇浪汝知否。”夫人答云：“可叹身如一叶轻，灯前细话有余惊。他年倘更别离日，如此风涛不可行。”戏代陈贯一赠夫人云：（此次代表团带眷者，惟贯一一人，同船而归。）“此身飘泊本如鸥，况我频年惯远游（陈英国学生）。所恨长途风作浪，朝朝枉费汝担忧。”夫人答云：“瓣香默默祝天公，万里归帆乞好风。同穴同衾同所愿，不应同葬海鱼中。”吾人在吟讽谈谑间，巨浪如山，尚澎湃拍船头过也。

余在美时，梁士诒组阁，周自齐以电贺之，并诫之曰：幸勿为军奴。周与罗文干、蔡廷干、黄郛盖同充代表团顾问也。梁举张弧为财政总长，以年关将届，发行九六公债济急。所谓九六公债者，以九千六百万总额言。卢学溥为公债司长，电询余关税提案结果如何。余皆以可先办切实值百抽五。张以此为担保，宣言谓可增五千余万。盖浑括进出口而言，其实所谓切实值百抽五者，专指进口税中从量税之一部分言，国人不察，被其欺蒙，卒之公债实行，本息无着。吾国失信于人民者，此为最大也。

民国十一年壬戌，余四十四岁

一月二十六日，即旧历除夕，余甫抵家，拜祖省亲，至以为乐，然谈海上遇险情形，犹有余悸。策六赠余一律云：“十年前后海西东，少日雄心今不同。岁若修蛇方赴壑，人如健鹘独摩空。九州驺衍谈天日，异域班超凿空功。嗟我闲曹徒老守，愧同宗悫说长风。”

是年正月元宵，余以美国所获美术玩具陈列两橱，作为纪念，仿美国美术馆例，映以电光，灿烂辉煌，儿童聚观，无不欢忭。

旧历三月十一日，母亲生辰，约男女来宾开家庭跳舞会。盖民国八九年均在愉园演剧，十年新屋落成，亦有金少梅、琴雪芳助兴。是年从海上归来，别开生面，以娱老亲，故约陈贯一、陈向元、王冷斋、陈叔良、伍德连［连德］、陆麟仲诸伉俪为规划，演巴渝柘枝之舞，轻靴窄袖，音乐悠扬，雁落鹘飞，各奏其妙。外宾有来观者，拍手欢呼。孙彦科表弟率其子昌湘来临。昌湘时方在小学，翌日，师询何往，湘以实对。师曰：何谓跳舞？湘曰：男女拥抱作距跃状。师咋舌称奇。尔时风气未开，宜其少见多怪也。

是年南北议和，两易代表，毫无成绩，而直奉双方因阁潮问题起而冲突。梁士诒、张弧、卢学溥既去，乃以周自齐署总理（原系教育总长），钟世铭（慧生）由盐务署长代理部务。周家彦（弢甫）为财政次长。钟初到部，以抽换印花、改派山西印花税处长两事，与余意左。盖印花大票换小票，余所严禁也。钟受大中银行运动，径以署令饬京兆分处抽换。处长张栩人商于余，余曰："可以无票拒绝之。"山西处长原派苏遇春（杏林），原任尹凤诏调充吉林会办。钟徇阎督，请改派李鸿文。积此两因，乃有本部用人之稿总由总务厅办理之命令。盖印花税处成立后，人员进退、各省处长更迭，皆由本处核办，以专责成。钟则欲变更旧制，分余职权。未几，奉军入关，洛亦动员。卢沟桥一战，十日之间，奉天十万之师望风披靡。四郊难民麇集十三门者，以数万计。部中欠薪数月，迭次罢工。周弢甫问策于余，代为转圜，始允暂行复工，翌日发薪，一月有半。同人恳余担保。余询诸周曰："明日不发将奈何？"周曰："明日不发，吾将肝脑涂地也。"翌日果失信。众请立罢总务厅长、库藏司司长职，包围钟宅，呼声震天。此时钟已在东海监视中矣。周又嘱余缓颊，逾日卒发月半薪，赖以无事。然各部索薪又环至，而周复问策于余，余以发行定期兑换券之说进，立饬余拟章具呈。事为资训四弟、方策六同年所闻，急电阻余曰："虽为官耙，毋作民贼。"未几而战争解决，奉败直胜，余乃上书阻之。微闻当时东海将去职，欲算清公府经费，辇载而去，故派军警监视钟，实为勒款计。周告余曰："不为周画一策，钟有生命忧。子不念公谊，独不念私情乎？"不得已，减定期兑换券为二百万元，不足者以盐余库券充之。此余之不得已而受周之垂诿也。钟嘉余劳，以扬子栈盐务局酬余妹倩刘以臧（幼雪），以晋北榷运局酬余六弟景桢（干如）。桢卒因此赔累六千金，求余乞免于项骧（微尘）署长。

余曰："吾李氏兄弟五人，在京供职，素以不苟称，岂可亏欠公款。"无已，其以余俸入所馀者，代偿可也。

先是四月二十六日为始，直奉冲突，为张作霖与曹锟挑战，世人称之为第一次直奉大战。战事迄五月五日为止。徐东海见事不可为，于六月二日通电辞职，由周自齐摄政。黎元洪复职，以废督裁兵为号召，派颜惠庆为国务总理，董康为财政总长，严璩为盐务署长，项骧为财政次长，之数者皆洛阳所电荐。董初到任，即将非官制所有者一律停薪。余上言："印花税处章程，不过根据一纸呈文，初无正式官制，如欲裁员，请自隗始。"项曰："老友何弃我如遗？"未几，午节将届，董乃袭余智，发行定期兑换券若干万，方得渡过难关。

先是张弧之未去职也，派余充关税调查处主任，为总核上海修改税则，及筹备实行华约所订关于关税事项之机关。余请调金问泗、宋鹤舫、陈贯一、陈声聪、蹇桓驹为佐，一一从之。未几，又奉命派充全国财政讨论会专门委员。盖顾维钧（少川）为会长，初自华盛顿回，以为解决外交必自整理财政始。其时我国拟有整理内外债计划者，惟余与总税务司安格联两书。余主以加税之一二五为整理之基金，安主以现有之关余为整理内债之基金，当时中外各报译载几遍。盖顾娶华侨富商黄某之女。顾夫人以中国第一人期之，挥霍巨金不顾也。故顾思从财政入手，再进而外交，再进而首揆，即不得为元首，而代阁摄政，步颜后尘，亦可慰夫人愿望矣。

董康之为财政总长也，与余意见多龃龉。董主以印花责邮局办理。余曰："盐、关委托外人，以有赔款、借款故。印花内国税之一种，胡为无条件而拱手授人？"董主烟酒加贴印花，仿广东先例。余曰："广东民党组织之政府，各国未承认，故可违约。北京现在条约尚存，遽可片面废弃？"董主缴纳厘金，改以印花代现金。余曰："华府会议预备裁厘，何必多此纷扰？"先是曹锟电保李景龢（孟鲁）为崇文门税务监督，董拒不从，误认景龢为余名，故告项骧曰："李某有求不遂，故辄反余之政策。"项告之曰："景龢非景铭也。"乃大悟。天下之颟顸岂有过此老者。欠薪无办法，只议裁员。裁员既实行，而欠薪又如故。是以有索薪团包围财政总长于国务院之举。

七月十七日早九时，余忽得部电，开临时紧急部务会议。余往，乃议总辞职事。余以总长被打之地在国务院，且在总统、总理前聚众至六百余人，而卫队不加拦阻，其中必有强有力者指使之，在场既经捕获之人，应候法律解决。至欲杜绝此事不再发生，非筹款给薪不可，否则人人为生计所关，即罪以扰乱治安，恐难改过。嗣严、项两次长辞职之举，不过为拥护董圣人之表示。余亦附加赞同。盖董素以圣人自居也。是时王克敏（叔鲁）为中国银行总裁，董与商借款事，王拒之曰："我之为总裁，乃独立无依，不似汝为总长之有靠山。"董既借款无成，又因索薪被打，报纸讥评，穷形尽相，堪发大噱。有一报云，不必问打董康者为何人，只先问董康之该打不该打。可见怨毒之于人深矣。夫理财毫无办法，而徒知覆人饭碗，焉有不怨毒于其身乎？梁任公长财政时，余谓名士不能办财政。名士且不能，况书痴乎？李毓丞告余云："董康对陆军部贾司长云，财政之坏坏于汝辈武人之捣乱。汝辈尚来要钱乎？"贾曰："若非有武人捣乱，何时轮到我公长财政？总之，汝在职一日，吾只有问汝要钱而已。"蒲子雅又告余曰："董对薛之珩（竹坪）警察总监云，目下是无钱，苟有钱，亦须向国民先行讨论，警饷应给许多否。董不谙财政，又不善说辞，其取辱也，不亦宜乎。"董告张寿龄（小松）曰："烟酒署某参事声名不佳（大约指陶毅仲谋），谣言可畏。"张寿龄为之辩护云："谣言何足信？外边人谓傅姓送汝三千元宋版旧书，故得一特派大员；徐姓以代刻书籍为条件，故得一印制局优差（谓徐鸿宝森玉）。此等谣言吾且不信，汝何喜信谣言乎?”吾凡记此者，以见当时财长之人才不过尔尔也。

八月十七日，部中同人公饯董总长，主人自定早七点半在西车站茶叙，盖创例也。十一时，张英华到，代理部务任，询余治标办法。余告以三事：一盐余国库券，一定期兑换券，一公债所得券。颇承嘉许，嘱拟提案。未及行，而月底奉直两军集中榆关，又将冲突。张英华赴津，以盐余抵押，借款六十万元，过保时，尽为曹锟截留。是时王宠惠署理国务总理，黎欲挟议员自重，以与曹、吴为抗。然直派之势力固犹存也。将届秋节，罗文干长部，凌植支为次长，仍以定期兑换券过节。商会要求盐余担保须由盐署证明，并饬中、交银行准作汇兑。部长屡饬余与商会会长孙晋卿洽议，尚称顺适。故以纸币维持财政之先兆自余创之，今悔无及矣。

九月间，余上言召集关税研究会，为官商联合开会之先声。凡华会条约之规定应研究者，俱由财政部、外交部、农工商部派员，会同各省商会代表讨论准备，费时三月，头绪秩然。

十月，余赴津，与王承斌省长商洽租界推行印花事。往访曾毓隽（云霈），谈及闽人，恨之刺骨，谓闽人皆禽兽也。盖云霈所最痛恨者，一则刘冠雄（子英）总长呈请查办租船案，一则萨镇冰（鼎铭）上将不经阁议，径下通缉祸首之令，故其言有所激而发也。是时王永泉与许崇智合力驱逐闽督李厚基（培之），而徐树铮乘机加入，建国延平，通电全国，斥现政府为非法，自称统领，无非安福要人为死灰复燃计也。

是年，余得管思强之介绍，乘便往北戴河一游。十月二十五日，以篮舆上山，道中口占云：“已在山中行，不觉山高处。高处有亭园，入目尽苍翠。廿载溷红尘，到此饶别趣。下山迎海光，帆影悠悠去。”盖跨山即见海也。行十余里，抵公益会。午饭后，游西山。先赴莲花石公园，新建一碑，徐东海题云：“海上涛头几万重，白云晴日见高松。蓬莱世界神仙窟，孤鹤一声过碧峰。汉武秦皇一刹过，海山无恙世云何。中原自有长城在，云壑风林自寤歌。”去碑不数武，有松涛草堂，先名霞飞馆，夏天在此售咖啡，故俗传为咖啡馆，以其音近也。馆之北为同功堂，朱启钤（桂莘）别墅。游园毕，绕山而上，有观音寺。迤西行，松涛满径，海风徐来，远望亭台，有如画境。回忆去岁在檀香山所历者，仿佛似之。翌日，乘舆赴东山，抵金山嘴。有金山旅馆，大致与檀香山海滨旅馆相似。金山嘴最高处有灯塔，相传仿自明季设卫之时。最低处有石浮海滨，如洞门然，僧称之曰“南天门”。此行之乐，又逢世外桃源也。

十一月，黄郛（膺白）督办财政会议事宜，以黄濬（秋岳）介绍，聘余为参议，尝与余谈罗文干（钧任）受贿事，要余揭其黑幕，公诸报端。余曰：“明哲保身，古有明训，且不在其位不谋其政，余之素志也，况已落井而下石可乎？”先是十一月十九日，上部闻罗文干总长以受贿被警厅拘送地检厅，大为惊骇。盖是时洛阳吴子玉重用太平洋会议人物，故以王宠惠代阁揆，罗文干长财政，而洛派又与直派分家。安福党人见张失败，乃又联曹以抗吴。国会中人物，如吴景濂（濂伯）等，又将倒黎以拥曹。于是罗追认德奥借款之故，由国会发端，请黎饬厅拘捕。罗固洛阳所荐也，洛乃以电诘黎。黎复电自辩，电中有云：“运值末流，身为元首，以议长四百兆人代表之尊，告国家五千万元损失之巨，有矢日誓天之证，有立时迁地之虞，稍有天良，宁忍坐视。论元洪待遇僚属之情，诚惭过恕；论元洪爱护国家之念，自度无他。纵深文巧诋，似有斑痕，而观过知仁，可明心迹。”余友罗廷栋告余曰：“此电可以千古矣。饶汉祥（苾僧）其诚可人哉。”盖此电为饶手笔也。曹锟又以电助黎一力，数罗误国之罪五。其电中所言，非深知财政内容者不能道只字，非曹锟局外武人所能知。余故谓，民国十余年之内战，皆由政客挑拨而起，而军阀藉此以敛财也。由是而直隶王承斌、浙江卢永祥，纷起攻击，罗无完肤。黄郛则乘此以夺财政之席，未及如愿，而王宠惠内阁倒，乃由国会通过张绍曾（敬舆）组阁。盖张与吴大头为同乡，而与黎又同为革命巨子也。（大头谓吴景濂。）

奥国借款之案与意大利有关，意大利以罗案关系，藉口不签《华盛顿条约》，故不派代表出席特别会议。然外交部以筹备宜先，乃于部内设关税特别会议筹备处，派余为筹备员，主持处务者为严鹤龄（侣琴）。是时太平洋会议人物如颜惠庆、王正廷、黄郛、顾维钧、蔡廷干、王宠惠毕集京师，共襄大计，而余则常备诸人顾问。所惜者，罗文干以法犯法，为英国系学生出身者之一玷耳。

罗既被逮，凌文渊（植支）代部，项骧为盐务署长。二者皆余旧人，请派张超在赋税司办事，徐鸿宾（鹿君）在印花税处办事，无不俯纳。

是年，用价二千四百元，购西院住屋一所，用价五百元，购庙地以易官地，并用六百元围墙，盖欲于新屋之西辟适园，以为休憩所。

年终考绩，陆军部以特种财产事务局成绩，呈请传令嘉奖；农商部以关税研究会成绩，呈给一等奖章。

民国十二年癸亥，余四十五岁

是年一月五日，新阁发表张绍曾为国务总理，施肇基署外交，高凌霨署内务，刘恩源署财政，张绍曾兼署陆军，李鼎新署海军，王正廷署司法，彭允彝署教育，李根源署农商，吴毓麟署交通。其先行派署者，以国会未投票也。此时杨寿枬（味云）为盐务署长，苏锡第（慕东）为财政次长。杨乃刘之僚婿，苏实为陆军部司长也。钟世敏（慧生）以奉天一百五十万收据未到，尚在羁押中。罗文干（钧任）业已判决无罪，时论异之。刘为海军出身，与荫午楼等同时人物，颇谨愿，然于财政实隔阁。昔者梁启超（任公）告余等云，财界中人不自团结，后必为军阀所侵占，今果然矣。西人评论，民元以来，此次组阁为最奇，陆海军出身者掌外交、财政（黄郛、刘恩源），海军出身者掌交通（吴毓麟），议员则分据教育、农商两席（彭允彝、李根源），高凌霨以万能之身（曾任财政、农商、内务），故能周旋于军阀、议员间而不败。

时财政困难，拟从整理内外债入手。三月间部务会议，拟设内外债清算处。余谓，名称易定，惟“清算”二字欠妥，各国法律上多于破产后办理清算，我国虽穷，未曾破产，何先自标清算。乃有主张用综核名称者，卒之定为审理内外债委员会，派余为常务委员。时张竞仁（心穀）主张金融公债暂缓抽签一次，腾出本金为预付九六公债息金之用。盖张为张弧（岱杉）、潘复（馨航）两人灵魂所寄托，欲以救活九六公债以媚保方，因保定曹锟储有四百万九六公债，本利均无着也。苏锡第（慕东）次长主适用安格联原案，另筹救济政费之途，与张意左。（张系公债司旧人。）杨寿枏（味云）署长较张更甚一步，主内债本息俱停，而以关余留出一部供政费用。因此三人意见不同，乃于三月二十九日召余等到国务院会议，张绍曾、刘恩源俱列席。公债司司长洪铸（德滋）征探余意，且戏余曰：“能赞成公债政策，可有代苏为次长希望。”盖其时苏因公债政策不同在病假中，余固与苏同意，不欲失公债信用，因告洪云：“好官让他人为之，吾辈良心说话，不可自欺。”因正告刘、杨曰：“停付本息万不可行，其理由有五：一、恶例不可自我而开；二、财政已至绝境，不可将金融再行破坏；三、执票人有十万人以上，其总额将近十二万万，一时停付，即有财产减少市面动摇之虞；四、此案虽通过，总税务司未必执行，是经费仍无着；五、小之不过掀起政潮，内阁改组，大之则有生命财产之虞，名誉扫地。自我之先者维持公债也，自我之后者巩固金融也，胡为不先不后及我之躬，乃有此破坏之举。官可以不做，人不能不为，愿总长俯纳刍荛，勿立逆潮之上而与之为抗，则幸甚矣。”闻者动容。张竞仁（心縠）嘿然，而财政次长之命遂加于其身。中国银行总裁张嘉璈（公权）知余维持苦衷，尝语余曰：“政府欲将公债停本一事得国会通过，以压迫债权者，然国会亦未必赞同。以譬喻言之，今日之当局有如小窃，往往遇强盗，而强盗又遇侦探，天道报复，往往然也。”感叹之余，顿足痛恨。卒之公债政策不行，乃奇想天开，欲以印花代现金使用。乃由库藏司司长胡伯铭与印刷局局长薛大可（子奇）密呈总长，私印印花五百万元，不经印花税处之手，私印私运，私押私售，明目张胆，不按法定手续。余据检查员报告，乃呈堂请制止，而刘不允签字。余曰：“总长既不签字，即批‘缓发’二字，盖次长业已签字在前。”余即据此呈诉于地方检察厅龙厅长，其指控者仅胡仁镜、薛大可二人，而意则谓刘有故纵之嫌。盖国家损失财产至五百万元之多，而事又在余职掌范围内，余焉能坐视不理乎？由是国会起而弹劾，上海商会起而电请惩办，风潮澎湃，牵动内阁。司法总长程克（仲渔）告刘从速省悟，于是撤薛大可职，派邱豫萱（访伯）、李盛衔（琴峰）查办。一面由曹巡阅使秘书长王毓芝（兰亭）向余缓颊，万勿操之太急，以留保方面子，盖刘原由保荐举也。余友黄厚诚（漪午）颇不以此举为然，告余曰：“程子主敬，王阳明主良知。主敬之流弊至于支离，良知之流弊或入佛老，或入拗执。子则已入拗执之途矣，处乱世不相宜也。”然余以职责所关，不能顾忌一切。延至四月十八日，库藏司司长胡仁镜、印刷局局长薛大可均奉令免职，刘并托宋发祥、邱豫萱等再三谆恳，勿为第二次之告发，而余亦不为已甚，以为此事可告一段落矣。不意四月二十六日，即旧历三月十一日，吾母寿辰，正在演剧称祝间，忽外间传言，今日有军警二百余人坐汽车四十余辆包围退思堂索薪，一个月计二百［万］余元，限五日交齐，此岂非异事乎。

夫军警敢于出此者，微闻冯检阅使玉祥将财政总长卖缺清单呈览于大总统，并举代表六十人轮流监视，刘总长由是步钟世铭后尘，不安于其位。是役也，梁士诒在香港闻余告发事，告方灌青曰："斯世也，而有斯人也。石芝其可称健者乎。"梁盖有憾于直系而素重余者也。

是年三月一日，东邻刘少源宅失慎，肇事于十一时三十分。余与冰心夫人尚未就睡，听人声嘈杂，知有意外，开窗一视，火光烛天，急率家人及儿辈携带小箱，避至后闸刘锡康（健父）宅，以门卫之责付于旧仆老苏。少顷回寓，已由嵩龄（佑亭）都统督率巡警把守门阑，消防队及厮役等在墙头急救，水龙毕集，火苗落地。翌晨，各以十金犒救护者，并往谢嵩都护、富署长。元宵前一夕也。

四月十九日，西院适园上梁大吉，四弟颇不谓然，告余曰："嫉忌之心人皆有之，而中国人为尤甚，别人可以盖屋，兄独不宜。何也？必以财部为膏腴地，非挟多资，何能润屋。"余曰："否否！前人不言乎大观园中人皆不净，惟石狮干净。财政部中人固多龌龊者，岂乃兄不宜为石狮乎？吾以薪俸所入，售书所得，积蓄之，以图盖头之瓦，不亦宜乎？"四弟曰："盖头之瓦足矣，胡为乎堂高帘远，满壁龙蛇，不几于僭而且奢乎？"余曰："吾将以存国粹保文化也，岂弟居室云乎哉？且吾弟须知，十年以来，为总理、为总次长者不下百十人，谁敢于人海谋托身所乎？吾上有七十老母，下有五房兄弟，吾自信无一毫营私之事，吾之居宅即吾之广居，弟何虑焉。"四弟亦无言以对，然弟意实良可感也。

是年五月间，忽有曹巡阅使锟以国务总理代摄总统职权之说。盖是时众议院院长吴景濂及其挚友孙钟（震东）、邱豫萱（访伯）常宴饮余家，谈议政局。孙即继薛大可后任者。其时张竞仁（心縠）在财政次长任内，无法应付军饷，而各省代表纷集，索取印花累计千余万，将以抵押现金。余即上书张竞仁，告以滥发印花破坏税法，误国害民，于财政仍无救济，而新任总长张英华鉴于刘恩源前辙，未便私提，径批印花税处给发。官吏有服从义务，况各军阀代表均赳赳武夫，剑及履及，坐索毋缓。余数以印费无着却之，支吾搪塞，百计俱穷。适有大中银行与薛大可勾结私押印花三十万元事，余乃控其经理孙鸿猷（仲山），请法院追缴。法院受孙贿嘱，谓为民事范围，难以追缴；张英华（月笙）部［总］长亦嘱由部自结，此案终无了局。未几，以张绍曾总理辞职（六月初事），黎欲以顾维钧组阁，但总长难觅替人，王克敏不愿上台，而张弧乃有卷土重来意。张诚长袖善舞哉，去年方结洛阳之夙怨，今年乃得保定之欢心。张英华处岌岌可危中，时来就余问计，派余兼币制局参事上行走（时张兼该局督办），余亦不过多得钱耳，其实有何良策足救财政之穷哉。初拟以双十节办大选，乃陈国权（祝三）介绍张弧于直隶省长王承斌，谓张能上台，大选经费由张任之，不必搜诸民间。王乃电保力荐，而大局急转直下，巡警罢岗，显示威胁。黎元洪乃于六月十三日出走天津，命国务院代摄职权。（此时张绍曾已赴津，由外长颜惠卿代摄。）余友陈韫斋告余云：“此次政潮由靳派酝酿而起，因靳派以参战借款关系辄遭国会攻击，故人物在现今国会之下无上台希望。”于是张志谭（远伯）、潘复（馨航）等乃以大选之事为直方出力，迫走黄陂，一面又挥霍金钱买收议员，使国会不能开会，希冀直派到紧急时先膺非常总统之职，彼辈乃得乘时而起，组织内阁，使参战借款之案得以无形打消。然直派亦略窥靳派阴谋，悔急办大选之失计，但大势至此，止可听其转移耳。卒之曹锐、王承斌令张弧通知张英华准备下台，而英华仍恋恋不舍。是时，政潮混沌，曹亦望而却步，尝遣使问策于段合肥。段曰：“只有退让下野之一策，否则大选失败，时局不堪收拾，若能成功，亦必曰曹使左右奔走之力，非曹使之望所能致也。”政局虽飘摇不定，余仍奔走于各部处开会，日纠缠于整理内外债问题。

八月间，颜惠庆（骏人）奉财政整理会会长之命。会设南海瀛台，余与颜无一面渊源，乃由周诒春（寄梅）介余往谈。余告颜曰：“民四以后迄今八载，全抛租税政策而趋公债政策之一途。今则此途竭矣，若不再从租税入手，是犹不布种而望其有秋也。”颜云：“吴子玉希望统一川粤后，以该两省财源供中央挹注。”余曰：“川粤诚财富之区，但变乱后残破尽矣，恐缓不济急也。”颜又云：“整理烟酒税、盐斤加价何如?”均以困难情形告之。又询近代人才有谁堪财政总长之任者，告以任贤无方，但第一要义在不要钱。颜云：“更须不与银行有关。”余曰：“此又不然，与银行太隔膜，办事亦不便也。”卒派余为第二股主任。事后微闻颜之知余者，乃黄郛（膺白）、张嘉璈（公权）、黄濬（秋岳）、林步随（季武）所交口称道者也。八月十五日，张弧又为财政总长，十八日到任，询印花情形，旋派余兼充天津货价调查处事（九月事）。上海、汉口均设调查处，以为修改税则、平均货价之用。八月二十二日，沈鸿昭为财政次长，或谓其在库藏司司长任内曾有二十万宦囊，故多财乃得善贾也。

是年九月，适园落成，共用工料九千四百元。慈谕恒以毋过奢侈为戒。园成，迎养于颐养轩。慈意仍曰适可而止，余曰陈弢庵师意亦云然也。一日黄郛（膺白）来谈，当局强以教育一席，但经费无着，殊难办理，况吴景濂议长将有攻阁之举，尤不宜于此时当其冲，且俟新阁成立再行加入未迟也。顷之，曹锟果以四百八十票当选为大总统（十月五日），而财政次长亦易人，以贺得霖代沈鸿昭。贺由盐署主事任东陆银行经理，一跃而为财政次长，盖为东陆转账来也。十月八日，宪法案乃通过于三读会，并定双十节大总统就职时行公布典礼。余往参与，并奉部派充筹备宪法施行事务委员会委员。是月二十二日，周自齐病故。周待余甚厚，余挽之云："佐我公开创经营，瞬忽数年间竟成此破残危局；问今代英豪贤杰，当来日事谁堪作元宰替人。"未几，而王克敏竟代张弧为财政总长（十一月十二日到部），会议裁员不知几次。此老每到部一次，同人即恐慌一次，关税调查处之被裁亦正其时，所谓惜小费而不顾远图也。李宣钺（伊度）告余曰："王三之地位巩若泰山，国会拥之，元首倚之，银行团羽翼之，外交团信任之，固非柔脆总长可比。"余曰："且观其后可乎。"不数日而有航空署署长赵玉珂督办与王冲突，至于用武。十二月六日，大总统令云："近年纲纪废弛，各机关时有聚众滋扰、罢公要挟情事。查妨害公务，律有专条，着责成各该长官随时告诫，严行制止，如有违抗情事，即会同地方军警长官严重惩办。"盖为赵、王发也。年关将届，财政益穷，王克敏谓，欲实行裁员当自本部以身作则始。乃议定各司司长俸最高者五百元，曾任次长或代部者得叙至六百元。是时，余任印花税处总办，历年递加津贴增至七百二十元。王克敏意谓总办与各参司同，只能叙五百元，余须损失二百二十元。苏锡第（慕东）以直系故，第二次复任财政次长，知余曾任经济调查局副总裁，其地位等于各部次长，准叙六百元、津贴一百元，减去二十元，商于同意而后行。苏何以忆及余曾任副总裁乎？盖苏五十寿辰，遣其子伯陶来征文，余曰："应请本部总次长挈衔书撰。"伯陶曰，其尊翁不喜虚荣，非得余一言不可。余勉从之，故挈副总裁衔。事隔四年，而苏尚记忆及之，余因思在副总裁任内曾代筹款三十六万，发薪三个月，而余不支现俸，只领国库券一千八百元，四年之后，乃以此得优叙，前因后果岂非天定耶。是年，张弧（岱杉）在总长任内，曾于公余之暇与谈政治问题。张云："五年以内国必大乱。此次选举，曹或成功，其权力只能支持半年，过此则内部分裂，张、段乘之。段初得势，必与张携手，不出一年必因组阁或用人故，张、段又龃龉。张、段分离，张或联黎联孙以扑段，至是则形势不可知矣。总之，国无中心人物，混乱数年而后定。而此数年中，财政无办法，只觉民不聊生，官亦遭劫耳。”张固财政之精通者，而于政治端倪亦看得十分透彻矣。

民国十三年甲子，余四十六岁

一月间，孙宝琦（慕韩）组阁，有约颜惠庆（骏人）为财政总长消息。颜盖孙之妹婿。果也，国会通过孙为总理，而顾维钧长外交，程克长内务，王克敏长财政，陆锦长陆军，李鼎新长海军，王宠惠长司法，范源濂长教育，颜惠庆长农商，吴毓麟长交通，王继曾为院秘书长。顾、王、颜皆太平洋会议之重要人物。高凌霨亦直派也，调任税务处督办，到处裁员。幹如六弟即被汰，盖有人妒其兼晋北榷运局差，飞语于高，谓宦囊已裕，何尚兼中央末职。岂知六弟交代之日，尚赔亏款六千余元乎？冤哉枉也！孙阁成立，与财王不合，终则孙避往海甸以难王（十月十四日），继则王避往大觉寺以困孙（十月十六日），盖年关伊迩，无法支撑。而孙、王本系同乡，一则以忠厚闻，一则以狡猾著，两不相下。延至一周，王始就职。一月廿日，而裁员之议又起，余主宽，王主严，故余二人意见终不合。而为之羽翼者，如王继训（仰先）、王毓霖（泽民）等，仰其鼻息，亦无不主严，故与余亦终不合。旧历年关一过，在蒲子雅太夫人寿筵上，即闻江浙有不稳消息，谓孙传芳、卢永祥、张作霖、段祺瑞联合通电，否认首座，谓其贿得也，然犹未信以为真。故三月三十日，以府秘书长王毓芝（兰亭）之介绍，奉总统谕，派余充公府秘书行走，余仍趋直如故。其时见王有阿芙蓉癖，下午五六时始到府，视袁项城时代，黎明即起，迥不侔矣。盖曹亦有此癖也。时在府供职者有闵葆昌（荷生）、田祖燕（贻孙）、吴廷燮（向之）等，而刘春霖（润琴）任书写匾额，月不过一二。至四月间，吾友张超（承之）来访，云新自洛阳回，闻曹有电致洛阳，谓如再干涉国事，余定披发入山。洛阳复电云，如果披发入山，国事尚有可为。盖直洛之破裂久矣。

是年五月十六日，即旧历五月二十五日，为申辰会试发榜之日，同年议以是日为二十年纪念周，在聚贤堂演戏一日。程艳［砚］秋演《碧玉簪》，座客皆满。陈继训（杏聪）有诗纪事云（曾任湖南印花税处处长，抄诗寄余）："觚稜回首忆前尘，同是长安逐队人。玉笋已成瀛岛梦，杏花空醉上林春。廿年科弟欣逢甲，四境干戈慨不辰。寄语天涯各知己，沧桑珍重岁寒心。"杏聪罢官后寄寓湘垣，颇郁郁不得志，故有"杏林空醉"一联。陈玉苍师亦有诗云："觚稜旧梦尚依然，一曲霓裳集众仙。自笑选名参末座，曾看射策著先鞭。春风桃李今犹羡，人境芙蓉景已迁。裙屐少年燕市酒，雪泥留爪有鸿篇。壮年十度予文衡，喜此珊瑚尽盛名。中禁老臣几凋谢，沉香新侣半耆英。西风紫蟹愁边句，秋日黄花宦后情。愿与故人常聚首，金台坛坫续前盟。"

是年王克敏到部，余以整理印花税意见书进，即以新票换旧票也。盖旧票抵押在外者有三四千万元，价格不过二三折，在受抵银行所得有限，而我国税款损失不少。然改换新票，印刷费一项非有四五十万不可，余拟由印花税处与库藏司分筹，按月匀付，合之则见多，分之则见少。议行，而储存旧票者有憾于余，造为蜚语，谓余以大票易小票须纳手续费若干，今又定以新易旧则又将饱私囊矣。余乃请张嘉璈（公权）证明，在《银行月刊》内刊登启示，谓如有丝毫私染，愿甘斧锧。于是流言稍熄，而余之计划始行。然王克敏仍持印花交邮局承办之说，与董康所主相同。大抵法国垂涎此税已久，故易一总长即来尝试一次。余仍以税权所关告，幸纳微言，故终余任内，未将税权送出。

七月四日，孙宝琦（慕韩）总理免职，派外交总长顾维钧兼代。或曰宪法于国会开会期内，无许代阁之明文，是于法律手续有不合。闻政府将于七日内提出颜惠庆组阁，要求国会同意。

盖直系喜用英美系人物也。顾既代阁，王克敏仍任总长，又拟甄别属员。余以部务恼人，乃思为野外之游，开豁心胸，因于八月中旬，偕冰心夫人暨大儿、二儿、葆媳、庆女（时廷俊名庆）同赴北戴河，承管康（思强）、宋麟徵（瑞庭）介绍，下榻李思浩别墅。是乃继承德商所有，参战事起，由敌产管理局拍卖，归李所有。占地三十余亩，房十余间，连器具共耗万七千金。李购得后，安福变起，未得一日之居，是直为余预设也。下午赴金沙嘴，晚在醉翁亭饭。路上口占四首云："依稀苍翠认前程，朝日初红鸟乍鸣。饱食小眠无所事，开怀静海波涛声。""连天阴雨路泥泞，今日天公破例晴。景物当前怀盛代，水嬉如见泛凫轻。""金沙层涨晚潮生，沧海桑田已屡更。古塔只余甃甓在，一灯犹照水中莹。""绿草红花似锦明，天然一幅画图清。此来算是全家乐，七辆轻车得得行。"

翌日往拜田中玉（韫珊）督军，路过西山，在莲花石花园叙茗。园以莲花石得名，盖西山之联峰有如芙蓉万顷，故称为莲花峰。最初有英教士甘林在峰绝顶处筑砦室，守者以告，大府恐要区为外人所得，乃檄张君燕谋周历履勘。据报沙滩太浅，不能容巨舶，乃知英教士不过为避暑来也。庚子后，联军事起，德之偏师驻扎于此。嗣侨商乘势度地经营，衡宇栉比，乃掩映于金沙石岭间，烟树楼台，出没如绘。许世英（隽人）长交通部时，由北戴河设支线直达海滨。而西山之屋又因对德战争，多为我邦人士所得。朱启钤（桂莘）乃创为公益会，与东山之石岭会相峙，立为西山管辖机关，凡道路、卫生、种植、警察各事，均隶属之。公园占地千余亩，为张文孚先生所捐。园襟山带海，为北戴河最名胜之区。河原名戴家河，明季海运于此最盛。京奉路成，以此为尾闾地，而北戴之名始著。是晚，田中玉（韫珊）督军留饭，座上有徐世章（端甫）、管洛声、雍涛（剑秋）等，商议办北戴河小学，为夏期儿童补习地。田愿独捐二万金，并谈甘林为西山鼻祖，住山四十余年，今年海浴，饮水两口，人昏迷，卒不救，然游此地者无不念其创造之艰也。翌日又到公园咖啡馆小座。馆即松涛草堂，有一联云：“高歌入云浮太白；群峰临海照深青。”跋云：“玉双集张猛龙碑字，龙尾生背临，时庚申五月。”盖是堂创于民国九年也。坐堂东望，楼台亭榭隐现于苍松翠柏间，而衣香扇影络绎不绝，结队徐行。在夕阳红处，回首太液琼岛，不足道矣。夜看月浮大海，一泻万里，尤为巨观。是夕回京，车过杨村，田庐被水，一片汪洋，见乡人以芦席护堤，始略解抢护之法。古人所谓百闻不如一见者也。

回京后即闻江浙问题日紧，沪宁铁路不通，金融摇动，劝业挤兑，人心惶惶。先是，孙宝琦未辞职前，即告人曰：“余在位一日，卢永祥（子嘉）尚留余之老面子，不便反抗中央，余去则浙事即将发现。”今言果验矣。一日赴王克敏宅画稿（九月五日），谈及浙事。王云：“五日前始知之，军饷毫无筹备，将奈何？”嗣程锡庚（莲士）秘书告余云：德发债票五百万元，业已挪为战费，对余所言者诳也。九月八日，大总统令：据苏皖赣巡阅使齐燮元四日电呈，浙江叛督卢永祥反抗中央，招集乱党。又据直鲁豫巡阅使吴佩孚、副使王承斌、两湖巡阅使萧耀南、察绥巡阅使王怀庆、陆军检阅使冯玉祥先后电请颁布讨伐令，乃即褫夺卢永祥、何丰林官勋，并免去本兼各职，由齐燮元督率部队相机剿办；并派吴佩孚为讨逆总司令，王承斌为副司令。又派十路司令兼防奉天，与浙江呼应，为南北夹攻之计，不得不先下一著，计划四十天内直抵盛京痛饮。或曰此次战争由烟税而起，其实际无非安福系中人欲报奉直战争之仇，故联奉联浙以倒直也。顾阁以此而倒，果发表颜惠庆为国务总理。九月十五日，顾仍长外交，颜自兼内务，财政仍属王克敏，陆军陆锦，海军李鼎新，司法张国淦，教育黄郛，农商高凌霨，交通吴毓麟。李宣铖（伊度）告余曰：“王诚不倒翁哉！黄之入阁，可谓偿其数年来愿望矣。黄虽由学生出身，而太平洋回国后即入冯玉祥幕，与兵士同甘苦，故甚惬冯意。且时与冯谈说古今，并论世界形势，冯颇器之，故荐王［黄］入阁。”

新阁发表之二日，吴佩孚入京，住四照堂，指挥如意，即日逮捕李彦青、王克敏。王正早起盥漱间，缇骑至，逃入大柜内，而错认其兄克均为克敏，捆缚而去，不久释回，克敏已逃避。余与李宣钺（伊度）曰：“不倒翁今日倒乎？”伊度语塞。是役也，李彦青竟不免一死。其致死原因，余友唐馥田云：曹任总统时滥用匪人，吴佩孚欲去冯玉祥而甘心，然曹颇忠厚，无意去冯，乃与冯以四团枪械，由李彦青经手，竟为李所抑扣。冯怒，然无如李何，乃开军官会议，谓有兵无械何？有建购买之议者。冯曰：“急何能待，且海口检查甚严。”建议者曰：“非购自外洋乃购自李彦青之谓。”意谓可以贿得也。冯悟，询众意，众曰可。乃集七千金，尚短三千，罄军官眷属首饰呈之，约彦青在北京饭店公宴，联谱为兄弟，请以八千寿总统，二千为彦青贽。总统曰：“冯军贫甚，何来此物？”却之，乃并入彦青囊橐矣。彦青次日出枪械付冯，冯向官兵演说曰：“枪械何从来？乃全队眷属所倚为衣食之财源换得者。”痛哭失声，谓此仇不报非丈夫也。李鸣钟、鹿钟麟挟之下台乃已。故事发而李彦青被戕。同时勒令刘二虎杀人偿命。盖即从前府卫队殴毙警察尚未抵偿，而刘二虎即带队营长也。是时，即有废总统改七总裁之说，盖吴、张、段、卢、冯及王怀庆均有领袖资格，而分庭抗礼不相高下者也。

九月二十四日，大总统令：张作霖倡乱称兵，业经明令声罪致讨，所有原给官勋著即一并褫夺，以申国法。此次破坏大局，扰害地方，均由张作霖一人干犯法纪所致，东三省各军官长有自拔来归者，应即查明前令，并一律录用；其有率队来归者，著由讨逆军总司令考查确实，编为国军，所有率队各级官长即予从优奖叙，以昭激劝。并派赵玉珂为京畿警备总司令。此即入警备戒严时代。是时西城之人逃往东城东交民巷者络绎不绝，余早知时局日非，生计日绌，即以人力车代马车，以洋油代电灯，并将电话撤除，稍示收束。是役也，自九月发端，战事至十月结束，为期一个月，世人称之为第二次奉直战争。同时，江浙又有战事，自九月三日而始，迄十月十三日为止，共四十日，世人称之为江浙战争。

十月五日，举行全国水灾筹赈会，开放北海。余以编辑《三海见闻志》，急待搜集材料，乃入北海参观，见小团城上墙圮佛倾，满地狼藉，以杖拨之，见有蓝字，西人尾余行，亦不注意。是夕，梦清高宗告余曰：子向有古董癖，今日所见蓝字乃宝石蓝所制，曷为余掇拾保存之。翌晨拂晓，狂风怒号，黄沙蔽天，余不得已以衔片投北海消防队队长臧稽查，面陈己意。臧见余供职公府秘书，急出见，自言山东人，在此看守者有年。因告以小团城满地狼藉，曷不扫除。臧曰："乏费。"余曰："中国人最惜字，今蓝字零片，吾为汝收拾可乎。"臧曰："善。"余乃以车载往德聚成古玩铺，令其修葺，耗三十六金，得七扇排屏，盖始知为文殊普贤菩萨经跋，今尚存余家。阅者均云，前止知有画壁，而不知泥皮可以刻经也。

自上月战事发生，至十月二十一日，即旧历八［九］月二十三日，陈弢庵师寿辰即届重宴鹿鸣之岁，晚在广和居设宴。席上，即闻直军不利，已退北戴河。逾三日，冯玉祥倒戈罢兵而返，提倡和平，其布告中有云："主和停战，班师回驻燕京，推重国内贤豪，共同解决内争。"外间不察，以为冯何反复至是，不知其中有黑幕重重焉。或曰：财政部发行四二库券，集款三百余万元，全为吴军所用，而冯军不得分润，恐吴之制冯也。或曰：政府欠给冯饷甚多，冯之军士尽皆单衣疏食，不能再忍。而幕中之幕，微闻法国因金佛郎问题不能解决，颇为焦灼，而曹锟及其阁员又胆怯如鼷，无解决金佛郎之魄力，故假手某国，以四百万金经黄郛之手赠诸冯军，故冯号召和平，实则推倒曹三爷。黄郛先过代阁摄政之瘾，而后再令安福系上台，将金佛郎及关税会议两案同时解决。而某国且有挟废帝为奇货之预谋，亦可顺水行舟，先安一著也。

冯检阅使通电中有数语最切中时弊者，云："野心勃勃者倾万国之师，枯万人之骨，飞刍挽粟责诸待毙之灾黎，陷阵冲锋迫我绝粮之饥卒。"盖此次冯军自口外拔队，均穿单衣，故忍无可忍，迫而为此。十月二十五日有三令：一、申令停战两军各退原防；二、撤消讨逆军总副司令，山海关一带军队派王承斌、彭寿莘妥为维持；三、免吴佩孚职，令督办青海垦务事宜。夫吴佩孚以二十万雄师，未及兼旬，竟前后受敌，如是岂不出人意料。吴去冯来，曹则被拘于延庆楼。余自是不能进府，府之前后均有冯军包围，断绝交通，有类封锁政策。闻曹有绝粮之虞，惟蔡廷干假托英公使名义，馈以水果，幸得达焉。

十月三十日，奉军抵滦洲，吴佩孚前后受敌，有外交团出面调停之说。果而黄郛偿所愿，以冯之推荐，十一月一日发表国务总理，以外交总长王正廷兼财政总长，曹即于三日通电下野，由黄郛摄大总统职权。余自是与瀛台（整理会）、丰泽园（公府）别矣。吴用威（董卿）告余曰："某国计划将以长江流域置于吴佩孚势力范围之下，张作霖、段祺瑞则占有黄河以北之势力，满蒙之特殊利益则归某国所有。吴佩孚乃排日中坚，故某国深恶之。"且曰："东方如与美有战争，非先据满蒙不足以充军实。"吴用威所言，在当日不过为预测，今则事事多实现。

新阁成立即议修改优待皇室条件：一、令宣统取消帝号，离出宫殿，保护其居住之自由；二、皇室经费改为每年五十万元。夫此次之战争非起因于皇室问题，干戈甫息，何以他务未遑而先亟亟于此，则其原因虽为内战，而其内幕实系外交可以想见。阁议散后，余在王正廷（儒堂）招待席上，王忽报告此事，余即知宣统自此为他人奇货矣。即夕谒陈弢庵师，告以前事，师云："上已出宫赴北府矣。"北府之前后，冯军包围，师不得入。先是一日，外间有冯玉祥逼宫之谣传，风声日急，师商于其甥刘骧业（午原）。刘谓，今夕金拱北宴客，座有日宾，可密探之。果遇日本兵营竹本某君，告以皇城之急，谓派便衣队在四城侦察，冯玉祥已将护军调往南苑，必有异谋。护军二千余人，其军饷出于优待经费，为保护皇城之用，归内务府节制。时郑孝胥（苏戡）为内务府大臣。刘与竹本约翌日同谒陈师傅。竹本果来，留一刺。翌日，师傅以刺转呈宣统帝，帝即欲赴兵营。顷之，郑苏戡先往。是日，苏戡约午原、竹本在东兴楼午餐，餐后同入内请觐。乃午餐未毕，苏拉来告，鹿钟麟军警已包围神武门。苏戡欲入内，午原阻之，同赴日本兵营，以无线电，由郑孝胥（苏戡）、陈师傅列名，求援于天津段祺瑞、张作霖。电由日本托天津驻屯军参谋金子某君面呈合肥。金子晤段，即诘之曰："执政命令冯玉祥逼宫否乎？"时适冯派崇文门监督刘之龙往津迎段，段即在刘前拍案击破茶盅，曰："优待条件我所手订，且各国使馆均有案，岂容一手撕破乎？今要我入京，何以京城闹到如此地步。"刘逢段怒，即于下午三时回京告冯，然冯已迫帝入北府矣。郑、陈又以第二电报告，段有长电见复。冯加紧监视，除陈师傅外，余人断绝交通。郑、刘不得已，偕一日本医生及竹本（改为便衣）四人，同乘汽车往入北府，托言诊疾。然国民军及府中上下监视甚严，帝欲脱逃不得。竹本赠军用飞鸽数对，谓有危急可赖此通信。久之，段有电致冯，冯因撤军，以鹿钟麟之警队代之，北府方可出入自由。然宣统终以抑郁不愿居此。刘骧业又为师傅划策，声言往东城看屋为词，与师傅同赴德国医院，又由医院赴日本兵营。时芳泽公使在英使馆会议，闻讯以汽车来迓，将其居室为帝驻所。事后，郑苏戡知之，始跟踪而至。是日大风雨土，诚合天子蒙尘之象。盖十一月二十九日事也。正在人心万分张皇之中，忽有最足快人之一事。田贻孙告余云：“李彦青在国民军供称，曹总统财产由伊经手者有一千万元以上，现已开单交国民军追查。”又云：“在江西定制磁器数十万元，又在京搜罗珠宝数十万，留以为赏赉王财长姨太伶人朱琴心之妹、内务总长程仲渔爱女之用，悉数运交国民军充公。”虽所言不尽实，而闻者莫不称快。

田贻孙即田文烈（焕庭）次子，与余同在税务处、总统府供职。民国六年，曾随余赴沪修改税则，狎一妓，名爱悌，目如秋水，眉若春山。田每晨必到妓寮，流连妆镜，一日无断，真可谓情种矣。后数年来京探田，冰心夫人喜其钻钿光莹，爱悌割爱以让夫人，今为廷俊妆奁矣。冯军入城时，通电京外，主张召集贤豪，共商国是。田焕庭殗殜病床，撕电掷地，挥泪云：“时局如此纷乱，更何有乐趣耶。”翌日气愤身亡。十一月十四日事也。田在徐东海任内，曾以余登荐牍，然迄未告余，故余挽之云：“私剡荐群才，贱子幸叨知己感；孱躯挥老泪，苍生谁喻感时心。”

十一月，段合肥入京，外交团研究承认新政府方法。二十四日，合肥以执政名义宣言云：“祺瑞不才，忝膺中华民国临时执政之职，誓当巩固共和，导扬民志，内谋更新，外崇国信，谨此宣言。”遂颁布临时政府制，去总理而设国务员，分为九部，而对于立法机关则无规定。翌日，任唐绍仪为外交总长，龚心湛内务，李思浩财政，吴光新陆军，林建章海军，章士钊司法，王九龄教育，杨庶堪农商，叶恭绰交通。唐之所以组阁者，所以联孙（孙指中山）也；李、叶分据财政、交通两要部者，安福、交通两系之合作也。

李总长任内，派贾玉璋为印刷局局长。贾亦冯系人物。年终贾遣该局营业科副科长董某，馈余年敬五百金。董实王泽民岳父。余告董某曰：“印刷局承印印花，印花税处支付印刷费，均公家应办事，与个人无干。余如受印费扣头，则余不敢控印刷局薛局长矣。子其为我婉辞之，勿露余鸣高之意，而使贾为难也。”董喻余意，纳诸袖而归。余之却金者此为第二次，而于金来尝试者则不知若干次。龚心湛任内务，固未尝一日忘余，有日嘱周家彦（弢甫）以禁烟事征余意见。余告以总税务司意，中国与其明禁私卖为烟商造机会，不如开禁公卖为国库增财源。然以人道言之，究不宜公然导人于陷井又从而剥其皮也。龚纳余言，故开禁之说取消。旋而有善后会议之组织，龚力荐余于许世英，故余得充该会财政专门委员，而本部李思浩总长固亦舍余莫属也。十一月七日，临时执政令云：“曹锟贿选窃位，祸国殃民，著内务、陆军两部严行监视，听候公判。”此不过政治上一种报复，去年即知有今日之事，更知明年今日复如何乎。

是年六月间，财政部派余充中俄会议提案筹备处主任，并充中俄会议公署专门委员。主其事者为王正廷，而孔祥熙为坐办。余著有《中俄会议》一篇。犹忆一日部接新疆长官来电，与俄国新订贸易协定，准俄货进口者纳税一道，全免内地税厘。余因赴税务处供公，到部稍迟，部开会议已毕，决议允许照办。余适至，问主席次长云：“已议决之案可修改否？”次长曰：“可。”余乃力言协定之不可，一则有违《南京条约》，二则有违《华盛顿条约》，力主俄货入新疆与各国洋货入内地同一办理。众均赞成。部务会议议决之案，以一人意见而推翻者亦罕见事也。

是年有一奇异之事，即张弧（岱杉）次女培英（适文）者，于十一月三日曹锟下野之辰，赴彰仪门外跑马场看赛马，日暮入城即服毒自杀，卒于中央医院。盖其夫研侯回湖南，以道梗无信，触感而自寻短见。余以三百金助其殡殓，余代岱杉挽之云：“早字讵误人，爱好一生偏汝蹇；丧身关甚事，苦愁无计望夫回。”又代其姊夫苏吉林挽之云：“天外盼飞鸿，可怜十月清霜，望断藁砧音信渺；天高同试马，岂意一鞭残照，忽歌薤露梦魂归。”停棺十余年，迄民国二十九年方由其弟张同礼（筱岱）为之营葬焉。

民国十四年己丑，余四十七岁

一月初，余友黄厚诚（漪午）谈，印度多产毒蛇，英政府乃出厚金募能捕蛇者，于是能捕蛇者见毒蛇将尽，复畜蛇以待厚金。中国军阀之养兵，犹诸捕蛇者之畜蛇。段祺瑞、王士珍乃中国之畜蛇者也，故每次兵乱发生，均望段、王出而收拾，犹之英政府之悬厚金以募勇士者也。今闻善后会议中将提出裁兵案，议留六十师，是犹议留六十万毒蛇以害民。余曰：“保、洛失势，去两毒蛇矣。今执政支持于国奉之间，是以一勇士手执两蛇，当可制服。”黄曰：“蛇犹龙也，善变化，且看今年一年如何耳。”

三月十二日，国民党领袖孙文因肝炎病逝于北京。其时因国民会议事，孙派主张加入职业团体，而段派不允。以此之故，孙、段之间不免隔阂。故孙于北京开吊之日，汪精卫甚盼段亲临祭奠，以增光宠。段亦佯允之。然候至日昃，段尚未至。以电话催促，段曰：“足肿，皮鞋穿不下去，恕未能临。”世人谓之皮鞋作怪，致孙中山碧云寺灵前不获得执政三鞠躬，亦美中之不足也。

四月二日即旧历三月初十日，为吾母七十软寿之辰，家宴二十四席，每席六人，有军乐侑觞，另约韩秉谦献杂技。翌日，天气晴朗，男女宾到者一百三十二席。四时开戏，演至夜四时始散。言菊朋、黄润卿演《庆顶珠》，余叔岩演《击鼓骂曹》，程砚秋演《碧玉簪》，梅兰芳演《汾河湾》，杨小楼演《连环套》带《盗钩》。时正善后会议开议，群英毕集，而吾乡曾毓隽、曾宗鉴、梁仲异及旧长官李思浩、张训钦、颜惠庆、孙宝琦、顾维钧、蔡廷干均在京。车马盈门，为之途塞，黄郛伉俪逾垣而入。庭前人满，有饥饿一日不能就餐者。余乃遣张筱岱以光饼装布包，在戏台前递送放给，如散赈然，其热闹拥挤情形可以想见。戏提调则余与文溥（博亭）任之，而刘允章伉俪亦助余组织。允章夫人周氏，即冯国璋周夫人侄女。当时所称为周夫人者，即傅增湘（沅叔）在北洋办女子师范学堂时，考取第一而令与袁项城授家馆者。项城见冯断弦，乃为之作伐，以周字冯。或曰将以监视冯之行动。迨冯为总统，周夫人亦来京，故其侄女常入府，知府中事甚悉，常为余言团城玉佛臂后有刀痕。盖项城时曾移玉佛于府中，允章夫人随其姑母拜项城，亲见之。周能歌，允章亦能歌，故谓余：杨、梅虽备（谓小楼、兰芳），而余叔岩之《骂曹》不可少也。未几而冯幼伟堂庆有戏（四月六日），梁燕孙自寿有戏（四月十六日），执政于四月二十二日行善后会议闭会典礼毕又有戏，借第一舞台演唱，以夜继日，藉酬会员及委员之劳，固极一时之盛也。不谓好事多磨，未及一月，而关外已调五师进扎京畿，名为拥护执政，实则抵抗冯军。特于五月七日纪念日放炮为号，名为志耻，实以示威也。

余以善后会议故得交曲同丰，六月十三日同赴西陵游览。十二时到梁格庄，先谒崇陵，规制宏伟。次谒泰陵，殿前供世宗宪皇帝及皇后神位，殿右别有宝座，闻系皇妃之位，乃年羹尧之妹也。梁文忠生前在崇陵前树松一万六百零一株。文忠墓在梁格庄，盖忠魂尚依恋帝阙也。是役同行者十四人。

是时，孙宝琦（慕韩）奉淞沪督办之命，辞而不就，盖早知国事不可为，日但以诗酒自娱，尝示余近作，题云："岁次乙丑闰浴佛日，梁燕孙先生在广济寺宴集征诗，拈得黑字，诗云：'自来名士爱看花，前辈风流今未熄。乾嘉韵事数罗曾（南西门外三官庙罗两峰、曾宾谷均有题花之寺额。），画禅诗伯鸣京国。百年芳躅认花之，墨妙留题人尽识。长安花事盛城南，崇效牡丹称绝色。为贪花市住斜街，吾邑朱查可追忆。（为贪花市住斜街，竹坨赠查初白诗句。）丰台芍药艳如霞，南西门外水湜湜。

水好花多信不讹，三官庙在西南侧。何寺不花花即寺，花花寺寺游人织。西刘村寺溯辽金（广济寺源于辽金，地名西刘村。），古佛重装焕飞革。寺内黄梅岁岁开，冠以花之名亦得。梁君岳岳天下才，作赋凌云动盈幅。浴佛何期又遭闰，川九年来长太息。桃李春阴接鲤庭，文字渊源羡通德。折柬招邀旧雨来，日午僧厨饷蔬食。拈韵征诗限日催，升平掌故抒胸臆。席罢微醺未抵家，忽看头上片云黑。'”又寄示《淀园杂兴》，用东坡《和子由【记】园中草木》元韵云：“人生贵自得，鞅掌鄙朝彦。我幸脱羁绁，沈几且观变。朅来承泽园，竟曰游不倦。喜无车鸟［马］喧，静坐摊诗卷。好鸟窗前鸣，入耳殊嫣婉。惜无丝竹随，种花聊自遣。玉簪广成行，紫藤垂长蔓。荷叶甫田田，滋兰不盈畹。闭门常高卧，沧江惊岁晚。我年未六十，头白渐已老。读书每健忘，衣裳著颠倒。索句费苦吟，作字凭意造。生平但率真，宦久不知巧。尘网三十年，心血半已耗。轩黄等缁尘，劳人徒草草。农夫事田功，害苗首须拔。耘锄不计日，新秧始可插。胼胝宁辞劳，辛苦类茹蘖。早出迄晚归，陇陌不爽约。旱干还盼雨，天际黑云泼。夜来喜沾足，儿女话篱落。绕屋草木长，池畔茁新蒲。芍药开已残，蜂蝶犹抱须。丛竹发新篁，梧桐惜半枯。流水听涓涓，来自昆明湖。园丁勤灌溉，汲引不惮劬。待访丹青手，来写灌园图。今年夏逢闰，榴花开尚早。春花事已了，种蓼待秋老。高柳两三行，条条根已槁。客来犬应门，车空马系皂。闲步独长吟，太息伤怀抱。墙阴瞥见鹤，夜来梦衣缟。桥下琤琮响，仿佛泠泉厅。我本山野性，解带卑万钉。倚筇看远岫，数竹绕中庭。游鱼频唼喋，病鹤怜跉竮。雨余喜晴霁，云散蔚天青。不殊羲皇世，午枕听泠泠。西郊风景好，土润似江南。开地泉自涌，凿井饮亦甘。新种树都活，杂卉朝露涵。野菜不知名，俯拾可盛篮。小园赋庾信，容膝喜犹堪。肃然超物外，独乐我何惭。西山有胜境，往日挈侣游。温泉出天然，精蓝抑何齿。篮舆徐徐上，怪石蹲山沟。腰脚恨不健，拾级半已抽。盘桓古松下，夭矫如蟠蚪。及时自行乐，惟愿得闲偷。故乡望杭州，山脉出天目。梦寐怀西溪，僻在北山麓。到处竹成秋，四时笋如玉。筑舍伤松楸，开轩餐众绿。园中结芳亭，东篱秋种菊。细泉泻山根，水乐犹琴筑（烟霞洞石壁有水乐二字。）。何时把臂去，余年隐乡曲。”是时孙慕韩隐于淀园，无心仕进，读其诗可见其悠情逸兴，寄托宏深，而政府欲资其德望，坐镇沪滨，以为江浙之缓冲，固不可得矣。余忆王克敏两次严厉裁员，皆以明令禁止兼差，由财政部抄令行文税务处，请查明兼差人员，一律开去。提调厅据以呈堂，孙固知余由部兼处也，告提调曰：“王克敏禁兼差，渠只能在本部内行使职权，不能干涉本处事。”故余仍兼职如故，迄民国十七年税务处解散为止。

旧友中国银行总裁徐恩元（容光），竟于是年六月间病故。余往吊之，遇梁士诒（燕孙），谈当今富翁以吴佩孚（子玉）为最，张作霖次之，唐继尧又次之，曹锟居其四。吴有五千万家财。唐则皆烟土之收入，日内瓦禁烟议事录内曾记载其事。梁盖有憾于保、洛故，不免言之过甚。直败皖兴，故重莅首都，与段合作，段派其为财政委员会会长。盖善后会议闭会后，组织两委员会办理大会议决之案：一曰财政委员会，一曰军事委员会。余固以梁之荐得充财政委员会专门委员，而专门委员又自行联合，组织乙丑月团，恒借适园聚宴，故是年交友最广。

八月初，令大儿树滋赴美游学，而手续最要者须先赴协和医院检验身体。医生谓，照美国法律，化验大便须经过十二小时，不能咄嗟立办。然上海船票已购，航行亦有定期，若非赶五小时内办完手续，签字证明，则船期一误，难以启行，幸得黄漪午翻译，允许变通办理。医生立索通便，告以无便。医曰：无便何能化验乎？不得已以麻油少许，强使通便。此亦游学中之笑史也。

八月十九日，部开全国印花税会议成立大会，各省商会代表均齐集，本部与农商部会派余为会长。李思浩总长、张训钦次长颁布训词。余有长篇演说，历诉十年来印花被人摧残之苦痛；今定新票实行日期，并请各省商会赞助，各省处长实行奉行；同时改各省处长为简任职，另定提成办法。而各省处长以余之好意，思有以酬余，将联合呈请将总办改为督办，以特任待遇。余亟止之曰："幸勿绝余生路，特任官钻者较多，余不能安其地矣。"众亦谓然，此议乃寝。

九月间，懋业银行总理沈化荣（吉甫）遣陈宗蕃（莼仲）同年来询余，欲以顾问见屈。余戏语之曰："有报酬否？"陈曰："有。"余曰："若干？"陈曰："子意云何？"余曰："韩信将兵，多多益善。"陈曰："三百金可乎？"余曰："足矣。"余细数是年兼差十三处之多。余本京官也，而兼绥远、陕西两督署之差，异矣。余本财政人员也，而兼海军、交通、外交之差，更异。余本政界人也，而兼银行之差，则尤异。揆其原因，由于太平洋一役，众目睽睽，均望关税特别会议有成，而各从事于建设。绥远、陕西不过略示联络；海军则筹设海政局，恐与交通部冲突也；交通将整理交通部分外债，须与财政部会算也；外交则直接办理关税会议之机关，其需余为助，不待言矣。若懋业银行野心勃勃，欲图分存关税增收之基金也。此外，财政会议督办处、财政整理会，无非根于华府会议而来，若烟酒事务署则谙练条约者罕，故每易一督办多欲就正于余。一年之中，破车敝马，日奔走于东西城，无寸晷暇，而印花本职则由会办及各科科长代分其任，余总其成耳。不意余等之聚精会神讨论者，只望关税会议早成，中央或有巩固之望，而破坏大局者则合力倒段，使会议无成。原定十月二十五日在居仁堂开关税会议，提出关税自主案及筹备期间暂行办法。政府如期开会，第一日提出关税自主案。日本不便显然反对，只历述其本国关税自由之历史，历千辛万苦而来。美国代表附和之，有须出以慎重之意。翌日，梁士诒赴美国使馆，告美公使曰："昨日美代表在居仁堂投一炸弹，北京人心极为震动。"美公使作色惊曰："何来此语。"梁曰："中美邦交素睦，今以四万万人民所渴望之关税自主，而美代表在居仁堂第一日会议表示反对之意，其与投掷炸弹何异？"美使曰："此非美之真意。日本不愿中国关税自主，请美附议焉。下次会议可请代表在大会声明，先行承认关税自主之原则。"梁道谢而退。

北方情形如此。而南中先是三日孙传芳军队自浙入宁，迫走杨宇霆，是之谓奉浙战争。盖发端于十月十七日，迄十一月七日战事即结束，为期仅二旬，固于段政府无甚关系。然吴佩孚在武昌就八省联军总司令之职，风声所播，全国影响，冯军蠢蠢欲动。梁士诒（燕孙）见机而作，遂于十一月九日离京逃津，财政委员会势成虚设。逾三日，段执政即有通电下野消息（十一月十二日）。自是入于奉国（谓冯玉祥之国民军）战争时代，始于本年十一月至十五年八月为止，共战期九个月。然居仁堂仍会议如故。余任小专门委员会委员，与英代表议裁厘事，外间风声更紧。李思浩（赞侯）忽辞职，曾毓隽（云霈）有被捕消息。段不得已，电召冯玉祥入京主持大计，免警察总监朱深职，以卫兴武代之；免交通总长叶恭绰职，以龚心湛代之；免秘书长梁鸿志职，以许世英代之。之数人者，大抵均与金佛郎案有关，且为安福系嫡派人物，故先去之，以平人心。

夫所谓金佛郎案者，世人多莫明真相，盖庚子赔款表以法国佛郎与我国海关银两并列，用电汇法按当日汇价作合。银贵金贱，则我国有关余；银贱金贵，则我国有磅亏。其时不过金与银之比价耳，并无纸佛郎之说。乃自欧战发生，各国金本位无法维持，于是有所谓纸卢布、纸马克、纸佛郎者，则纸佛郎与金佛郎价格悬殊矣。我国支付庚子法国赔款欲以纸佛郎交付，谓纸佛郎亦法国政府所发行也。而法国不允，谓须以金佛郎支付。以此相差之额数千余万成为未决之案，故法国要求此案解决，方派代表出席关税会议。而曹锟任内恐遭国人诘责，不敢承诺。故段执政上台，由李思浩解决之。不知者谓解决此案可以大饱私囊，其实，结算余额由总税务司交与中法银行为复业之用，财界中人何从染指，而所得分润者间接之关系耳。王克敏为中法银行总裁，欠薪数年，及应得花红为数不下数十万，银行复业则大偿所愿。若李思浩、梁鸿志、曾毓隽等，无非以财政活动于发给军饷及皇室经费等得有回扣耳。当时各报馆、各议员、各学校，李思浩各有馈赠，故皆哑口无言，惟检察官翁敬棠出头检举，称快一时。李以事败求退，张训钦次长亦函嘱各司处共同维持部务，声明业经辞职，决不到部。延至十二月二十日部［总］长易人，而以炼铜厂案牵累之陈锦涛，又为第二次上台矣。次长为黄元蔚，盐务署长为过之瀚。过一到任，见一茶役衣服楚楚，怒而责革之。盖过为冯属，冯主衣平民之衣，食平民之食者也。黄有文学之名，然余阅其所著《关税之意见》一书，谓十二委员，一方承认二五附加税，一方主张关税自主，是行挂羊头卖狗肉之劣政策。粗鄙如此，岂得称文学家乎！

段见时局日非，不欲以己身负责，乃修改《临时政府条例》，添国务总理一人，以为分责之用，遂派许世英为总理，冀可斡旋大局。然军事之变化则诚有出人意料外者。初，冯玉祥与李景林、郭松龄密约合攻奉天，以奉天归郭，黑龙江归李，让出直隶安置冯之部下。三方均签字矣，并约郭为前驱，李为后劲。郭初拟拥张学良驱其父系，故与冯联，对奉作战。然直鲁军之李景林横梗天津，非去李不足以攻奉，故冯掣李之肘，而郭倒奉之戈。张作霖父子屡战屡败，郭军出山海关径抵旗堡，离沈阳还远。而李景林按兵不动，后队空虚，郭乃不敢前进，逗留匝月。张学良忽动父子之情，欲为父报仇，既得日兵援助，又得李景林参谋长邹作华为之内应，将骑兵队调开，让一路，令奉军直入天津。而吴俊升之黑龙江马队二千人亦至，绕郭军之后，一战而生擒郭松龄。林长民即死于是役。李景龢、殷汝耕、饶汉祥、萧叔宣等幸得脱逃。林长民与余旨素不合。在东京时，彼浼方兆鳌说余，联电反抗陈弢庵师为谘议局议长。余坚拒之，谓学生不宜越分干政，伊遂以迂腐目余等。不意其竟死于难。闻其护兵回京云，被难之夕，尸暴道旁，曾嘱村人代为浅葬，立一标识，将来家人来求骸，当厚谢之。村人诺。翌晨往访，村人云，地冻不能开坑，昨夕以火焚尸拟火葬，将来可舁骨灰归里。然大雪忽降，骨灰埋没，并无踪迹可寻。护兵所述如此。后李宣龚（拔可）有诗哀之。李景龢遇险后，以电致天津某要人云：某日抵津，派接孟。故天津传闻林宗孟尚在人间。及往迓，则知为孟鲁，非宗孟也。人诘孟鲁以故，孟鲁曰："吾位不及宗孟，若电署孟鲁，则无人来接矣。"

天津方面，李与冯战，初获胜利，冯军被其诱胁，触电网死者二万余人。不意杨以德率旧部假充国民第二军军士，包围督署，李乃避难而逃，故冯军得入天津。李军全退入鲁，盖事前与鲁督张宗昌有密约也。于是以特令免直隶督办兼省长李景林之职，以孙岳继其任，并任邓瑜帮办直隶军务。自是而奉天失势，国民军占胜利。吾友苏遇春（杏林）、张同礼（筱岱）等均任天津要职，故为余言之甚详。

民国十五年丙寅，余四十八岁

一月一日报载，昨日执政令，准外交沈瑞麟、内务兼交通龚心湛、财政陈锦涛、陆军贾德耀、海军林建章、司法杨庶堪、教育章士钊辞职，而以王正廷任外交，于右任任内务，陈锦涛任财政，贾德耀任陆军，马君武任司法，易培基任教育，寇遐任农商，龚心湛任交通。余友查翰丞告余曰："此次民党入阁者六人，不久必有新政策出现，不知许世英总揆将为其挟持否也。龚非民党，阁之破裂即在目前。"

是时关税会议仍继续开会。税务处团拜日，蔡廷干督办告余曰："十二委员均称汝为精明，的是全才。"余曰："此诚不虞之誉也，愧何敢当。"盖先是开会时，余常与王正廷外长诘难，王曰："洋胰、香水应以普通品论，不宜列入奢侈品。此法国代表意也。"余曰："法国男女固无日不用洋胰、香水，且有用牛乳洗涤者，谓可使皮肤肥嫩也。（此语余实以讥顾维钧之夫人。）我国惟上级社会用洋胰、香水，乡氓则多不用之，用碱以代足矣。余即不用洋胰、香水之一人。今为税则计，可定香水及香胰为奢侈品，余则为普通品。"王又曰："各国代表谓扶手杖、草帽为普通品，不得以奢侈品论，何也？杖以驱狗，帽以盖头，人人必需之品也，犹普通人之必穿裤然。"余曰："不然。裸人国即不穿裤矣。中国洋车夫岂有携杖带帽者乎？余即不杖之一人。"乃议定普通之杖、帽为普通品，有装饰之杖、帽价值在若干元以上者为奢侈品。农商部秦参事曰："女人皮鞋应以普通品论，女人岂有不穿鞋乎？"余曰："女人穿鞋自绣可也，胡以皮为？且皮鞋价值有至百数十金者，即丝袜亦有值百余金者。（此亦为顾少川夫人言。）是亦宜以奢侈品论。"其余关于关税问题，千头万绪，余皆一一与之较论，此精明之说所由来也。

会议方酣，冯玉祥忽于一月六日通电下野，其电末有云："玉祥自去岁倡导和平以来，本期从此息止内争，专意建设，是以远投边塞，拓土移民，诸事无不推行。不期跋扈者不戢其心，攀附者助长其势，屯军淮上（指吴佩孚言），饮马长江，势欲卷席海内，雄霸中原。暴横既张，蠢蠢斯动，以是群起出抗，云集景从。孙馨督（传芳）首义于浙，长驱北指。萧珩督（耀南）声援于鄂，志切澄清。皖赣响应，已成破竹之势；徐淮袍泽，咸振强敌之锋。未至兼旬，溃退千里，人心向背于斯可知。犹复野心未死，强逆趋势，驱师入关，转而图北，用兵弗戢，终于自焚。郭军长松龄，痛于东省人民水热之困，深怀故国荆棘之悲，爰整师旅，为民请命。返旆之初，芳宸（李景林）原约援助，迨至榆关战捷，孤军深入，乃芳宸二三其德，对茂宸（郭松龄）则显违前约，对玉祥则通电蔑诬。玉祥为促进和平计，不得已而用兵。现在芳宸溃逃，京津肃清，直省负责有人，中原不日底定。不图郭军长迫进沈阳，一朝颠覆，道路喧传，闻已殉死乡国，未遂初衷，终成尸谏。果系事实，殊堪悼惜。雨亭（张作霖）经此痛创，渐有觉悟。善战者当服上刑，舟中人尽成敌国，古训昭垂，可知警惕。玉祥鉴于武人专断，每恃胜战余威，把持政权，追溯往事，辄为痛心。（略）但愿战事从此结束，人民得资休养，玉祥本人即日下野，以卸仔肩。至于国家大计，执政硕德耆望，万流仰镜［景］，子玉学深养粹，饱经世变，当能不念前嫌，共谋国是。孙馨督、萧珩督、方耀督、阎百督、岳西督、孙禹督共起义师，克奏奇勋，洵不世之功。从此共请国内贤豪，公开讨论，斡诸大法，纳诸轨道，凡关于国计民生，自宜各抒伟抱，共济艰危。除另呈辞职外，当即时解职，还我初服。所有国民军名义早经通电取消。自电达以后，凡因政治而见教之宾客，一律尽谢，凡因职位惠赐之文电，概不作复。”云云。电发后，即赴平地泉，将往欧美游历，此亦其觉悟之一端。果于是月十日，执政以明令准免冯玉祥西北边防督办兼督办甘肃军务善后事宜职，并派其前往欧美考察实业。同时派张之江为西北边防督办仍兼察哈尔都统，又派李鸣钟督办甘肃军务善后事宜，派李云龙督办陕西军务善后事宜，刘郁芬为绥远都统，井岳秀帮办陕西军务仍兼陕北镇守使。冯之所以下野者，盖战胜后地盘不敷分配，故特辞去本兼各职，即以递遗之缺，分酬前敌诸将，否则冯倒人之戈者，人亦将倒其戈也。

关以内甫分配就绪，而关以外竟于一月十二日通电云：段执政于事实上已失执政之权力，并失发表意思之自由，东三省今后与北京断绝行政上一切之关系，实行独立。此岂张作霖之真意哉，盖必为人所利用而然也。夫物必自腐而后虫生，人必自侮而后人侮之。共产乘虚而入，同日学生在天安门前运动驱段矣。财政部总长陈锦涛见事无可为，加以金融界把持公债，种种掣肘，呈辞恳切，历言财阀罪恶颇详，愤而去津。执政派总理许世英兼署财长，又派严璩任财政部次长。陈呈有云："迩值戎马之在郊，复传枢轴之易步，邻国则袖手以观变，巨商则坚壁而不援，加之市上以公债为樗蒲，因私利立门户，惟金钱之先务，置国家为缓图。此夺彼争，出奴入主，是以欲发库券则客乡无肩责之词，欲发公债则阁议有偏袒之惧，遂至当局者术穷应急，功败垂成。饥瘦之将士何以濡苏，困急之师儒何以给养？年关在迩，户限为穿，锦涛已智竭囊底而徒劳，敢马立仗前而恋俸？理合早避贤路，免耗璧阴，庶帏幄从容绸缪易遂。"云云。盖其时拟发行一千五百万公债或八百万库券，而银界及税司要求先付九六公债利息，然九六公债卖出者大受影响，故从中破坏，加以阁员中有深嫉许阁者，不与通过以难之，故陈长拂衣而去。呈乃次长黄元蔚手笔，黄亦连带去职，而以严代之。

东三省既宣告独立，宜乎守门罗主义，各不侵犯，胡为乎又以军队入关乎。一月二十四日，段以急电致张督办云："据报东省军队复入榆关，哀我孑遗，曷胜心悯。上年苏皖之役，孙督办本以东北军出关为号召，乃杨、姜（杨宇霆、姜殿［登］选），方敛兵于前，张、李复合师于后（张宗昌、李景林），驯至变从中作，衅结近畿。彼时吾弟通电陈词，只有整理内部，故汉口有结束军事之表示，张垣有引避下野之恳求，即苏浙全军亦且到徐中止。方幸天心悔祸，浩劫可回，不图疆场之间烽烟又动。须知加遗一矢本无不解之仇，论定千秋难免无名之议。况东三省地方重要实系全球，设有动摇，牵及世界。吾弟多年绥辑，久费经营，邱墓俱存，苗裔所托，岂忍甘心孤注，悉供内争。振臂屡呼，不虞外患，切望蠲除积忿，各释前嫌，宏阋墙御侮之谟，懔佳兵不祥之戒，所有西［东］北师旅即日撤出关外，各不相侵，共谋康济。英雄作事，当光明磊落，不可徒争一旦，贻祸百年，能发能收，希即电复。”云云。不谓言者谆谆，听者藐藐，而奉军前敌已抵昌黎。陈锦涛总长前经辞职，给假十日，至是益知事不可为，复上辞呈，意极坚决。其呈文云：“锦涛赋性既迂，救时乏术，排竭泽而渔之策，故搜括有所不为，无指梅止渴之能，故计划皆循乎实。目虽营于四海，策未践其一筹，即涸或可濡，而缓不济急。加以库藏久虚于争斗，威稜日就于陵夷。名虽号曰中央，实则同乎外府，纵氓庶锱铢之尽取，曾国家毫末之何裨。此痛乾纲之颓，人疑坤道之吝，况已声嘶而力竭，宁能养欲而给求。再值年关，更成怨薮。栈如仍恋，肤必无完。要之财可阜则愠可解，待其人而后行，危不扶且颠不持，则彼相将焉用。与其靦颜而尸位，毋宁敛手以让贤。敬维钧座朗彻人天，洞明来去，六通具足，微笑已印于他心，一乘顿超，大雄久空于我执。伏乞允收前命，俾遂初衷，安乐是施，慈航永感，望云盼祷，临楮屏营。”盖是时段执政正参禅学，故黄元蔚以八股式之骈文，弄其笔墨，而有“六通具足”“一乘顿超”之云云也。未几而许长亦无法维持，乃有以陆长贾德耀代阁之传闻。果而关外之军事行动著著进行，长江之气势复燃，蠢蠢欲动。二月二十一日，段执政有令制止云：“据报吴佩孚盘踞鄂豫，勾结土匪，侵扰陕豫，所发伪军官委状、关防，迭破获有据，是其好乱性成，不惜残民以逞。鄂、陕、豫诸省人民何负于吴佩孚，竟倒行逆施一至于此，殊辜本执政一再优容曲予保全之至意。著卢金山、刘佐龙等力为消弭，以安地方，并责成岳维峻、李云龙督饬部队会同进剿，勿少宽纵，以期早戢凶残，出民水火，免致勾煽无已，为害地方。凡驻鄂军队，皆经训练有方，自能深明大义，慎勿误听谣言，致负国家养兵卫民之旨。”此即所谓讨伐令也。许揆遂毅然知难而退矣。三月五日，乃以陆长贾德耀组阁，特任颜惠庆长外交，屈映光长内务，贺德霖长财政，杜锡珪长海军，龚心湛之交通仍旧，杨文恺长农商，卢信长司法，马君武长教育。贺德霖，宁波人也，世尝称之曰阿德。阿德皆阿拉之流也。因李思浩不便上台，故以阿德代之，其实即李思浩之灵魂也。颜对外交犹豫不就，无非以短命内阁不欲插足其间。是时财政整理会及关税特别会议仍进行如故。日本之出席代表有佐分利贞男者，盖日本之华族而年龄最轻者。余尝于适园款宴之，询其到京后有何感想，最感何种乐趣。佐分利贞男曰："余最感乐趣者有三：一则在北京饭店楼上，朝曦初出，开窗望西山爽气；二则时闻郊外炮声，此则在东京所听不到者；三则今日适园聚宴，满壁龙蛇，开拓胸襟不少。"翌日，日置益大使、芳泽公使宴余等，笙歌侑酒，夜分始散。佐分利贞男告余曰："昨宵之酒尚在唇颊间，余芬未散也。"

贾阁甫成立，至三月十八日，乃有学生数百以大沽事件请愿于吉兆胡同内仓南门之执政府，其里面实为赤化也。执政府卫队开枪击毙男学生六十余人、女生二人。即日执政令云："近年以来，徐谦、李大钊、李煜瀛、易培基、顾兆熊等，假借共党学说，啸聚群众，屡肇事端。本日由徐谦以共产党执行委员名义散布传单，率领暴徒数百人闯袭国务院，泼灌火油，抛掷炸弹，手枪、木棍，丛击军警。各军警因正当防卫，以致互有死伤。似此聚众扰乱，危害国家，实属目无法纪，殊堪痛恨。查该暴徒等潜赴各省区，迭有阴谋发见，国家秩序岌岌可危。此次变乱，除由京师军警竭力防卫外，各省区事同一律，应由该各省长官督饬所属，严重查究，以杜乱源而安地方。徐谦等并著京外一体严拿，尽法惩办，用儆效尤。"逾数日，三月二十日又有令云："爱国运动，各国恒有，聚众暴动，法所不容。此次徐谦等率领暴徒实行扰乱，自属罪无可逭。惟当群众复杂互相攻击之时，或恐累及无辜，情殊可悯，著内务部行知地方官厅，分别查明抚恤。其当时之军警，因执行职务，正当防卫，有无超过必要程度，著陆军、司法两部查明，依法办理。”云云。昨既认为暴徒矣，今日又何下令抚恤？昨既认军警为正当防卫矣，今何又令查明依法办理？政府自相矛盾如是。大概因五卅沪案未结，故为此以间执外人之口。以此而贾内阁总辞职，益证政府之无能为。冯玉祥虽通电撤兵，退守西北，声明不与闻政治，实际因俄来之军械被奉扣留，无作战之实力故。三月二十二日，即有天津、河北大抢，孙岳潜逃，而李景林卷土重来，又入天津，出示安民矣。奉军与国军战于黄村、丰台间，国民军败兵入城甚多，人心惶惶，多避入东城使卫［馆］界。四月二日，联军飞机炸弹中伤郊外李钱氏妇人一名、黄狗一尾。翌日，飞机又来，弹中九处。此事作俑于德国，故动全世界之公愤。余以通州难民逃至京畿者有六万人之多，而警察厅禁其入城，固为保持秩序计，其在城外暴露无棲身寄食处，情殊可悯，故余在部中发起组织临时难民救济所，袁理卿、章佩乙、陈祝三三司长赞成，会议立时写捐二千余金，余亦勉捐五十金，乃与江宇澄总理联合办理粥厂，暂资救济。同时由王士珍领衔，偕同赵尔巽、孙宝琦、汪大燮、江瀚、熊希龄电致天津张敬舆，请其转达李景林、张学良、张宗昌、褚玉璞，恳其电饬前方各军，禁止飞机来京。顷之，复电云：“飞机不再来矣。”以此人心稍定，然财政仍无办法。贺德龄总长及钱方轼次长，不得已而有辞职之举，继而段执政亦于四月十日避往东交民巷某使馆。府卫队由唐之道改编。曹总统恢复自由，延庆楼前复如市矣。盖国直和议成功，吴佩孚即将入都主持政事，而奉军果否退兵，抑或国直联合以拒奉，俱在不可知之数。前岁，段与冯联，囚曹于延庆楼。甫一载，而曹放段遁，前因后果之循环固如是之速耶。

余之办救济事业也自是役始。四月十一日，偕江宇澄总理，袁理卿、蒋彬侯司长，到右安门、报国寺两处收容所巡视。因据调查员陈锡獬（伯翥）、刘锡康（健父）报告，每日发给之口粮有短秤之情事。巡视时见有老父哭失子者，有母死难中只余两孤者，情形可惨。而最足快人者有一事，通州难民中有姑嫂两人同行，途遇军官，艳小姑，下马阻之，嫂先逸去。军官欲挟姑上马，以马鞝绊左脚为勒马计。甫伏地，小姑以红巾闪马目，马惊奔，曳军官而走，军官之腰缠尽散地。小姑拾金得一百八十元，入城觅嫂得相逢。噫！此人智勇兼备，求诸男儿中尚不易得，况其为闺中小玉乎。此所以可奇又可敬也。

四月十六日，国民军尽退京师，警察由保安会公推吴炳湘（镜潭）维持，又有唐之道部军队入城协助。国民军中人戏赠某军一联云："迎黎拒黎，捉曹放曹；推段倒段，反吴联吴。"人之反复无常，无是过者。是时也，逃在东交民巷之段执政见国民军已退，事有转机，又有欲为冯妇之意。然国人日厌弃之也久矣，非有恶于段，盖有恶于安福系之余孽也。吴佩孚乃有电致唐之道师长、王季武旅长云："段氏毁法，包庇赤贼，无可维持。顷据路透电，段氏又因冯贼远去，恢复执政。又据探报，借尊衔通电拥段者系曾毓隽所为各等语。该安福党祸国至此，尚敢横行都下，望从速将安福党人拘捕，并监视段氏，以便依法控其卖国诸罪。至于京师治安，已电王懋帅从速入京维持，所有保护京城军队，除调毅军张恺臣旅就近听调外，所有贵部统归王懋帅，为京师警备总司令，请即速电，迎懋帅入京为要。除电雨帅、懋帅、抚帅及张、李、靳、王、田各司令外，特达。吴佩孚。巧。"盖四月十八日事。段闻此事，知无可挽回，乃于十七日下午二时飘然赴津。同时准贺、龚、邓秘书长，曾外次宗鉴，姚国桢烟酒督办辞职，并有一令云："本执政兹已决定引退，自即日起著由国务院摄行临时执政职权。此令。"四月二十而又有一令禁止赤化，因贾摸不副署，故未发表。贾已辞职，乃派胡维德为总理兼摄政，胡亦不允就。又有主张推王士珍为大元帅者。政府虚悬，无人主政，乃由王士珍电汉口吴佩孚，催其早日莅都主持，而吴尚姗姗，奉联军已入京布告安民矣。其列衔者为李景林、张宗昌、褚玉璞。布告中云：“本军素严纪律，师行所到，不犯秋毫，如遇有士兵骚扰，定以军法从事。但尔商民等亦当平买平卖，慎勿市价高抬，自干咎戾。”然余之母坟在西郊，看坟人孙德山来告余云：“城外民房均被兵占，男代饲马，女尽亡匿，鸡豚粮秣尽充军用，近畿数十里十室九空。”此联军之所赐也，然则布告所言特虚文耳。谈及国民军则诚一毫不犯，今虽败去，民犹称之，军纪优劣相去远矣。

胡维德通电：“张雨帅、吴玉帅、孙馨帅、阎百帅暨各省区军民、各长官均鉴：维德猥以铨材，忝膺外交，深惧弗胜。现因贾阁辞职，承聘老诸公再三敦劝，以外交未可中断，著维现状。揆诸匹夫有责之义，暂就外交方面，勉效棉力，其他非所敢知。惟政局一日不定，诸事无从进行，务请顾念时艰，速定大计。”又由保安会通电云：“合肥下野，贾阁辞职，中枢停顿，险象环生。查外交不可中断，各部案件亦应保管，现仍由胡外长及各部暂维现状，务请诸公迅赐伟略，早定大计。”由是张学良、张宗昌、李景林、褚玉璞即日入京。四月二十二日王怀庆（懋轩）亦入城维持秩序，是为直奉合作局面，然南口之战事尚未已也。

吴佩孚电曹大总统云：“百万火急。前两次奉到钧电，知为鹿氏所窃发，故不奉复。刘君春霖来，奉读手谕，敬审起居祥和，并闻睿虑周至，曷胜欣慰。懋帅现已入都，佩孚托呈各节，计达钧听。请将宣言稿即日发布，安一时之人心，固百年之邦本，胥于是赖。”其附来之宣言云：“本大总统因病倦勤，即日宣告下野，恢复民国十三年十月内阁摄行政权。”盖吴主护宪，与奉派从前之讨伐贿选宗旨相刺谬。

奉联军未入京时，有通电曾被安福派下之电局扣留，其文颇有可纪之价值，文云：

此次我军奉张、吴二帅之命，专以讨贼为主，数道并进，直指京师，摧锋直前，势如破竹。行军一千余里，大小数十百战，仰承二帅之德威，俯赖将卒之忠勇，同仇敌忾，转战直前，摧克名城，削平坚垒，津沽、京奉两路次第肃清，遂据津沽，进取京邑。赤军顽强抵抗，血肉纷飞，广布阴谋，肆行谗间，蟠据北京，構成政变，倒段护曹，宣告中外，终年为幻，冀扰军心。幸我张雨帅屡拒伪降于前，吴玉帅显揭奸谋于后，奖励三军，同心杀贼。师直为壮，鼓行而前。贼军力褰势穷，仓皇北窜，我军乃以四月十六日收复京师。宗昌等咸思此次起兵，原以救民为旨，京中百万居民尽在倒悬之列，军行所至，民命方苏，岂可以保民者扰民，讨贼者师贼。因此通令各军，收京之日，一兵一卒不许入城。今方万帐如云，列居城外，市廛无扰，街巷安然。北京自赤军谋乱以后，今方陷于无政府之状态，必须速谋建设，以维中外人心。然而兹事体大，实为国家根本所关，内政外交千条万绪，宗昌等分属军人，不敢妄谈政治，况有张、吴二帅主持于上，全国俊贤讨论于前，必然发布嘉猷，奠我邦本。故凡政治问题，一切均听国人公决，誓当遵守，不敢有违。惟历年以来，战局循环，无一年之安定者，皆因每次收束军民之际，政治不得其平，其中地盘之得失，权利之多少，苟且安排，即为将来祸根所伏，表面似为前日之果，里面已为后日之因。人之欲望无穷，而事之范围有尽，由比较而竞争，由竞争而冲突，不接一年数月之期而干戈再起矣。不知共和政体之下，既不能为天下一家之私，即不能存有我无人之见，但能以国家在先，以个人为后，互相让步，何事不成。此次所希望者，勿于今日议政之顷，预伏将来战祸之根，而其惟一之法，不外乎平，苟得其平，人心自静。宗昌等始终服从公意，决不敢为地盘权利之争。此心昭昭，可以预白。特于不干政治之中一自述其希望，邦人君子，幸垂察焉。

抑宗昌等尚有一言敢告海内者，京城虽已收复，赤祸未尽扫除，望治虽已开始，军事未克告终。现在赤军余众尚在南口以外，据居庸以为险，托阴山以为塞，昔匈奴蒙古出入之乡，胡马边鞑扰攘之地，今皆变为赤军巢窟。万里长城之外，京绥铁路之旁，余寇尤多，时时思逞。综观彼军历来事实，其惟一之法术在于倒戈。无论对于何人，总以倒戈为最后之对付；无论对于何军，总以倒戈为秘密之引诱。蜜中置毒，笑里藏刀，以反复无常为技能，以阴谋煽乱为事实。讳言倒戈，则曰革命。不知革命云者，主义互争之词，今乃权利竞争，何云革命。况复共和、专制政体虽有不同，名教纲常条件或有变异，然而人类社会必以信义而存。二人同行即为友谊，假使言言各在相欺，事事皆谋相杀，则虽夫妇朋友不可一日而安。无论中外古今何种宗教哲学，所谓理想政治，皆以有实无伪为最后之指归，断无作伪欺人可以成为社会。此犹专就道德而言。即以利害论之，亦以信义最为有利。今国民军拥数十万之众，兵力甲于全国，然一败涂地，长城以内无立足之余地者，信义已失，无论彼作何言，人皆不敢相信，虽有兵力等于无兵。而张雨帅当郭松龄倒戈之顷，其势至危，卒能歼彼凶顽，立平大难；吴玉帅羁旅一身，寄居江介，袒臂一呼，天下响应，其理无他，信义故也。故知信义二字，贤如百万之兵。先圣有言，人而无信，不知其可。彼倒戈团实中斯语。今者远窜塞北，势等游魂，不于此时乘机扫其巢穴，绝其根株，终必死灰复燃，贻害邦国。善后之策，惟待张、吴二帅速定方针，以正本清源之谋，收一劳永逸之效。宗昌等谨执干戈，恭承明命，三军之士，马首是瞻，为救大义之克伸，非曰余勇之可贾。擐甲以待，特此宣言。李景林、张宗昌、张学良、褚玉璞。铣。

电中所云，将冯之历来反复神形描模尽相。冯之不直于世久矣，而其欺饰部下亦有至可笑之事。尝闻联军飞机盘旋南口，其部下军队望而畏惧。冯乃召集训话，告诸军士曰：“汝等见乌鸦乎？”曰：“见。”曰：“乌鸦能下粪乎？”曰：“能。”曰：“乌鸦之粪著汝头乎？”曰：“否。”曰：“乌鸦多乎？飞机多乎？”曰：“乌鸦多。”曰：“乌鸦既多于飞机，乌鸦之粪既不著于汝头，岂有飞机之弹能著于汝头乎！”于是大声疾呼曰：“然则汝等惧乎？”众皆大声答曰：“不惧。”其以术欺人，率类是。

是役也，联军飞机在清明前后逐日来京，大抵飞往南口参加作战，故吾友陈翊儒有诗云：“清明时节乱纷纷，炸弹行人欲断魂。借问飞机何处有，牧童遥指在黄村。”数日战事稍平，王怀庆就卫戍司令职。曹总统乃于五月一日正式宣言云：“锟忝膺重托，德薄能鲜，政令睽贰不合，纪纲失坠。十三年十月二十三日，冯玉祥倒戈，锟受闭锁，自是法毁乱滋，国无元首，迄今一载有半，良用歉心。今联军讨贼，巨憝已除，大法可复，国务院自当复政，依法摄行大总统职务。锟自惭失驭，久已倦勤，非弃屣以为高，且闭门而思过。”云云。即日移寓羊市大街唐在礼宅。盖是时又由颜惠庆摄政矣。颜乃于五月十日通电表示政见三端：“一曰军事。民国十五年来，军兴已屡，近岁尤烈，骨血涂野，流亡塞途，哀此孑遗，焉能恝置，亟须设法消弭，稍留垂尽生机。至于军事结束，士旅如林，须有善法安排，或化为工，或归为农，非特筹巨款无法措置。自接各省区存留兵额，应由公开会议审议各该地方财力民情，以为决定饷糈所出。中央因已无力担负地方，宁可竭泽而渔。兵祸既纾，上下竭尽全力以谋地方实业之发展，国家乃有苏息之望。二曰财政。中央财政之枯竭久濒绝境，有采粟之饥官，见掘鼠之穷吏，现象如斯，国何以国。而不谅者尤以军费之需，索如星火之追呼，负有度支责任者莫不视为畏途。夫中央为各省区之中央，非北京之中央也，既欲尸其名义，不能绝其生存，所望各省区军民当局顾念政本，酌予岁供。第一要需厥为盐税，万不宜再行截留。中央政府亦须缩小范围，励行撙节，每月经费限一至约之数，一切收支完全公开，内外相谅，庶可共济艰危。三曰交通。车辆扣留，以军输妨客运，车站分据，变营业为军供，即有少数收入，亦已提拨净尽。路用无资，偿债无款，外人责言，员司解体。路政既隳，百业交受其敝。所望各军当局，垂念群情，共维国信，车辆放还，各站腾让，即有军事运送，应与路局协商。尤要者，各路用人行政必须统一，局长一席必须部派，方能指臂相通，呼应一气。路政修举，收入必增。路用偿债之外有所羡余，或以一部为路事之进行，一部供国省分用，未为不可。”颜之所渴望于各军事长官者，以此为最低限度。然言者谆谆，听者藐藐，各军当局且向各处纷纷招兵，以无穷之军券作无限之挥霍。上所云云，犹之对牛读契也。

颜惠庆固素抱乐观主义者也，与余在瀛台团城间论政者有年，对于财政、交通两部分之人尤多接近。自太平洋会议后，以为各国予中国以有为之机，际此人才毕集，身居元首地位，适值贞下起元之时，故于五月十三日摄阁。第一道命令免兼内务总长颜惠庆、财政总长王克敏、陆军总长陆锦、海军总长李鼎新、教育总长黄郛、农商总长高凌霨、交通总长吴毓麟之本兼各职，而以施肇基长外交，郑谦长内务，张景惠长陆军，杜锡珪长海军，王宠惠长教育，杨文恺长农商，张志潭长交通。施未到任以前，颜自代。并调顾维钧为财政总长，盖合直派奉派人物，而与太平洋会议代表而合作也。郑、张、杨，奉派；杜、张，直派；施、颜、顾、王为太平洋会议代表。同时派袁永廉暂代本部次长。乃未及四旬，而颜辞国务总理兼外交二职。六月二十三日以海长杜锡珪代理总理，任可澄为教育，田应璜为内务，孔昭焱为法次，张竞仁为财次，金绍曾、何恩溥为陆次，符定一为盐务署长，江天铎为内次，王湘为农次，王荫泰为外次。颜阁告一结束，而以少数民党之人加入新阁，顾维钧仍为财政总长。顾常［尝］因向总税务司拨款，总税务司不允，顾现不悦之色，拍案叫曰：“今日始知太上皇之尊也。”而总税务司适于此时要求增加经费，税务处提调陈銮、赋税司长袁永廉、财政次长张竞仁，恐逢彼怒，不敢进言，辄邀余同往谒顾，再三请，始获允焉。

六月二十六日，张镇威来京，二十八日吴孚威亦来，是为两威携手之始，然不久皆分袂去。李景林辞职，由张镇威批令将军队归张宗昌、张学良改编。是时，直亲英，奉亲日。有一事可以证明者：雷殷赴长江一带袒日而排英，英使馆遣人赴保告孚威，孚威令王怀庆捕雷。王不欲得罪学界，乃令镇威部下逮之，解津讯办。日当局闻讯，以电致张，立刻释放，并送高等顾问公函，寿以千金，雷仍安然返京。即此可见外人左右我国政治之暗幕，亦以见奉直两派亲日亲英主旨之不同也。

七月六日，杜代阁第一次阁议，议决调张国淦长内务，罗文干长司法，蔡廷干长外交，其余总长不动，故顾维钧仍为财政总长。张竞仁与余交善，知资训四弟之贫，代介于顾。顾派兼京兆印花税处会办，亦可感也。

顾为太平洋会议之最要人物，而关税条约为其所手订，回国以后思握外交、财政之权者，即拟将关税及内外债问题同时解决。此顾之初志，亦余之宗旨也。不谓顾果握财政大权矣。而七月十四日，日本代表知关税会议无再开之望，遣其专门委员回国。而专委如公森太郎、中岛铁平、津岛寿平、西贞吉等固与余常往来者，为余留别。公森演说云：“来华数月，承各方教诲良多，今忽告别，不胜惘惘。”张公权演说，祝其再来，亦不过姑作希望之辞耳。然关税自主原则已定，我国不能不实行修改税则。从前因税则出于协定，故不得不双方派员修改，今既自主，故派员编订货价足矣。余因与蔡廷干督办（时兼外长）商派提调陈鎏为主任，重要事宜仍秉承税务督办主持办理。蔡固赞成而顾不谓然，谓赴沪之委员不过与领事等，蔡既膺外长之职，胡为纡尊屈就乎。告以遥领指挥似亦无妨，顾乃勉允。时财政次长张竞仁亦助余斡旋此事。有邱豫萱者，素不到部，而以张宗昌一函致顾，求为编订货价会办，月薪三百。顾唯唯听命。而赋税司素习关政之人不获与焉，大感不平，颇议余之用乡人，其实张宗昌之力，与余何关。未几而张竞仁辞次长，以夏仁虎（蔚如）继之。夏乃郑谦所荐，由是亦成为奉派。编订货价委员会组织既成，余亦奉派会办，连日忙于应饯。有日在陈伯翥饯席上遇唐宝锷（秀峰），谈政治大势，颇中肯窍，后亦多有验者。其言曰："西北之势易遏，西南之势难侮。盖西北虽有俄为后援，然粮草及水路易绝，南口以北，井多被淹，蒙古之产物绝不敷数十万兵卒之供养；西南则万物俱备，且有俄械接济，虽不足统一全国，实足以扰乱中原。且稽之历史，历历可考也。从前尚谓民党多青年，能破坏无建设，而近数年来增加政治上经验不浅，且军队有组织，有主义，实未可轻视。最近各国已承认为交战团体，派有代表往粤接洽，而北方政府漫不加察，失却中心，又无负责之人，其危可立待。"唐君在清末与余同在资政院充政府特派员，在北京混浊政界中而观察大局如此清晰，可谓有先见之明矣。八月五日，同乡多人借海军联军社为余饯行，林万里亦在座，与余谈广东北伐未必成功，其所言与唐宝锷异。余诘其故，曰内部亦不一致也。又言冯玉祥军队训练独精，未必遽至扑灭，奉直虽赫赫，实至危也。又谈沈总长（沈瑞麟）在京博簺，输金十万，殊属不值。谈毕，余与同归。不意翌晨五时乃以"通敌有据"（或谓其通共有据，更属冤枉）四字，枭首天桥。呜呼惨哉。同人营救于杜慎臣总理，已不及矣。闻会拿者乃三司令，而执行者则宪兵司令王琦（景韩）也。士贫而以文字谋生，卒乃致祸，身首莫保，可哀也已。林存古砚甚多，死前数日曾为余缮箋临《散【氏】盘铭》甚佳。闻其致祸原因始于《社会日报》。八月五日，报之时评题为《官僚之运气》，中分三段：一谓吴佩孚头脑简单，不谙政治。最近张子武往谒，欲为梁燕孙道地，吴曰是卖国贼也，又想作总理耶。一谓某君者某军阀之贤囊也，由总长降格，求为督办而不可得，结果不过得一刳池子差事。（指某为河道督办。）一谓某前总长与某大军阀在津推牌九，始盈数百金，最后输九万八千金。案第一段直指梁燕孙，尽人皆知。第二段谓潘复为张宗昌之贤囊，盖潘号馨航，而贤囊与馨航音同。第三段谓沈瑞麟与张作霖推牌九。招祸之故原于第二段，盖潘在盐务署任内，每月常有津贴给《社会日报》，而林白水之笑骂如故。人或问之曰：何以受人钱而复骂之乎？林曰："钱乃公家之钱，非潘有私于我也，骂者公道之骂，非我有怨于潘也。"潘与王琦固张宗昌党也，潘一呼而王应之，宜乎丧命矣。死之翌日，王莪孙、林季武又饯茶于海军联军社，李律阁复与余谈营救林白水之经过，云：薛子奇跪求张司令改斩立决为斩监候，谓兔死狐悲，是可杀，凡办报者皆可杀也。张允其请，令李总监提令往，已枪决矣。相距仅三十分钟。命也，复何言。潘闻讯乃斥王曰："畜狗乃反噬主人耶。"潘盖无杀林之心也。余吊林白水，其侄出示遗嘱，云："我命在顷刻，爱女教以读书，善为择嫁，小铃、宝玉和好度日，莪孙、秋岳、律阁、淮生代为料理后事。我生平不作亏心事，天必佑我家人也。"余挽之云："遗墨抚散盘，扇影不随人影去；长书评古砚，缣痕半带泪痕看。"林生前曾以书与余评古砚，谓鹳鸽眼有真伪之辨，未必有眼皆佳砚。余已付装璜矣。林侄云：临死，遗嘱内书"白水四时绝笔"，并盖随身铜印。盖毕，将铜印及汉玉手钿、汉玉簪、汉玉佩符四件嘱交家属收藏。林素好汉玉也。后其家藏古砚多为胡馨吾所得。

中东路事件苏联档案选译

刘显忠 选译

编者按： 作为民国时期中苏外交史上的重要事件，中东路事件一直备受学界关注。或因史料的局限，已往研究对事件中苏方决策过程涉及甚少。本篇资料选译俄罗斯国家社会政治史档案馆所藏1929年6月至12月间联共（布）中央政治局会议记录及斯大林、莫洛托夫信函等相关档案与文献，反映了苏方高层决策过程及其内幕，颇具参考价值。РГАСПИ为俄罗斯国家社会政治史档案馆的缩写。页下注释均为译注。

1. 联共(布)中央政治局会议第83(特№81)号记录（摘录）①

(1929年6月6日)

2. 关于中国问题（加拉罕同志）②

（1）进行军事演习不适宜。

（2）责成外交人民委员部在我们照会所确定的范围内，以绝对保密的方式拟订具体措施，提交下次政治局会议讨论。

（3）致信梅利尼科夫同志，我们认为他允许在领事馆大楼里举行非法会议是对工人阶级和苏维埃政权的犯罪，今后如果再

---

① 本篇各文件标题中的“摘录”，均为原文件所带。

② 括号中的人是指发表该意见者。

容许类似的事情发生，我们将把他提交军事法庭。

（4）将信的复印件转交给驻中国的所有领事馆。

РГАСПИ. 全宗17，目录162，案卷7，第87张。

政治局决议

（1929年6月10日）

24. 关于中国

禁止苏联人民委员会国家政治保卫总局方面搜查苏联境内的中国领事馆，或逮捕这些领事馆成员的任何尝试。

РГАСПИ. 全宗17，目录162，案卷7，第89张。

2. 联共（布）中央政治局会议第84（特№81）号记录（摘录）

（1929年6月13日）

2. 关于中国（加拉罕同志）

（1）放弃外交人民委员部部务委员会的议案。

（2）警告外交人民委员部部务委员会，没有政治局的批准，它无权下达指示，因为按规定，外交人民委员部的这些议案应当由政治局审议。

（3）提示加拉罕同志必须以更加认真的态度对待自己的责任，同外国代表建立正确的关系。

РГАСПИ. 全宗17，目录162，案卷7，第89张。

3. 联共（布）中央政治局会议第85（特№83）号记录（摘录）

（1929年6月20日）

2. 关于中国（加拉罕同志）

禁止领事干预中国的任何内部事务。禁止他同中国的将军及其代表进行任何谈判。

РГАСПИ. 全宗17，目录162，案卷7，第90张。

4. 联共（布）中央政治局会议第88（特№86）号记录（摘录）

（1929年7月11日）

3. 关于中东铁路（加拉罕同志）

（1）以交通人民委员部的名义致电中东铁路理事会主席，要求进行汇报，以便谢列布里亚科夫同志去哈尔滨查明情况，解决一系列问题。

（2）认为必须向绥芬河和满洲里站地区集结足够数量的军队，以便保卫边界。

责成陆海军人民委员部立即着手调动军队。

（3）责成交通人民委员部协同商业人民委员部和外交人民委员部，在一周之内制订出一旦同中国人完全断交的各项经济协作措施，其中也包括讨论完全停止机车车辆以及货车的交换。

（4）星期一之内，即7月15日前不要在报刊上报导。

РГАСПИ. 全宗17，目录162，案卷7，第95张。

政治局决议

（1929年7月13日）

25. 关于中东路事件

（1）按交换意见的精神向中国政府发照会，责成由鲁祖塔克、伏罗希洛夫、斯大林、莫洛托夫、加拉罕、斯托莫尼亚科夫等同志组成的委员会对照会进行审订。

（2）在全国组织大规模的抗议活动，抗议中国当局的暴行。

（3）在国外报刊上组织反对中国当局暴行的运动。

（4）马上从西伯利亚向布拉戈维申斯克地区调拨一个步兵师，而另一个师处于战备状态，以便在必要时能够调往远东。

（5）责成米高扬同志立即组织苏联驻华经济机构的代表召开协商会议，以制订在发生意外的情况下，把他们从中国召回的措施。

РГАСПИ. 全宗 17，目录 162，案卷 7，第 98 张。

政治局决议

（1929 年 7 月 15 日）

33. 关于中东铁路

鉴于远东事态的发展，派布勃诺夫作为联共（布）中央和苏联人民委员会的全权代表赴哈巴罗夫斯克。

РГАСПИ. 全宗 17，目录 162，案卷 7，第 98 张。

征询政治局委员意见

（1929 年 7 月 18 日）

42. 关于中国公民

给外交部、财政部和国家银行下达指示，如果中国公民离开，不要发给他们外汇。

РГАСПИ. 全宗 17，目录 162，案卷 7，第 99 张。

政治局决议

（1929 年 7 月 23 日）

36. 关于中东铁路

（1）向梅利尼科夫同志下达如下指示，作为对张作相和张学良所提要求的回答：

1）在中东路上发生了中国当局的强占行动后，苏联政府不可能相信张作相和张学良通过蔡交涉员[1]提交的要求了。

2）如果南京或奉天政府正式提出蔡所提交的要求，即：

释放被逮捕的人；苏联政府任命路局局长及其副手；召开会

① 即蔡运升。

议解决中东路问题。另外，第 4 款要作如下修改：双方承认，要按奉天和北京协定改变冲突发生后中东路上出现的状况，那么苏联政府将认真对待这些要求。

3）要梅利尼科夫发表声明，奉天人的倡议只有在立即实施的情况下才有意义。

（2）不反对梅利尼科夫同张作相会见。

（3）尽快就镇压中国商人和中国的投机分子、镇压白匪做出决议，尽快就加强我们边境的保卫措施做出决议。

（4）把公布中国人要求的问题推迟到星期四（29 年 7 月 25 日）解决。

中央书记　莫洛托夫

РГАСПИ. 全宗 17，目录 162，案卷 7，第 123—124 张。

5. 联共（布）中央政治局会议第 90（特№88）号记录（摘录）

（1929 年 7 月 25 日）

1. 关于中东铁路（1929 年 7 月 22 日政治局会议记录第 90 号，第 20 点）（加拉罕同志、斯托莫尼亚科夫同志）

2）不要让驻各国的大使就中东路事件发表自己的个人观点，如果有人咨询，仅限于用政府在照会中表达的立场。

3）推迟一天最多两天，公布奉天的建议。

РГАСПИ. 全宗 17，目录 162，案卷 7，第 122 张。

政治局决议

（1929 年 7 月 26 日）

19. 关于中东铁路

（1）让梅利尼科夫同志停在达斡里亚（Даурия）站，告诉蔡，他将在这里等待他的答复。

（2）责成梅利尼科夫同志立即向外交人民委员部汇报蔡的

答复。在必要的情况下，允许蔡到达斡里亚站，或者梅里尼科夫同志去满洲里进行私人交涉，或者获取答复。在同蔡见面前，梅利尼科夫同志应当拿到外交人民委员部的指示。

（3）在明天的报纸上刊登一则有关奉天人情绪的电讯。

РГАСПИ. 全宗17，目录162，案卷7，第125张。

政治局决议

（1929年7月29日）

23. 关于中东铁路

（1）马上阻止梅利尼科夫同志对蔡的寻找。

（2）在24小时之内如果没有新的消息，梅利尼科夫同志就该转到赤塔。

（3）在柏林同蒋作宾没有进行任何谈判，责成外交人民委员部通过塔斯社给予相应的坚决驳斥。

（4）认为再往远东区调一个西伯利亚师团是合适的。责成共和国革命军事委员会[①]采取措施，避免把传染病从西伯利亚带到远东区的可能性。

（5）发表就不得不关闭远东银行问题对远东银行行长的采访。稿子要提交米高扬、加拉罕和皮达可夫同志审订。

31. 关于中东铁路

（1）给梅利尼科夫同志下达如下指示：向梅利尼科夫同志指出，蔡在收到了书面答复前一天到来的目的，是要弄清楚我们对可能改变答复内容的态度。所以，如果中国政府的书面答复梅利尼科夫同志还没收到，那么就不要指望在最后的两个小时内能收到，他应当以自己的名义向蔡作如下声明：

“在仔细考虑了您的初步答复，并把它同我早些时候拿到的

① 原文如此，应为苏联革命军事委员会。

苏联政府的指示及我们对您的最初建议的答复进行比较后，我要声明，中国政府的答复，如果它同您的通告是一致的，那么由于它的模糊性和模棱两可性，将会对苏联政府产生极为不好的印象。因此，如果我在答复您在哈尔滨的最初要求时所述苏联政府的条件不被接受，那么我就无法看到通过协商途径调解冲突的可能性。”

РГАСПИ. 全宗 17，目录 162，案卷 7，第 126 – 127 张。

征询政治局委员意见

（1929 年 7 月 26 日）

32. 关于中东铁路

（1）不反对梅利尼科夫同志与蔡在 86 号会让站会面。

（2）推迟伊斯梅洛夫同志离开赤塔的日期。

РГАСПИ. 全宗 17，目录 162，案卷 7，第 127 张。

征询政治局委员意见

（1929 年 7 月 29 日）

35. 梅利尼科夫同志的通报

以外交人民委员部的名义给梅里尼科夫同志下达如下指示：

鉴于自己体弱多病，要求蔡来达斡里亚或 86 号会让站。如果遭到蔡的反对，那么为了避免任何拖延，您应动身去满洲里。为了避免拖延，我们不接受您提出的将交涉推迟到 31 号的要求。

在您同蔡会面时，您应当仅限于获取对我们要求的答复，从蔡处获取相关的信息。立即把蔡的答复和相关信息转告莫斯科。在同蔡的会晤地点等待下一步的指示。据我们估计，蔡也会在你们会晤的地点等待我们的答复。

中央书记　莫洛托夫

РГАСПИ. 全宗 17，目录 162，案卷 7，第 128 张。

6. 联共(布)中央政治局会议第92(特№90号)号记录(摘录)

(1929年8月8日)

6. 关于中东铁路问题(1929年8月5日政治局会议第92号记录第20点)

(1)以加拉罕同志的名义通过梅利尼科夫同志,转交外交人民委员部对朱绍阳质问的答复。①

责成梅利尼科夫同志派领事馆一名业务人员到第86号会让站转交这个答复。

(2)在哈尔科夫的一家报纸上,发表一条关于布留赫尔②同志因被任命为特种远东军司令,动身去远东的新闻简讯。

РГАСПИ. 全宗17,目录162,案卷7,第129张。

政治局决议

(1929年8月1日)

19. 关于中东铁路

(1)以外交人民委员部的名义答复通过张学良的信转达的奉天的建议,在答复中要指出:张的建议是要使破坏奉天—北京协定③的行为合法化,对此苏联政府无论如何都不能同意;重申我们在答复蔡的第一个建议时提出的要求,说明苏联政府做出这个让步是出于其爱好和平的政策。责成由加里宁、莫洛托夫、米高扬、加拉罕和斯托莫尼亚科夫同志组成的委员会审定答复。

(2)建议梅利尼科夫去赤塔。

(3)在报刊上加强宣传运动。

---

① 见《苏联对外政策文件集》,莫斯科,1967年版,第12卷,第444页。

② 即布留赫尔。

③ 指1924年的中苏协定和奉俄协定。

（4）最大限度地动用一切施压和惩罚手段。

（5）立即（8月2日）在报刊上公布梅利尼科夫同中国人的整个谈判过程，并做出相应的评论，指明日期。

РГАСПИ．全宗17，目录162，案卷7，第129张。

政治局决议

（1929年8月5日）

20．关于中东铁路

（1）以外交人民委员部的名义给梅利尼科夫同志发去答复：

“请答复蔡，您没有任何权力同蔡或同朱绍阳进行谈判。苏联政府的观点在加拉罕给张学良的信中已作了全面阐述。”[①]

（2）公布关于史汀生等人计划的电报，利用这个事实来揭露帝国主义大国，特别是美国的挑衅性侵略政策。[②]

（3）建议国家政治保卫总局采取果断措施，加快完成以前下达的任务。

（4）8月8日提出关于蒙古情况的报告。指定加拉罕、温施利赫特和皮亚特尼茨基同志为报告人。

（5）责成由温施利赫特（主席）、加拉罕、皮亚特尼茨基和特里利塞尔同志组成的委员会，于8月8日就派遣一批东方劳动者共产主义大学学生问题向政治局汇报，委员会由温施利赫特同志召集。

РГАСПИ．全宗17，目录162，案卷7，第130张。

---

① 见《苏联对外政策文件集》，第12卷，第426—429页。

② 指美国国务卿史汀生1929年7月25日向英国、法国、意大利、日本和德国等国政府提出的备忘录，其中含有这些国家集体干预苏中中东路冲突的计划。详见1929年7月26、30、31日和8月6、8、9日《消息报》；《苏联对外政策文件集》，第12卷，第760—761页。

征询政治局委员意见

（1929年8月6日）

32. 外交人民委员部就梅利尼科夫最近的电报提出的建议

（1）梅利尼科夫同志应该答复蔡，他没有得到允许同蔡或朱绍阳进行谈判。如果朱绍阳带来奉天政府或南京政府的书面答复，那就让他通过电报局或第86号会让站转交答复。

（2）梅利尼科夫同志应该通知报界，他去外地休假，而他本人到离赤塔不远的疗养院等候莫斯科的指示。

33. 斯大林和伏罗希洛夫同志的建议

决定采纳斯大林和伏罗希洛夫同志的建议。

1）在远东成立特种军。

2）任命布留赫尔同志为该军司令。

3）批准立即下达苏联革命军事委员会的以下命令：

1929年8月6日

1. 把目前驻扎在远东地区的所有武装力量合并为一个军，定名为“远东特种集团军”。

2. 任命布留赫尔同志为“远东特种集团军”司令。

3. 布留赫尔同志立即履行职责。

陆海军人民委员兼苏联革命军事委员会主席伏罗希洛夫。

中央书记　莫洛托夫

РГАСПИ. 全宗17，目录162，案卷7，第130－131张。

7. 联共（布）中央政治局会议 第93（特№91号）号记录（摘录）

（1929年8月15日）

5. 关于中东铁路（加拉罕同志）

（1）加拉罕同志对记者发表简短讲话，其中要指出，苏联政府要求南京和奉天对中东路上日渐严重的破坏活动负责，同时也要说明，苏联政府不承认在强占中东路后，中国当局用中东路所进行的任何交易。

（2）德国政府方面进行调解的任何尝试，其中包括通过德国代表转达苏联的“建议”，都要坚决予以否决，要说明苏联坚持在加拉罕同志答复张学良的信中表达的那种立场。

（3）对朱绍阳的新要求不要答复。

РГАСПИ. 全宗17，目录162，案卷7，第132张。

政治局的决议

（1929年8月12日）

24. 关于中东铁路

外交人民委员部不要对朱绍阳向加拉罕同志发出的呼吁做出回答，仅局限于塔斯社的通报。责成莫洛托夫、米高扬、加拉罕和斯托莫尼亚科夫同志对塔斯社的通报进行审订。

РГАСПИ. 全宗17，目录162，案卷7，第132张。

8. 联共(布)中央政治局会议第95(特№93号)号记录(摘录)

（1929年8月29日）

2. 关于中东铁路（1929年8月22日政治局会议№94号记录，第4点）（加拉罕、李维诺夫同志）

（1）批准同中国政府就中东路问题的联合宣言的修正案（见附录№1）。

（2）我们的宣言草案，在向德国大使作了口头声明后，转交给了他，以便转给中国政府。我们准备任命新的中东路局长和新的副局长。如果要任命新的中东铁路理事会主席，那么我们就这样理解我们对立即任命局长及其副手的修正：在签署联合宣言的同时，任命局长及其副手。

（3）今年8月31日，星期六，公布中国政府提出的宣言草案和经我们修订的这个宣言的草案。我们修订的宣言草案，已经通过德国大使转交给中国政府。

（4）在同迪克逊的口头交谈中，提出了今年9月15日开始在莫斯科进行谈判的要求。

（5）建议德国大使采用如下方法交换宣言：一份由我们在莫斯科签署，委托德国大使在柏林换取驻德中国政府全权代表签订的文本。

（6）责成苏里莫夫同志、加拉罕同志和卡冈诺维奇同志在两天内提出局长和副局长的候选人，定出中东铁路理事会苏联部分的候选人。

（7）责成由加拉罕、李维诺夫、苏里莫夫、古边科和皮达可夫（为阿尔古斯所取代）所组成的委员会，为即将举行的会议作好准备工作。要求委员会在一周内把第一份建议草案提交给政治局。委员会由加拉罕同志负责召集。委员会的工作要严格保密。

（8）责成由温施利赫特、加拉罕和特里利塞尔同志组成的委员会，讨论为将要举行的会议所必须采取的各项措施。

（9）责成中央书记处下达指示，进行报刊和口头宣传。

绝密

附录№1（政治局№95号记录第2点的附录）

联合宣言草案

（1929年8月29日联共（布）中央政治局批准）

1. 双方声明，双方将依据1924年协定解决双方之间的一切争端，特别是要按北京协定的第9条解决赎回中东铁路的条件。

双方尽快妥善委派出席会议的全权代表，以解决上述一切问题之争端。

2. 双方认为，冲突发生后中东铁路之状态，应据1924年北京协定和奉天协定予以改变。所有此种改变，将由上条所规定的会议予以解决。

3. 苏联政府推荐中东铁路局长和副局长人选，并由该铁路理事会立即任命。

苏联政府训令中东铁路苏联籍铁路职员，而中国政府也要训令自己的地方当局及其机关，要他们严格执行1924年协定第6条规定之所有条件。

4. 双方立即释放1929年5月1日或此日期后因本次事件而被捕的人员。

РГАСПИ. 全宗17，目录162，案卷7，第139、141张。

温施利赫特同志给布留赫尔同志的电报稿

（1929年8月30日中央政治局批准）

我提议立即采取如下措施：

在满洲里方面：

1. 开始挖供一个师用的窑洞。2. 再调100节车皮，供第二个师居住。用这些车皮再调来一些增援部队。3. 加强铁甲列车的巡逻。4. 组织空中侦察，夜间也尽可能进行。5. 开始战壕活动。

在格罗迭科沃和布拉戈维申斯克方面——您斟酌使用上述措施中的某些措施。

此外，在布拉戈维申斯克方面加强炮队的工作，严格守卫阿穆尔舰队。

上述所有措施无论如何，都不应当引起会导致同中国部队发生武力冲突的行动。

所有这些措施应当仔细研究，以便保证最低限度的资金开销。每天都要汇报执行情况。

РГАСПИ. 全宗 17，目录 162，案卷 7，第 148 张。

征询政治局委员意见

（1929 年 9 月 8 日）

40. 关于中东铁路

（1）

1）承认 9 月 8 日在绥芬河—波尔塔夫斯卡亚站地区的军事行动，违反了中央的指示和联盟革命军事委员会的命令，超出了必要的、最起码的自卫界限。

2）对允许使用飞机进行轰炸的人要严格追究责任，对未经最高指挥官允许就对绥芬河站射击的行为，也要严格追究责任。

3）禁止空中侦察。把边境上的其他示威性措施降到最低限度。

4）同意把布留赫尔—古谢夫 9 月 7 日的建议作为革命委员会的第 7 号令，不包括使用飞机撒传单。

（2）责成布留赫尔同志立即下令，揭露中国军队对绥芬河—波尔塔夫斯卡亚站地区我国领土的公然挑衅性进攻。在这份命令中，要指出我方所遭受的破坏和人员损失的事实，指出我们迫不得已所采取的最起码的防卫措施。

（3）给布留赫尔同志发电："你要按你接到的指示行动。极其重要的是要把白俄和中国部队或它的一部分俘获。不要越过边界。"

РГАСПИ. 全宗 17，目录 162，案卷 7，第 151 张。

征询政治局委员意见

（1929 年 9 月 10 日）

44. 关于中东铁路（温施利赫特同志）

鉴于情况特殊，满足布留赫尔同志关于在绥芬河地区进行飞机侦察的要求。再次坚决重申，不许从飞机上抛炸弹和宣传品。也重申以前关于禁止红军和边防军越过边境的指示。

РГАСПИ. 全宗17，目录162，案卷7，第151张。

政治局决议

（1929年9月16日）

30. 关于中东铁路（1929年9月14日政治局会议第№98号记录第48款）

（1）不接受中方提出的任命路局、副局长的附加要求。

（2）以书面的形式对中方9月11日提出的（基本要求）及9月13日提出的（附加）要求做出答复。责成外交人民委员部拟订答复。责成由莫洛托夫、李可夫、伏罗希洛夫、布哈林、李维诺夫和加拉罕组成的委员会，对这一答复进行校订。这一答复今天就送给德国使馆付印。

（3）李可夫同志在州苏维埃代表大会上，就中东路问题发表讲话。

（4）远东军队采取措施，加强对边境的防守，同时也要着手安排冬季的宿营地。

（5）在特别必要的情况下，允许在个别地区进行空中侦察。

（6）不接受佩列佩奇科、布留赫尔和梅德韦季同志关于给自卫队发放武器的建议。建议加强对党员和共青团员军事训练事务的关注。

РГАСПИ. 全宗17，目录162，案卷7，第157页。

9. 斯大林致莫洛托夫的信

（1929年8月29日）

……

2）关于中国问题[1]。关于中国问题要说的也是一样。问题不单是要以这样或另外的方式结束“冲突”，问题也在于要用自己坚定的立场来进行彻底地揭露，破坏作为帝国主义走狗政府的蒋介石政府的威信，因为帝国主义走狗们想成为殖民地和附属国的“民族政府”的典范。毫无疑问，蒋介石政府同苏联政府的每一次冲突，以及蒋介石向我们做出的每一个让步（他已经开始让步了），都是对蒋介石政府的打击。它可以揭露作为帝国主义走狗政府的蒋介石政府，更易于殖民地工人（主要是中国工人）的教育事业，李维诺夫和加拉罕（还有一些人）没有看到这一点。

3）一般应当说，我们正在以自己对“工人政府”和蒋介石政府的坚定立场，揭露（并已经揭露出）一系列非常有趣的幕后环节。这些环节（甚至对盲人都）暴露出了这些看似“人民的”政府对“自己的”（“本国的”）以及国际帝国主义的最反动势力的直接依赖。这同时可以提高苏联政府在各国工人阶级眼中（主要是在苏联工人阶级眼中），非常高、非常需要的革命事业的威信。不考虑这一因素——就意味着对苏联的犯罪。

又及：刚刚收到了我方对中方照会[2]的答复的原文。看来，你们有点儿害怕了，让中国人把你们给骗了。这是在胜利有了保证的时刻。如果中国人的要求——罢免叶姆善诺夫和埃斯蒙特被列入宣言，就会成为这样一种征兆：即罪责在我们而不在中国人。而我们所要的作为我们（而不是中国人）正确的标志——罢免督办却没有列入宣言（只限于向迪克森“口头通报”这一

---

① 斯大林对自己信中的有些内容用单条或双条着重线进行了标注，本文件也完全按原件照录。

② 苏联外交人民委员部关于苏中调解中东路冲突的宣言草案的通报。该通报1929年8月31日刊登在苏联报刊上。见《苏联对外政策文件集》第12卷，第481—483页。1930年1月6日政治局重新任命叶姆善诺夫为中东铁路理事会副主席。

点)！这样，我们要签署的文件（宣言）就不顾任何显而易见的事情，说我们不正确，中国人正确！这就叫做：把自己的胜利果实交给被战胜的敌人。我在这里看到了李维诺夫—布哈林的“才略”。如果中国人在签订（我们也签了字的）宣言后不同意罢免督办呢？要知道他们有权不同意这一点，因为在我们签署的宣言中对任命新督办的问题只字未提。那时你们打算怎么办？只能忍气吞声，叫苦不迭。

斯大林

摘自科舍廖娃等编《斯大林给莫洛托夫的信（1925—1936)》（Письма И. В. Сталина В. М. Молотову. 1925—1936гг.），莫斯科，1995 年版，第 155—157 页。

10．斯大林致莫洛托夫的信

（1929 年 9 月 1 日）

莫洛托夫同志你好：

从报刊刊登的外交人民委员部的通报可以看出，我对中国问题（请看我上一封信的“又及”）的指责是不公正的。看来，我没有领会用密码传递的消息。好吧，我为自己的错误高兴，准备为不公正的指责道歉。当然，这并不意味着李维诺夫、布哈林、加拉罕不再是机会主义者了。丝毫也不！

摘自科舍廖娃等编《斯大林给莫洛托夫的信（1925—1936)》，第 158 页。

11．联共(布)中央政治局会议第 105(特 №103 号)记录(摘录)

（1929 年 10 月 25 日）

13．关于中国（加拉罕）

责成加拉罕同志对多纳里德的电报作如下答复：

“我认为任何调解都不能达到目标。苏联政府的立场仍旧不变。

同奉天的谈判只有在它接受并兑现了苏联的基本条件后才有可能。苏联的基本条件在 1929 年 8 月 29 日已经通报给了德国大使，以便转告给南京和奉天政府。”

РГАСПИ. 全宗 17，目录 162，案卷 7，第 187 张。

12. 斯大林致莫洛托夫的信

（1929 年 12 月 5 日）

关于我们的外交事务想必你已经知道了。中国事件要有进展了。看来我们远东军的小伙子们把他们吓住了。刚刚收到了张学良的“完全同意蔡和西曼诺夫斯基会商的结果”的电报。有干涉企图的美国、英国及法国也被非常轻易地顶了回去。我们不可能采取其他行动。要让他们知道布尔什维克的厉害！我想，中国的地主分子不会忘记远东人给他们的具体教训。大家决定在满足我们的条件之前不把军队从中国撤出。读读李维诺夫在中央执行委员会上的讲话——他的讲话是相当不错的。

摘自科舍廖娃等编《斯大林给莫洛托夫的信（1925—1936）》，第 170 页。

加伦与邓文仪1936年会谈纪要

陈　晖译

说明：从1935秋，日本帝国主义加紧侵华的步伐。12月19日，蒋介石向苏联驻华大使鲍格莫洛夫建议，请苏方安排中国驻苏武官邓文仪和加伦（布留赫尔）会面。[①] 据邓文仪回忆录中披露，在莫斯科期间，他曾两次会见加伦元帅，交换了有关中苏合作，“共同防止日本侵略”的意见。[②] 然而，苏联官方一直否认曾有过会谈。[③] 上世纪90年代俄罗斯公布的1936年初王明和邓文仪在莫斯科的会谈记录，间接证明了此事，但他们谈话的时间以及具体内容，仍不为外界所知。新发现的加伦和邓文仪的会谈纪要，发表在俄罗斯学者T. C. 布舒耶娃和A. B. 谢列金专著的附录中[④]，原件藏俄罗斯国家社会政治史档案馆（РГАСПИ）。这份文献的公布，填补了长期以来史料上的一个空白点，对于研究民国外交史和抗战史，无疑具有一定的参考价值。注释均为

---

① 《苏联外交文件集》第18卷的相关注解称：“中国武官和远东红旗特别集团军司令员布留赫尔的会谈没有举行，原因是后者生病了。”参见 Документы внешней политики СССР, Том ⅩⅧ. М., 1973. с. 599。

② 邓文仪：《冒险犯难记》（下册），台湾学生书局1973年版，第26页。

③ Документы внешней политики СССР, Том ⅩⅧ. с. 672.

④ *Бушуева Татьяна Семеновна Серегин Александр Васильевич*. Халхин – Гол. Исследования, документы, комментарии. К 70 – летию начала Второй мировой войны. М, 2009. с. 164 – 172.

译注。

苏联元帅布留赫尔和中国武官邓（文仪）上校关于蒋介石的政策和与日本关系问题的谈话纪要

1936 年 1 月 20 日

绝密

第 2 份

出席会谈的人有：外事局局长军级指挥员格克尔。邓武官的秘书李玉（音译）上尉担任翻译。侦察局的翻译佐林同志作纪录。

在谈话开始时，布留赫尔同志向邓发表如下声明："从我们谈话一开始，我就应当预先告诉您：我们今天的谈话不是官方性质的，只是布留赫尔元帅和蒋介石元帅全权代表的私人谈话，因为我没有得到本国政府的任何委托，最近也没有见过任何政府成员。

今天我和邓上校先生交谈，最好就像九年前我和蒋介石元帅交谈一样。当时我们之间的谈话不仅是正式的，而且也是同志式的，因此我希望我们今天的谈话，正如九年前那样，也具有同样的性质。邓上校应该诚恳地讲出今天想要阐明的所有问题。对此我想补充一句，至今我仍然挚爱中国人民，当不得不目睹（列强）瓜分中国，想把它变成殖民地时，我感到痛心疾首。

我希望，邓先生，不要使用任何外交辞令，阐明蒋介石对所涉及到的所有问题的意见。"

邓上校：在动身来苏联之前，我和蒋介石元帅谈过几次话，他请我和您面谈。从 1923 到 1924 年，我在黄埔军校读书时就认识您，当时我是学员，您是教官；我也参加了东征。东征之后，我到了莫斯科，在中山大学学习。回国后，我在参谋部工作，而后又担任蒋介石的私人秘书。我这样讲是让您知道，我和蒋介石元帅关系密切，我们能就交我办理的所有问题进行详谈。我常听蒋介石元帅说，他对和布留赫尔先生分手，深感遗憾。

在我被任命为驻苏武官时，在国事方面，就许多问题，我和蒋介石元帅谈了大约二十多次。蒋介石元帅让我转达对您的问候，希望和您重建以往的关系。令人遗憾的是，因时间仓促，来不及拿到蒋介石元帅托我亲手转交给您的东西，其中包括他的近照和私人信件。但我相信，近期内会寄给您的。

1. 在您离开中国九年后，我们那里发生了重大变化，所有情形都导致了蒋介石元帅得出这样的结论，即当时布留赫尔元帅是正确的。根据蒋介石元帅的意见，现在必须恢复 1924 至 1925 年的关系，这样才能救中国。因此，蒋介石元帅请我向您转达这个意见。

2. 蒋介石元帅和他的支持者，决心以把日本和所有帝国主义赶出中国为己任。

3. 尽管我们决心加强自己的力量，但我们的力量还是不够的，所以我们想听听您对满洲和蒙古问题的意见。因为如果蒙古和日本发生冲突，蒋介石的军队就能在长江和黄河地区打击日本人，并把中国红军派往蒙古。

4. 如果布留赫尔元帅能再度来华共事，蒋介石元帅将感到非常高兴。假如您没有这样的可能性，最好建议将斯捷潘诺夫同志①派给我们。

5. 根据蒋介石元帅的意见，在苏联大使越飞和孙中山所确

---

① 斯捷潘诺夫（1886—1936）：1925—1926 年任苏联驻广州国民政府军事顾问。后来在苏联红军中任职。

立的民族独立的基础上，中苏能够恢复以前的关系。蒋介石元帅请您和苏联国务活动家同意讨论这个问题。

6. 关于中国红军和共产党问题，因为中国决心与帝国主义作斗争并赶走他们，蒋介石的意见和 1924 年时一样，在统一战线中联合起来，条件是：如果红军改变自己的名称，停止将自己的地盘称为苏区。在这种情况下，政府将和红军一起为中国的彻底解放而奋斗。

7. 日本的政策不仅在于夺取内蒙，而且还在于夺取外蒙，建立第二个“满洲国”。关于外蒙古，尽管它是中国的领土，但苏联在那里也有自己的利益，所以最好是知道苏联政府对蒙古的意见。中国的意见是：尽管力量不够，但它准备全力捍卫蒙古的独立，所以最好是知道苏联对此有何评价，苏联对外蒙古持何种意见，如果后者同日本发生战争的话。

布留赫尔元帅同志：在我们会谈一开始，我就说过，会谈对我来说是勉为其难的，因为我不是政府的全权代表，所以只能说是布留赫尔元帅的意见，况且我来是让我们的谈话像以前一样更坦率一些。您问布留赫尔元帅是怎样考虑的，但关于蒋介石元帅的想法，您却什么也没说。对我来说，了解蒋介石元帅的想法是非常重要的，因为只有当你知道希望者想要得到怎样的建议时，才能正确地提出各种建议。

邓上校：中国和苏联是近邻，故蒋介石元帅很想知道您的意见。

布留赫尔元帅同志：从您对我所说的话中，上校先生，我不知道我得出的结论正确到什么程度。但我认为，蒋介石元帅为了对付敌人，想就关于积蓄和加强其力量的问题得到我的建议，但不清楚元帅对红军是怎么考虑的。

邓上校：假如红军和政府（军队）以共同的国军的名义，在统一战线中联合起来，蒋介石元帅就能向红军派去自己的政治代表，那么它的力量就得以加强。如果红军希望的话，在国家的领导下，可以在北方蒙古边境附近作战；红军领袖可以参加南京的委员会。

至于中国共产党，在中国解放之前，它还不能合法化，在中国解放之后，将给与它合法的地位。

布留赫尔元帅同志：现在我弄清楚了蒋介石元帅对中国红军以及加强军队以保卫蒙古的观点。但我觉得主要问题不在于蒙古，而且蒙古业已巩固。我认为现在需要考虑的不是蒙古，而是中国自己，因为中国丢失了北方的满洲和华北部分地区，这些地方加在一起，要比蒙古大得多。尽管满洲按照民族特征被称为“满洲国”，那里有溥仪皇帝，但他只是傀儡，实际上满洲是日本的殖民地，这就类似于木偶戏，只是另一种社会政治的实质而已。

这是两三年前的事了，今天我再次看到日本将小爪子伸向华北，把平津地区据为己有，并扩展到山东。如果我没弄错的话，你们这些地区有丰富的矿产资源，因此帝国主义不仅企图统治人民，而且还企图控制你们所有的资源。于是就出现这样的后果：他们砍掉手指和手，而后勉强到达心脏，没有心脏就不能生存，既然敌人好不容易到达心脏，蒋介石元帅首先应当给自己提出拯救心脏的办法。根据报纸判断，元帅领导政府的作用一点也不显著。他是如何考虑消除对心脏的威胁的？因为这是主要的实质性问题。斯大林同志——我们时代的伟人、巨人，对于政治问题，他总是说：“抓住主要的问题。”这就是为什么我想知道，对主要的问题，元帅是如何考虑的。邓上校是蒋介石元帅亲近的人，我知道蒋介石元帅总是和他亲近的人交谈。因此，我想知道元帅是如何考虑这一问题的。

邓上校：这个问题太难回答了，而且我并不完全了解蒋介石元帅的意见，故不能告诉您。您知道，中国打了九年不必要的内战。蒋介石元帅从 1928 年起就打算并计划建设强大的国防，可由于内战，他不能加以实施。况且帝国主义利用内战，通过个别军阀来达到自己的目的。按照我的看法，蒋介石元帅一直致力于国防和救民问题。五年前，蒋介石军队的人数并不多，而现在他直接领导的军队已达百万之众，这完全能够为民族独立而战。而且像铁路、公路等交通线也得以改善；并对青年进行秘密的军事训练。这一切都说明，蒋介石元帅一直都在考虑救国。蒋介石元帅对干部问题赋予特别的意义，但所有的不幸就在于，我们通常只有老人才能干革命。

布留赫尔元帅同志：我们青年人也干革命。在斯达汉诺夫运动中，青年人是工作的主力。斯达汉诺夫自己也年仅 18 岁。况且上校先生，您自己也不老嘛。

邓上校：是的，蒋介石元帅这六七年间特别关注年青人并吸收他们参加工作。

布留赫尔元帅同志：按照您的意见，主要的事情在于，蒋介石元帅并不担心日本人夺取蒙古！

邓上校：对，这不是主要的问题。

布留赫尔元帅同志：是的，我也明白这不是主要的事情，要紧的是巩固力量以击退华中的敌人。现在我试图阐述自己个人的观点。蒋介石元帅可能不喜欢一些问题，但我愿诚恳地讲讲自己的意见。那就从蒙古开始说起，以后就不再回到这个问题了。蒙古和中国相比，就资源和人口来说，是个小国。许多人认为并声称，蒙古不是独立的国家，而是听命于苏联。这是不对的。我们和蒙古的关系是由支持民族独立的政策固定下来的，蒙古在向为民族独立而斗争的道路上前进，也在向发展经济、文化的道路上前进。我们帮助所有那些想在为民族独立而斗争的道路上前进的人们。我们认为，我们给予蒙古许多帮助，目前蒙古正从游牧国家变成定居（国家），成功地发展了工业，坚定地保卫自己的边界。我直截了当地说，让蒋介石元帅不要见怪，蒙古进行的斗争要比中国强好多倍。我认为，蒙古的命运不取决于它自己，而是取决于华北事件的结局。我觉得，今天的问题不在于蒙古，而在于中国自己，在于蒋介石元帅能不能把民族革命力量团结在自己周围，开展反对帝国主义的斗争。

然而，如果国内各方继续争执和分歧的话，那么日本就会吃掉华北。恐怕不能等待欧洲列强来援助中国，因为它们陷在自己的事情之中。当然，欧洲国家多少将妨碍日本的行动，但它们忙于自己的事情，一般来说，中国的民族解放不符合它们的利益。因此，我觉得中国首先应当在自己人中寻求帮助。你们是不是有这些力量呢？是的，我认为你们有。我想起了北伐。同孙传芳和吴佩孚相比，我们军队只有他们军队的四分之一，仅有 13 门火炮，蒋介石元帅仍然取得了胜利。目前蒋介石元帅拥兵百万，据报纸的消息判断，还装备了现代化的（武器）。你们有极好的人民和士兵，我自己相信，依靠他们是可行的。你们不能抱怨人数不足，你们有四亿人，你们依靠他们就能做很多事，但应当实现统一。你们有没有统一呢？我以为没有。既然红军存在，这就意味着没有统一。红军是不是想为民族解放而战？我认为是的，邓上校自己也不会否认这一点。

邓上校：对，完全正确。

布留赫尔元帅同志：需要联合，不是为内斗，而是为消灭敌人。据邓上校所言判断，蒋介石元帅考虑在 1924 至 1925 年的纲领之上取得联合。我认为，在这个纲领基础上，我们不能取得联合，假如要成功地取得和红军的联合，无论如何不能忽视人民的要求，需要予以重视。中共现在和将来都是为中国的民族解放而斗争的，这是不容置疑的。我真想说，一切事业都在于群众，共产党则代表了这一事业。只有当群众感到政府代表其利益时，他们才会跟着政府和其领袖走。随便说一句，在你们那里却没有看到这一情况。为什么我们能完成第一个和第二个五年计划，从农业国转变成工业国，原因就在于，我们每一个共青团员、集体农庄庄员和工人都知道，他在想什么，政府在想什么。而且他们知道，政府在说什么，斯大林同志在说什么——所有这一切都是有成效的。我们的力量正在于此。你们中国需要这样的政府，群众能信任它，并知道它在保护他们的利益。这便出现联合的可能性。我认为，现在已经到了蒋介石元帅应明白这一点的时候了，只有到那时，你们才能够捍卫民族利益，从帝国主义的扩张下解放出来；假如你们做不到，你们将被瓜分，变成殖民地。你们已经失去了北方的满洲，它变成了日本的殖民地。你们不去同敌人作斗争，却在内斗。（中国）需要团结，在这方面元帅是正确的，但在 1924 至 1925 年纲领的基础上联合，他就不正确了。十二年过去了，群众变得更成熟了，无疑这不会使他们满意的。

我们远东地处偏远，但我们懂得将光荣地为它而战。甚至小小的蒙古也会光荣地保卫自己的独立。

邓上校：是的，完全正确，帝国主义者在我们那里作威作福。

布留赫尔元帅同志：关于我们的相互关系，应当向我们政府提出这个问题，按照我的意见，它应该回应，因为我们和你们之间没有矛盾。为什么我们和你们之间没有矛盾呢？因为我们对你们的领土和资源不感兴趣，我们自己的就已足够了。根据自己的政治性质，我们赞成援助民族解放运动。

邓上校：原则上是对的。如果您还有几分钟时间，我希望继续和您谈下去。

正如您认为的那样，如果实际上提出关于对日战争的问题，也就是，如果中国在国联会议上不同意日本的要求，日本军阀会不会对中国开战呢？假如我们能和中国红军联合起来，那么无疑我们就能把自己的军队调往山东。应当指出的是，尽管我军拥有军事技术装备，但数量少，因为95%的（部队）几乎没有技术装备。我们的弹药也不足，总共只有300架飞机，粮食也不够等等。关于外交问题，我们需不需要联合那些对日本持敌视态度的国家来对付日本呢？对此您是怎么看的。假如对日谈判无果而终，那么过了某个时期，它会不会动员自己的力量来压制中国呢？对此您是如何考虑的。

布留赫尔元帅同志：我再次回到以前的问题。我想说的是，你们徒劳无益地指望国联会议，会议并不决定人民的命运。要知道，在会议上，日本人想要得到他们想要的东西。因此需要指出的是，你们国家应准备同日本斗争，保卫自己民族的利益。要知道，你们知识分子想同日本斗争，我不怀疑工人和农民也愿意斗争，因为还在1924至1925年，他们就证明了这一点。有斗争的准备，但没有人去联合他们。上校还记得，我们是如何攻占武汉的。当时有40艘军舰停在码头，但没有一艘军舰开炮。当时日本人举止谨慎。主要的事情不在于国联会议，而在于人民的力量。关于战备方面，这完全取决于你们准备到何种程度。您知道，1932年日本想吃掉滨海地区，但我们能保卫它，声明我们不想要战争，不会进行战争，但你们别招惹我们，这对日本人产生了强烈的影响。您说你们火炮、飞机等等都少。主要的问题不在于此，十月革命时我们夺取了政权，难道我们有很多武器吗？而且，蒋介石元帅在开始北伐时也没有很多武器。所以主要的问题不在于此，而在于国家在某种原则基础上的统一，剩下的一切自己都能解决。这是我个人的意见。请代我向蒋介石元帅和他夫人问好。

邓上校：如果不能在1924至1925年的原则基础上联合起来，我们究竟能不能和红军联合呢？

布留赫尔元帅同志：我认为能够也应当（联合），但要在相应的原则之上；然而，这是你们的内部事务，应由你们自己解决。

邓上校：我一直在考虑关于和红军的联合。在国家改组以后，群众的要求应予以更多的关注，学生运动要在政府领导下进行。

布留赫尔元帅同志：我认为这不对。

邓上校：但学生运动是由政府秘密领导的。

布留赫尔元帅同志：应当直接对群众讲并号召他们起来斗争，没有明确的安排，就难以团结群众。

РГАСПИ. 全宗 82，目录 2，案卷 1238，第 141 – 152 张。原件。

国民政府审判汉奸资料选

夏秀丽 选编

编者按：日本投降后，国民政府在逮捕审判战犯的同时，对汉奸也展开搜捕，并移送各级法院审判，从而留下了大量的审判汉奸的资料。这些资料包括汉奸供词、自辩状，逮捕机关移送书，起诉书，审判词，律师辩护词等，对于了解和研究日军对中国的侵略掠夺情况、敌伪之间的勾结活动，以及汉奸的多种面相、国民政府惩处汉奸的政策等都具有相当的史料价值。今选取天津市档案馆藏国民政府审判天津汉奸的部分资料，以供研究者参考。

1. 温世珍

军事委员会调查统计局刑事案件移送书

（1946 年 4 月）

被告温世珍，男，年六十八岁，天津人，伪天津对华交易组合理事长，住天津特一区云南路四号。

右开被告因汉奸案件业经本局侦查终结，认为应移送河北高等法院第一分院审判。兹将其犯罪事实、证据及所犯法条分列如左：

犯罪事实

缘被告温世珍于事变前在哈尔滨经商，开设殖业公司。民国二十六年七月返津，适逢事变，日寇侵据平津，地方骚乱，被告应高逆凌霨之约出任伪河北省银行监理，兼伪津海关监督。二十八年三月调任天津市市长，三十一年三月离职。三十三年日寇为搜刮民间物资，统制人民生活必需品，成立平津对华中南交易组合，被告任理事长，讫日寇投降、伪组织解体始行离去。经于民国三十四年十二月六日经逮捕到案。

犯罪证据及所犯法条

查被告于民国二十六年抗战开始，平津甫遭沦陷，即在敌人指挥下之伪组织出任伪职，历充简任以上机关首长，参与谋划、奉行敌伪政令，以讫三十四年八月日寇投降，始被辞职，计任伪职凡达八年之久，足证被告甘心附逆，显有通敌谋叛之重大嫌疑。于伪职任内适值津郊歉收，为求供应敌人军粮无缺以全禄位，不惜泯灭天良出以下策，竟将敌人牲畜所不食之豆饼搀以霉腐杂粮，制成混合面粉配发市民，以致因而丧生者日有所闻。讵于市民甫经巨创，喘息未定，又与陈逆啸戡、蓝逆振德、阎逆家琦、王逆德春、徐逆树强等勾结，凭借敌伪势力，以“检举暴利，严查囤积”为名而行苛索商民之实。又曾亲向敌陆军联络部数度献纳巨金及飞机，资敌军用（见三十三年七月二十八日及八月二十二日伪《华北新报》刊载）。又为倡导市民献铜运动，曾将自用铜床等物首先献于敌军，藉邀宠信（见三十一年七月二十三日伪《庸报》刊载）。并每于敌伪纪念日，发表诋毁政府、谄媚日敌之荒谬言论，如二十九年七月七日于伪《庸报》发表《兴亚纪念感想》，谓：“津市租界当局蔑视新东亚之现实，一意卵【翼】反动分子（指抗日分子），作阻害新中国（指伪政权）发表之行为。”又于翌日在该报发表《兴亚纪念朝野应有之认识》，谓“蒋共之溃遁，和平气运高昂，新中央政权（指伪中央政权）之成立已顺应民众之企求而实现”。是其敌视抗日分子、仇国之心理溢于言表。复于三十一年七月一日，在伪《庸报》发表论文，蛊惑人民叛国资敌，谓日本领导东亚民族，津市民众均应竭尽心力物力，直接间接贡献日军。同年七月七日，又曾对津市民众广播，谓全面和平实现而功亏一篑者，即在重庆政权之执迷不悟，其意图颠覆政府之心理灼然如见。三十三年八月十一日，伪《华北新报》刊载该逆为庆祝敌军侵占衡阳对记者谈，称："衡阳既已陷落，盟军（指日军）即将肃清长沙、桂林、建瓯、丽水一带，粤汉铁路能望打通，更可直捣西北、粤地，则渝美之命运虽不告终，亦不远矣。"是真切恨国家之不亡、种族之不灭，设无此希冀之心，当不能作如是想。更为离间政府与盟邦美国之感情，谓"现在重庆方面完全为美国而战争"，藉以破坏联合国共同作战之能力。更扬言中日必合作（见三十三年五月八日伪《华北新报》刊载），喻中国（伪政府）与日提携犹如抱着一个肉腿云云。其阿谀之词一至如是，令人欲呕。其种种危害国家、煽惑人民通敌之行为，事证俱在，且均经被告供认不讳，并有三十三年五月八日、七月二十八日、八月十一日及二十二日伪《华北新报》附卷，足资佐证。是被告类属犯《惩治汉奸条例》第二条第一项第一款、第六款、第十三款及第三条之罪嫌，爰依《特种刑事案诉讼条例》第一条、第三条及《处理汉奸案件条例》第二条第一项第二款、第十款及第五条之规定，应检举并移送审判，其财产除由本局查封，列表附卷，函请平津区敌伪产业清查委员会予以调查□理外，并依《惩治汉奸条例》第八条第一项、第九条及《处理汉奸案件条例》第四条之规定，请将被告财产予以没收。

中华民国三十五年四月

军事委员会调查统计局代理局长　毛人凤

军事委员会委员长北平行营督察处处长　马汉三代

河北高等法院第一分院检察官起诉书

（1946年5月30日）

被告温世珍，男，年六十八岁，天津人，住天津特一区云南路四号，伪天津市市长。

右开被告民国三十五年特刑字第三一〇号汉奸嫌疑一案，业经侦查终结，认为应行提起公诉。兹特将该被告犯罪事实及证据并所犯法条开列如左：

犯罪事实

温世珍于事变前在哈尔滨经商，开设殖业公司。民国二十六年七月返津，适逢事变，日寇侵据平津，地方骚乱，被告应高逆凌霨之约出任伪河北省银行监理，兼伪津海关监督。二十八年三月调任天津市市长。三十年，被告曾组织天津献铜献铁献金献机委员会，并兼该会委员长，负责供给敌人军用品之责。三十一年三月离职。三十三年日寇为搜刮民间物资、统制人民生活必需品，成立平津对华中南交易组合，被告任理事长，讫日寇投降、伪组织解体始行离去。经军事委员会调查统计局侦明前情，遂以汉奸扭获解送本分院，奉令移处侦查。

证据及所犯法条

查被告于民国二十六年七月抗战开始，平津甫遭沦陷，即在敌人指挥下之伪组织出任伪职，历充简任以上机关首长，参与谋划、奉行敌伪政令，以迄三十四年八月日寇投降，始被解职。计任伪职凡达八年之久，足证被告甘心附逆、通敌谋叛实甚明显。于伪职任内适值津郊歉收，为求供应敌人军粮无缺，以全自己禄位，不惜泯灭天良出以下策，竟将敌人牲畜所不食之豆饼，搀以霉腐杂粮制成混合面粉配发市民，以致因而丧生者日有所闻。讵于市民甫经巨创，喘息未定，又与陈逆啸戡、蓝逆振德、阎逆家琦、王逆德春、徐逆树强等勾结，凭藉敌伪势力以“检举暴利，严查囤积”为名而行苛索商民之实。又曾亲向敌陆军联络部数度献纳巨金及飞机，资敌军用（见三十三年七月二十八日及八月二十二日伪《华北新报》刊载）。又为倡导市民献铜献铁运动，曾将自用铜床等物首先献于敌军，藉邀宠信（见三十一年七月二十三日伪《庸报》刊载）。并每于敌伪纪念日发表诋毁政府、谄媚日敌之荒谬言论，如二十九年七月七日，于《庸报》发表《兴亚纪念感想》，谓：“津市租界当局蔑视新东亚之现实，一意卵翼反动分子（指抗日分子），作阻害新中国（指伪政权）发表之行为。”又于翌日在该报发表《兴亚纪念朝野应有之认识》，谓“蒋共之溃遁，和平气运高昂，新中央政权（指伪中央政权）之成立已顺应民众之企求而实现”。是其敌视抗日份子、仇国之心理溢于言表。复于三十一年七月一日，在伪《庸报》发表论文，蛊惑人民叛国资敌，谓日本领导东亚民族，津市民众均应竭尽心力物力，直接、间接贡献日军。同年七月七日，又曾对津市民众广播，谓全面和平实现而功亏一篑者，即重庆政权之执迷不悟，其意图颠覆政府之心理灼然如见。三十三年八月十一日，伪《华北新报》刊载该逆为庆祝敌军侵占衡阳对记者谈，称：“衡阳既已陷落，盟军（指日军）即将肃清长沙、桂林、建瓯、丽水一带，粤汉铁路能望打通，更可直捣西北、粤地，则渝美之命运虽不告终，亦不远矣。”是真切恨国家之不亡、种族之不灭，设无此希冀之心，当不能如是想。更为离间政府与盟邦美国之感情，谓“现在重庆方面完全为美国而战争”，藉以破坏同盟国共同作战之团结力，更扬言中日必合作（见三十三年五月八日伪《华北新报》刊载），喻中国（指伪政府）与日提携犹如抱着一个肉腿云云，其阿谀之词一至如是，令人欲呕。其种种危害国家、煽惑人民通敌之行为，事证俱在，且均经被告供认不讳，并有三十三年五月八日、七月二十八日、八月十一日及二十二日伪《华北新报》附卷，足资佐证。核其行为，实犯《惩治汉奸条例》第二条第一项第一款、第四款、第五款、第六款、第十三款之罪，惟查被告系于裁判确定前犯数罪应依《刑法》第五十条论处，爰依《特种刑事案件诉讼条例》第一条、《刑事诉讼法》第二百三十条第一项提起公诉。

中华民国三十五年五月三十日

河北高等法院第一分院检察官　龚连祈

书记官　张祖光

河北高等法院第一分院刑事判决

（1946 年 6 月 24 日）

公诉人：本院检察官

被告：温世珍，男，六十九岁，天津人，住旧特一区云南路四号。

指定辩护人：刘蓬瀛律师　尹福保律师

右被告因汉奸案件经检察官提起公诉，本院判决如左：

主文

温世珍通谋敌国、图谋反抗本国，处死刑，褫夺公权终身。全部财产除酌留家属必须生活费外没收。

事实

温世珍，系逊清水师学堂毕业。民国成立后，历任浙江交涉使、金陵交涉使、上海道尹等职，嗣又改入实业界，在哈尔滨开设殖业公司，采发金矿。中日战事发生，平津首先沦陷，被告适在津沽，乃应伪天津地方治安维持委员会会长高逆凌霨之约，出任伪河北省银行监理兼伪天津海关监督，总揽伪天津金融各要职。民国二十六年又受伪华北政务委员会委员长王逆克敏之委派，升调该会委员兼伪天津市市长。接事伊始，适值本市大水，物价高涨，遂饬属取缔暴利、严查囤积，致商民多受敲诈之害。民国三十年，美日战争又起，为求供应敌寇军粮无缺，因创办粮食配给。同时又组织献铜献铁献金献机委员会，先将自用之铜床、铜盘等物捐献敌军联络部，以为倡导，（而于发动此项捐献运动时）冀使市民尽量以军用品及其原料与金钱供给敌军。民国三十三年，卸伪市长职，赴青岛休养，仍任伪华北政务委员会委员。翌年复返天津，充任伪天津对华中南交易组合理事长，统制人民生活必需品，助敌搜刮民间物资。又被告本其一贯主张，于民国二十九年以后，迭在报纸杂志上宣传节约，助敌鼓吹中日提携，煽惑人民媚日从伪，背叛中央。迨日寇投降，经军事委员会调查统计局捕送本院，检察官侦查起诉。

理由

本件被告对于历充上述各重要伪职并如何向日本陆军联络部献铜献铁献金献机，如何命令取缔暴利囤积，如何在津实行粮食配给，以及如何在报纸杂志上宣传节约助敌及中日亲善等荒谬言论并不否认。核与在军事委员会调查统计局及侦查中之供述相符，并有卷附报纸摘录及伪《华北新报》与《津津月刊》记载之捐助铜床、向敌献机，与迭次发表之荒谬言论，足为佐证。是其通敌叛国之逆迹，彰彰明甚，自应成立《惩治汉奸条例》第二条第一项第一款之罪。虽据辩称："在任伪职期内，对外既无与敌国缔结任何契约及协商任何事项之能力，仅据受敌人压迫丧失自由意思之行为，自难谓为通谋敌国。况于接任之初，曾提出保全行政独立，不能妨害国事及骚扰人民之行为以为条件，足见被告存心纯以利民为重。至报载被告言论，纯系日本特务机关撰拟，处当时之情境，实未便反抗。关于献铜献铁等行为，此就利敌之点固属非是，但日人从此未向津市索要铜铁者几达两年之久。市府下令取缔囤积暴利，原系鉴于物价高涨，而警察局实际检察时则未与闻其事，且被告任内人民虽有配发食粮之事实，于人民并无不利，食用混合面粉系属人民自动为之，均不得使被告负责。况韩人、台人初在津市常抢夺人民财产，经向日特务机关交涉，遂严加约束。英法租界被封锁，曾一度交涉启封。此外，对在伪市府任职之国民党员张鸿藻、李紫卓等加以庇护，中央派在沦陷区工作人员温士源、刘侪文、王若僖、王家桢等，因被告之掩护得以安心工作，可见被告虽参加伪组织而报国之心无时或已”等语。但查：（一）被告自一九二一年由华盛顿返国即主张中日极应提携，此经当庭供述甚详，其亲日思想蓄之已久，则其在伪组织服务时所有献金献机一切助敌之实施，自难谓为丧失自由意思之行为。据伪《华北新报》所载，被告献机当时，曾向日本陆军联络部明白表示随伴战局之苛烈，今后仍继续源源献纳之决意，其与敌国政府派遣之人员同谋叛国，极为显著。兹谓对外无与敌国协商任何事项之能力，纵有所为，亦系丧失自由意思之行为，不得谓为通谋，显系饰词狡展，何足置信。又伪天津市政府系自日寇制造之傀儡组织，用为灭亡我国家民族之工具，故在此种机构下根本既无行政独立、人民利益之可言，则其辩称接任之初，曾以行政独立并不能妨害国事及人民利益为条件云云，无非为自欺欺人之语。（二）被告素主张中日提携，既如上述，故在各报纸杂志上始有宣传节约，助敌鼓吹中日亲善之举，事实甚明，不容狡辩。乃于事后竟将此项言论诿为日本特务机关所为，其谁能信？关于献铜献铁，被告明知为利敌之行为，即不应为之倡导，既不惜以身作则，乃又以日后日人未向津市索要铜铁为时将及二年，反以为己之功，实属荒谬，何得据为减免罪责之理由？（三）查阅军事委员会调查统计局卷宗，该被告于上年十二月二十九日明认：“自从三十年日美战争发生后，即开始食粮配给时，蓝振德为社会局长，由日方指导其配给方法，每人每月配给白面十五斤，继则发给杂粮五斤、白面十斤，后又白面杂粮各半，后来均发给杂粮。是年适值歉收，民众饥馑，由我极力设法以小米与豆饼磨成粉，谓之混合粉”等情。即向本院提出之辩诉状，谓自民国三十年起，实行粮食配给制度属实，则其假藉食粮配给节约利敌之行为已属明显，所谓非不利于民尤不足信。又伪天津市政府曾下令取缔暴利囤积，既为被告所不否认，则警察局实施检查，藉此敲诈商民，不能谓与伪市府无关，被告就此全部诿责于伪警察局，亦无可取。（四）韩人、台人在津市抢夺人民财产经被告交涉始受约束，英法租界被封锁后亦为其交涉一度启封各节，微论徒托空言，不足采信。果如所云，亦难仅就英法租界启封之一点认定被告有爱国之表现，且要求日人约束韩人、台人抢夺民财，纯系为求敌伪便于统制全市以维持其禄位，纵使人民间接受益，被告亦难以此持为有利之根据。（五）按在伪市政府任职之国民党员张鸿藻、李紫卓等既经供明当时未曾负有反间谍工作，自系参加伪组织之人员，则被告对之加以庇护何得谓为有利于国家？此外掩护中央派在沦陷区工作人员温士源等六人，除授意警察局释放王若僖部分外，并未能指出具体事实，而温士源、温鸿藻又系被告之本族，刘侪文、卢开瑗、王家桢或为其姻戚或为其朋友，均有被告之供词可稽。则对其亲友之照拂系基于私人之感情，自与掩护地下工作无关。且查检查囤积暴利既据被告供明未便指挥警察局，而王若僖因反间谍被捕情节较之尤为重大，乃云以私人授意警察局即予以释放，亦核与情理未洽，是被告前开辩解，均无可采。至辩护人所称，敌人在占领地以国际法对人民物资有统制权，被告为保护人民财产生命出任伪职，被告应占领军要铜要铁要钱要飞机之命出而献纳，应由占领军负其责，被告确有可原之处云云。殊不知中央关怀沦陷区人民，本有驻留之各级地方政府于军队策应下从事救护工作，俾纾民困，讵被告之行为实属反抗本国，何得援国际法为无罪之辩解？是辩护人之辩词亦属无可采信。被告叛国罪既已证明，应即依法论科，按其深受高等教育，历任政府要职，久蓄亲日之心，乃于敌军进犯之初因而变节，破坏抗战，欲使我国本颠覆，实属昧于大义，无可矜全，爰处以极刑，以肃纪纲。被告之全部财产，除酌留家属必要生活费外，并予没收。再查被告供给敌人军用品原料、食料、金钱及煽惑人民逃叛通敌各节，应包括于通谋敌国意图反抗本国之行为内，检察官引用《惩治汉奸条例》第二条第一项第四款、第五款、第六款、第十三款各款，不再开列，并予说明。

据上论结，应依《特种刑事案件诉讼条例》第一条，《刑事诉讼法》第二百九十一条前段，《惩治汉奸条例》第二条第二项第一款、第八条第一项、第九条，《刑法》第二条第一项前段、第五十七条、第三十七条第一项，判决如主文。

本件经检察官陈嗣哲莅庭执行职务。

中华民国三十五年六月二十四日

河北高等法院第一分院刑庭

审判长推事　贾　良

推事　宋根山

推事　孙　济

河北高等法院第一分院刑事裁定

（1947年6月19日）

声请再审人：温世珍，男，年七十岁，天津人，伪市长。

右声请人因汉奸案件对于本院中华民国三十五年六月二十四日第一审判决声请再审，本院裁定如左：

主文

再审之声请驳回。

理由

按《特种刑事案件诉讼条例》第二十八条第二项载："判决确定后因足影响于判决之重要证据漏未审酌，认为有重大错误者，得为受判决人之利益声请再审。"所谓漏未审酌之证据，系指在前审已提出之证据而言，若于判决确定后另提新证据请求再审，按诸该条文义，即非法所准许。本件声请人温世珍对于前审确定判决声请再审，系以（一）三十年秋间南开师生南下助战，经其掩护得以成行；（二）伪满洲银行在天津发行辅币停止兑换，经其饬令市民银行代为兑换，贫民得免冻馁；（三）组织日敌逐户掠取财物，解除食米禁令，组织征用夫役，有本市商会公函可证；（四）二十九年十月初间，学生张俊德等十七人乘轮南下，在塘沽被敌查获扣留，经其交涉得以释放；（五）东马路基督教青年会于一九四一年十二月间经日敌封闭，经其交涉得以启封发还，并捐助巨款维持该会生存；（六）在伪市长任内，曾将所有书籍一千五百八十六册捐赠市立第一中学，并创办宜兴埠图书馆，及小学校捐赠图书一千三百余件，为其提出之证据及应行减轻之理由。本院查核上开证据无论不足影响于原判决之重要证据，且在前审并未提出，固不得谓前审漏未审酌，尤无认为重大错误之可言，是本件再审之诉，显属违背规定。

据上论结，依《特种刑事案件诉讼条例》第二条、《刑事诉讼法》第四百二十六条，特为裁定如主文。

中华民国三十六年六月十九日

河北高等法院第一分院刑庭

审判长推事　孙延年

推事　陈子丹

推事　温之庄

2. 徐树强

关于杀害地下抗日人士及日人对津经济掠夺等事的讯问笔录

（1946 年 5 月 4 日）

问：姓名、年龄、籍贯、住址、职业？

答：徐树强，三十二岁，天津市人，住旧英界香港路三一六号，伪唐山市长兼警察署长。

问：七七事变当时做何事？

答：在日本陆军士官学校念书。

问：何时自日本归津？

答：廿六年八月末返津，到津日期为八月廿四日。

问：在日本陆军士官学校毕业否？

答：因七七事变发生，该校中华民国学生队被解散，遂返国。

问：你与上坪如何相识？

答：在东京车站相识，由日本林茂清中将介绍，彼时上坪被派遣来华北任职，林中将曾请上坪在路上照应我，上坪是林中将的学生。

问：林中将怎么认识的？

答：我出国之前由日本籍朋友三木介绍。三木是林中将的亲戚，三木在津写介绍信与我到东京找林中将。

问：你在何处任嘱托？

答：彼时我因参加抗日团体，被日本领事馆警察署高等课主任王少卿部下张光明所悉，张将此事报告与该高等课主任日人林田及巡捕长（即中国主任）王少卿。我恐被害，遂至天津日本兵站监部，托宪兵长上坪，由他给我写一个片子，与我证明我是良民，必要时可说是该机关的嘱托，在实际上并没有充日本兵站监部的宪兵队嘱托。本人在自述上将此经过写得甚详。

问：廿八年四月上坪介绍你充伪津市警察署秘书么？

答：是的。

问：秘书是简任还是荐任？

答：荐任。

问：所司何事？

答：核稿。

问：你核那一科的稿件？

答：我核保安与特高两科的稿件。

问：彼时津市初为日军占领，治安极为重要，上坪介绍你到警局充秘书，核阅保安、特高两科稿件，当有派你监视警局之意？

答：没有这种意思。

问：彼时伪警局长是谁？

答：是郑遐济。

问：你如何到该局的？

答：当时伪警局顾问是赤穗津。赤穗津是宪兵役，在特务机关服务，派来指导警局的。上坪介绍我与日本驻津宪兵队大田少佐，由大田介绍与赤穗津。彼时适该局秘书出缺，故遂由本人补缺。

问：你任伪警局秘书多久？

答：自廿八年四月至十一月。

问：你知道方文彦与萧舜圃的案件吗？

答：彼时特高科长是王德春。该案我在事后听王德春向秘书长佟严闲谈，有一件方军长及南开大学学生的案件，后来被日本宪兵队提去了。此事并未经过秘书室，这种机密事情往往由特高科长直接呈报局长，秘书不得与闻。

问：该案是否王德春与李子箴合办？

答：当时特高科科长是王德春，外勤股长张全顺，内勤股长为李子箴，王德春与李子箴皆有茂川机关的关系。张全顺无能，所以王德春事多派李子箴来办，但张全顺也办过案件，而后李子箴办得多。以上是就本人经验所知，至于方军长案件究系何人主办，我不敢说一定。

问：你任伪水上警察分局局长多久？

答：廿八年十一月至卅年十二月。

问：伪水上警察分局所司何事？

答：检查五河船只，五河为子牙河、南运河、北运河、新开河、海河。

问：检查什么？

答：检查来往船只有无违禁品及统计船只数目，登记船户户籍，维持内河交通。

问：何者为违禁品？

答：毒品、枪械及统制不准出入口之货物。

问：彼时统制之货物不准出口者有何项物品？

答：有由伪警局发下的统制出入口物品清单。该项统制物品实际由特务机关规订，统制之物品计有钢铁、牛皮、青麻及其他物品。

问：你在伪警局充任特务科科长多久？

答：自卅年十二月八日至卅一年十一月末。

问：特务科所司何事？

答：担当一般政治、外事、经济案件之调查及检举。

问：谁保荐你任特务科长？

答：伪警察局局长阎家琦。本人原不欲就该职，以温世珍及阎家琦勉强令本人就此职，彼时即为太平洋战争爆发之日期。

问：你在伪特务科长任内十一个月余，以何种案件居多？

答：以经济案件较多，政治案件可以说一件没有。

问：关于三青团地下工作人员的报告是何人交与你的？

答：是第二股股长田遇霖交与我的，当时我对他说"这件事我要考虑考虑"，遂压下没办。他拿来关于三青团的情报上有人名单及活动情形，后来我把它撕毁了。同时我为此事将田遇霖调至第四股去管理外事，并通知工商学院刘院长转告该校三青团学生注意。

问：伪特务科如何管理经济事情？

答：统制物资之取缔，物价之取缔，金融之取缔。

问：统制物资之取缔，是否即限制统制之物资不许其出口？

答：是的。但从来没有此类案件，只有办过囤积统制物资的案件。

问：伪特务科办过什么囤积统制物资的案件？

答：办过囤积居奇的案件，并非统制物资，详情已记不清了。

问：如何取缔金融？

答：凡违反伪华北政务委员会金融规订者，奉局长之命令略予以取缔，并检举之，如密运黄金至上海者。

问：如何取缔物价？

答：违反伪津市府之物资物价委员会所规订之公定价格者，奉局长命略予以取缔，以防止物价高涨，安定民生。

问：你任伪特务科科长时，与敌宪兵队有来往？

答：敌宪兵队时常逼索案件及情报。

问：敌宪兵队逼索时你如何应付？

答：编一点关于例行治安情报交给敌宪兵队，由伪特务科第一股来编制，以伪警察局长名义送出。

问：你屡次以假的情报来搪塞，宪兵队不发觉吗？

答：我们送去的情报他们未必看，并且我向敌宪兵队以私人联络友谊，防止他们逼索案件。

问：你的哥哥徐树溥制毒品你知道么？

答：我知他与陈坤元有来往。我知陈坤元是做白面的，所以我曾劝他少与这种人来往，但他对我否认与陈坤元勾结制毒。

问：据鲍馨远说，他当伪天津县警务局长时，查出徐树溥在某处设白面厂，由你出面请他帮忙，并给他若干万元。有此事否？

答：绝无此事。

问：这是鲍馨远自己说的。

答：实在没有这件事，可以对质的。

问：如果对质时鲍馨远承认有其事，你又将如何？

答：请法官调查事实，凭他一说是不行的。

问：以上说的是实话吗？

答：都是实话。

军事委员会调查统计局特种刑事案件移送书

（1946 年 5 月）

被告徐树强，男，卅二岁，天津人，住英界香港路三一六号，伪唐山市市长兼警察署长。

右开被告因汉奸案业经本局侦查终结，认为应由河北高等法院第一分院审判。兹将其犯罪事实及犯罪证据、所犯法条分列于后：

犯罪事实

缘被告徐树强于七七事变之际，正在日本陆军士官学校肄业。廿六年八月返津。廿七年六月充敌兵站总监部宪兵长上坪嘱托。廿八年四月经上坪介绍在伪天津警察局充秘书，十一月调伪水上警察分局长。卅年十二月调充伪天津警察局特务科科长。卅一年十一月调伪津市特一区公署主任兼该区伪警察分局长。卅二年九月调伪津市特管区警察分局长。卅三年三月充任伪北京警察局保安科长，十二月充任伪冀东特别区行政公署治安处长。卅四年三月充任伪唐山市长兼警察署长。日敌降伏后伪组织解体，被告始离去职务。经本局检举于卅四年十二月六日逮捕到案。

犯罪证据及所犯法条

查被告徐树强，于敌国交战期间，历充敌宪嘱托、伪警局特务科长及敌人指挥下伪组织荐任机关首长，爰依《处理汉奸案件条例》第二条第一款、第二款，予以检举。被告充任伪职亘七年之久，推行敌伪政令，勾结敌人，反抗本国，且历任伪职，胥属与敌后方军事攸关之治安特工工作，其深得敌人之信赖，甘为鹰犬，殊属寡廉鲜耻。曾于伪水上警察分局长任内检查子牙河、南北运河、新开河、海河五河船只，不准私运枪械，其不利于我方补充敌后地下工作军械至为明显。又严禁敌伪统制之物资出口，使华北之资源不得流入内地。于伪警局特务科长任内，供给敌宪治安情报，检举违反敌伪经济法令之商民，并与伪警局长阎家琦狼狈为奸，受贿俵分达三四十万元之巨数。被告虽自辩为馈赠，实为勒索。于唐山市长、津警察【分】局长任内，逮捕抗日游击战士，阻碍地下工作。更于历年伪职期间，凭藉敌伪势力，囤积人们生活必需品以图暴利。核其行为，显属系通谋敌国，图谋反抗本国，阻碍公务人员执行职务，为敌侦查有关军事之消息，以诈术使人交付财物，实触犯《惩治汉奸案件条例》第二条第一项第一款、第七款、第九款，及《刑法》第三百三十九条第一项之罪嫌，若不置之重典，何以顺舆情而慼民心。被告虽称民国廿六年十月经友人李树茂介绍加入天津抗日杀奸团，业经该团来函证明不确。又卅四年春季轴心国家相继覆灭，日军节节失利，敌伪政权日渐动摇，被告遂于日本降伏前之五个月，由本局地下工作人员杨振锷介绍参加本局工作，于三十四年三月任为唐山组副组长，对本局在津工作同志之掩护不无微劳。合依《处理汉奸案件条例》第三条、第五条，及《特种刑事案件诉讼条例》第一条、第三条之规定，移请审判。其财产业已查封，附列册附卷，并函请平津区敌伪产业清查委员会予以调查清理外，亦应依《惩治汉奸条例》第八条第一项、第九条，及《处理汉奸案件条例》第四条，请予没收。

中华民国三十五年五月

军事委员会调查统计局副局长代理局务　毛人凤

委员长北平行营督察处处长　马汉三代

河北高等法院第一分院检察官起诉书

（1946年6月7日）

被告徐树强，男，年三十二岁，天津人，住旧英界香港路三一六号，伪唐山市长兼警察署长。

右开被告民国三十五年特刑字第三三八号汉奸嫌疑一案业经侦查终结，认为应行提起公诉。兹特将该被告犯罪事实及证据并所犯法条开列如左：

犯罪事实

徐树强于七七事变之际，正在日本士官学校肄业，二十六年八月返津。二十七年六月充敌兵站总监部宪兵长上坪嘱托。二十八年四月经上坪介绍在伪天津警察局充秘书，十一月调伪水上警察分局长，三十年十二月调充伪天津警察局特务科长。三十一年十一月调伪天津市特一区公署主任兼该区伪警察分局长。三十二年九月调伪津市特管区警察分局长。三十三年三月充任伪北京警察局保安科长，十二月充任伪冀东特别区行政公署治安处长。三十四年三月充任伪唐山市长兼警察署长。日敌降伏后伪组织解体，始离去职务，遂以汉奸经军事委员会调查统计局扭获，解送本分院，奉令移送本处侦查。

证据及所犯法条

查被告徐树强于敌国交战期间，历充敌宪嘱托、伪警局特务科长及敌人指挥下伪组织荐任机关首长，该被告出任伪职亘七年之久，推行敌伪政令，勾结敌人，反抗本国。且历任伪职，胥属与敌后方军事攸关之治安特工工作，其深得敌人之信赖，甘为鹰犬，殊属寡廉鲜耻。曾于伪水上警察分局长任内检查子牙河、南北运河、新开河、海河五河船只，不准私运枪械，其不利于我方补充敌后地下工作军械至为明显。又严禁敌伪统制之物资出口，使华北之资源不得流入内地。于伪警局特务科长任内，供给敌宪治安情报，检举违反敌伪经济法令之商民，并与伪警局长阎家琦狼狈为奸，受贿俵份［分］达三四十万元之巨数。被告虽自辩为馈赠，实为勒索。于唐山市长、津警察【分】局长任内，逮捕抗日游击战士，阻碍地下工作。更于历年伪职期间，凭藉敌伪势力，囤积人民生活必需品以图暴利。核其所行，显属系通谋敌国、图谋反抗本国，阻碍公务人员执行职务，为敌侦查有关军事之消息，实触犯《惩治汉奸案件条例》第二条第一项第一款、第七款、第九款，《刑法》第三百三十九条第一项之罪，若不置之重典，何以顺舆情而申正气。又查被告虽称民国二十六年十月经友人李树茂【介绍】加入天津抗日杀奸团，业经该团来函证明不确。三十四年春季轴心国家相继覆灭，日军节节失利，敌伪政权日渐动摇，被告遂于日本降伏前之五个月，由军事委员会调查统计局地下工作人员杨振锷介绍参加工作。三十四年三月任为军事委员会调查统计局唐山组副组长，对于局内在津工作同志之掩护不无微劳，仅可作为量刑之参考。爰依《特种刑事案件诉讼条例》第一条，《刑事诉讼法》第二百三十条第一项提起公诉。

中华民国三十五年六月七日

河北高等法院第一分院检察官　龚连祈

徐树强辩诉状

（1946 年 7 月 4 日）

为被告汉奸嫌疑一案据情辩诉事。窃被告因汉奸嫌疑一案业经检察官提起公诉，兹谨据实情辩诉，恳请调查证据，以明真相。

一、关于嘱托部分。被告于民国二十五年前赴日考入日本陆军士官学校，未及毕业即遭七七卢沟桥事变，乃于二十六年七月二十四日返津[①]，于同年十月间在本市天祥市场与同学李树茂相遇，互谈之余，始知李树茂已加入抗日杀奸团，并邀被告参加。被告当即加入该团一同工作，同时承李树茂告知在本市黄家花园福顺里为联络地点。数月后再与李树茂相见，谈及团中工作需用手枪，嘱被告设法筹措。被告当将家存先严供职警察多年之手枪四枝连同子弹交与李树茂持去。自此之后数至黄家花园福顺里，未与李树茂相遇。正怀疑间，适有旧友祁化民来告，谓伊友人王祖庆在天津日领馆警察署充当嘱托，在高等课服务，彼得有情报谓被告参加抗日杀奸团工作，王祖庆以被告系祁某好友，于翻译时将被告名字除去，嘱被告行动必须慎重。被告闻悉之下，为避免危险，乃入本市法国医院，以后又赴青岛暂避。嗣后乃行回津。自经此次波折之后，初衷虽未稍受牵动，然于行动方式则思变更，每思如能获得日方工作名义遮避耳目，方能从中工作不受阻碍。彼时被告蓬莱街住房适被日本特务机关占用，并派人（名松本）持合同至被告家中，迫令被告至兵站监部经理部签订租约。被告遂同前往，适在该监部门前与日人上坪一郎相遇（前在日留学时由友人介绍），彼向被告来此果为何事？当告其原委，上坪即自动付被告名片一张，上面注明被告为士官学生，与彼相识，希加关照等语；并嘱被告如被问及君我关系，必要时可称为余之嘱托。既未予以委任，亦未实际为彼工作，且只有机关方面可有嘱托，私人尚乏此例。未及一月，该部即行改编，上坪亦调往北平，从此被告想藉外力掩护又成泡影。民二十七年夏秋之交，与地下工作人员在保定民军游击队担任工作之旧友苏长兴相遇，嘱被告代买枪支，被告当将家中旧存之盒枪四支、柏郎宁枪三支，及子弹悉数交予苏某持去，并于津市小白楼俄人处代买大枪子弹二百粒交苏某运走。总之，被告无非因上坪特允许为

① 前为八月。

口头上之假藉，以便当时避免祸难，亦即藉便掩护工作，事实上并非嘱托。

二、关于检查五河船只部分。检查乃警察职务之一，河内检查自归水上警察办理，为有水上警察以来历来如此者，其事远在事变以前，且被告接任伪水上分局长时，适当廿八年十一月各河已经封冻。时伪华北交通公司为统制华北河上运输，设立华北水上事务所，于翌年（廿九）春即开始营业，并成立船主公会，由伪华交操纵办理，并令在津所有船只皆得入会，否则即不准在河内行船。入会后由华交发与船牌及华交旗帜，并每日由华交付与该船户定额租价，有运货者则必须交华交营业所代运，商人直接不得委托船户办理。此为敌伪统制方法之一。其后华交又设立水上警务段，所有华交自身船只及船主公会船只皆归水上警务段检查。时津市全市船只共约两千二百余只，除在本市市境内之打鱼小舟约七八十只外，由是皆被其统制管辖及检查，水上警察分局则即等于虚设。因此问题，伪警察局方面曾与伪华交交涉多次，但因华交成立时与伪临时政府有规定，华交所有财产如铁路、车站等之检查均归华交警务段自行负责，地方警察不得干涉。故伪警察局曾有将水上警察分局裁撤之意，后因故未果。此为敌伪统制方法之二。又市境内水上警察分局设卡或有巡船之处，日宪莫不设有分遣队，设有汽油巡艇专事检查，隶属敌寇水上宪兵队，并设有汽油巡逻艇来往搜巡，腰截检查，独立行动，厉行彼寇所谓防谍缉私等工作，水上警察既无权过问，亦向不被招参与。因日寇行动均有巡艇，而我方只恃老朽木船，行动上难于为伍故也。此其三。

上述三种办法自被告接任后第一春季起即行实行，故起诉书所谓“检查各河不准私运枪支，其不利于我方补充敌后地下工作军械至为明显。又严禁敌伪统制之物资出口，使华北之资源不得流入内地”各节，显系因被告充任伪水上分局长职位之故而推断之语，并无此种事实。

三、关于供给敌宪治安情报部分。情报在特务科行政上乃例行之公事，向由科内情报员任意编造，多凭臆测，绝少实际。且因缺乏机密联络费，真实情报消息甚难得获。又各情报均在本局内呈至局长为止，划阅后即行归档，故多事敷衍。所有情报在特务科内均有底卷，绝无不利于国及不利于抗战之情报，此敢请钧庭详细调查者。抑尤有进者，其时如有害于我国之情报，被告即行扣留。如工商学院之三民主义青年团事，被告不只将情报扣留，并曾暗中维护而通知该院刘院长转知该团之校友八十余人速行隐避，结果皆免于难。详细人名工商学院均有底册可考。再，被告又将津市有关军事、政治、经济之情报，于民国三十年八月起供给刘承烈先生转报上峰，以利抗战。

四、关于检举违反敌伪法令之商民部分。检举系奉局长之命而为者。其时抗战方殷，敌寇占领区内物价高涨，民不聊生。且检举相对亦只为少数不顾民生只图暴利之奸商，在彼等固稍受警惩，而结果得其实惠者乃全市之民众。此与政府时时顾念沦陷区内生活困苦之国民之初衷既无二致，更为异曲同工。且敌宪受兴亚院之命，曾独立发动检举工作数次，规模既大范围亦广，受死刑者有之，无期徒刑者有之，物资全部没收者更多，其结果较国人自动检举者为祸尤烈。故关于检举一事实，寓救全体民众、安定大众生活于少数人受微惩之中，用意既苦，收效亦殊不鲜，以此论罪，被告实属冤抑之至。

五、关于受贿勒索部分。所有被告收得之四十万元并非直接接来，乃由伪警察局长所赏与者，长官赏于部属钱款已司空见惯，例所常有。是此项赏与，既非行贿，对于长官又不敢谓为勒索二字。虽系长官赏与，被告亦不敢自保私囊，当以此不义之财用之于公益之事，乃将此款全数交予北平辅仁大学体育主任伏开鹏司铎，以助贫寒子弟之学资及去后方内地同学之旅费。请钧庭票传北平辅仁大学伏开鹏司铎到案，自可证明并非虚伪。

六、逮捕抗日游击战士，阻碍地下工作部分。查被告虽非第一线直接之游击战士，但亦系抗日游击团体而负责地下工作者，岂能逮捕抗日游击战士？被告为地下工作人员，何能阻碍地下工作？此部分既无证据，绝非事实。

七、有利于国及人民之事实。被告曾于民国廿七年十月间加入抗日杀奸团，复于三十三年十一月间经杨振锷介绍加入军统局，三十四年三月奉到委命事迹列左：

（一）获得有关军事、政治、经济及一般之情报颇利抗战。

（二）获得有关军事、政治、经济等重要文书三百余种。

（三）获得军事要图数十种及军用十万分之一地图。

（四）在津代购军用物资并往护送至市郊共五十余次，以利抗战。

（五）在津购得之枪械及子弹先后送交抗战团体。

（六）捐赠药品以利抗战。

（七）曾先后救出工作人员，如三民主义青年团、抗日游击战士及被敌逮捕无辜之人民，如刘静远、杨西园、孙冰如、李凤楼、李宝勋等。

（九）曾为北平辅仁大学代募捐款约二千万元，以维该校经费而造就数千青年有为学子。

（十）曾捐助天津法国医院经费购置医院用品，以救津市贫苦无告之患者。

（十一）获得日军军用密电码乱呼法，因杨振锷去界首联络，乃交局方同志张建中（现任东北行营稽查处处长）转呈中央，对抗战胜利后期截获日方密电，裨益国家为力不小，并曾捐助局方同志工作费三百万元交付张建中。

以上情形被告虽曾充伪机关之职务，但实已加入抗日杀奸团及军统局为地下工作人员，被告之去唐山系奉组长之命前往推行地下工作，任为唐山组副组长，不但并无通谋敌国反抗本国之行为，且有利本国及本国人民之事实俱在，恳请钧庭调查证据，依法处断，实为德便。谨呈河北高等法院第一分院刑庭公鉴。

中华民国三十五年七月四日

具状人　徐树强

徐树强辩诉状

（1946 年 7 月 20 日）

为被告汉奸嫌疑一案声请更正错误，并请追加调查证据事。兹谨将应请更正及声请追加调查证据部分分别列左：

一、应请更正部分。查本月五日［四］所呈之辩诉状内第（三）末段有“再被告又将津市有关军事、政治、经济之情报，于民国三十年八月起供给刘承烈先生转报上峰以利抗战”等语，该“民国三十年八月”系“民国三十一年二月”之误，“刘承烈”系“寇家祥”之误（寇家祥现在因案被押第三监狱），请准予更正，并请提寇家祥到案证明。

二、请追加调查证据部分。(1) 民国三十四年五月，青岛刘承烈先生部门在津工作人员殷师舜被本市花园街敌日宪兵队捕获，同部门同志寇家祥承命前往唐山，谓同志被捕，嘱被告设法营救。当被告即随寇家祥来津，到该日本宪兵队探听果有其事，并已捕二十余人，情势严重，未能即时救出，当即回复寇家祥。又嘱设法将笔录口供窃出，被告乃允其设法办理，当即立约该日宪兵队翻译金某（朝鲜人），酬以伪币二十万元，将该队关于被捕同志之口供全部抄出，交与寇家祥转呈上峰。被告因知该案重要同志殷师舜系负责视察华北各电台专员，故以全力而致之。此部分亦请提讯寇家祥证明之。(2) 本市河北望海楼司神父因协助地下工作人员代买物资嫌疑，被日宪侦知，当即去该堂见司侦讯。司神父乃找被告，嘱设法疏通解释，免致被捕，被告即设法与日宪联络，结果其事乃寝。此请票传望海楼司神父到案证明。

以上陈述请准予更正，并请调查证据，以明被告保护地下工作人员，实为德便。谨呈河北高等法院第一分院刑庭公鉴。

中华民国三十五年七月二十日

具状人　徐树强

徐树强辩诉状

（1947年6月12日）

为补具辩诉理由，请予采证，早赐宣告无罪事。窃被告因汉奸嫌疑案，蒙钧院庭讯，所有案情并经被告具状诉及，当庭陈述，谅已早邀明察。兹查被告于七七事变之初即已参加抗日杀奸团，担任搜集情报工作，因遭敌日警署发觉，几被捕获，后因失去联系，工作停顿，而被告报国之心仍未稍减。因思身单力孤，难举大计，一时既无补于国，只得再求其次。爰拟参加伪组织以期对于人民有所尽力，遇有机缘再图加入抗战阵营以遂初衷。思维至再，始于民国二十八年四月出任伪职，徐作后图。在任伪职期间，仍继续抗战工作，并尽力之所及以掩护救助地下工作人员，维护抗战教育，便利人民。嗣并奉令打入伪组织，担任反间及策反工作，又曾向有权机关自首。足证被告并无通敌抗国之图谋，亦无凭藉敌伪势力为有利敌伪或不利本国或人民之行为。谨将经过情形逐年胪陈于后，以供采证：

一、七七事变之初，被告一腔热血誓抗敌寇。因于二十六年十月间即参加天津抗日杀奸团，担任搜集情报工作。嗣团中需要枪弹，当经被告将家藏先严供职警界所存置之自卫手枪四支、子弹多粒献给团部。后因事泄，为敌警侦悉，被告先入法国医院，后赴青岛暂避。嗣于民国二十七年四月间又潜返天津继续工作，适舍间蓬莱街住房被日敌特务机关占用，被告因被迫订立租房合同，于敌兵站监部经理部遇上坪大尉后，被告为掩护抗日杀奸工作，而托该上坪口头给予嘱托名义，因之个人行动及团中工作较便利甚多。此时适天津硕果仅存之抗战最高学府工商学院因敌人压迫几至封闭，经被告利用上坪斡旋，卒能转危为安，赓续教育。更因学校之保存，校内爱国志士赖以隐藏，地下工作人员赖以掩护。八年间毕业学生参加抗战者甚多，可谓被告利用上坪而维护抗战学府。未几，敌兵站监部改编，上坪他调，藉用上坪以为掩护工作之方法又归消失。后于七月间与工作同志失去联系，工作无形停顿，前肃奸委员会向该团调查时团方竟予否认，实非被告始料所及，是否其时系被同志等所运用，抑或同志等用被告别号“幼洲”之名列报，致与现名不符，亦未可知。且被告不惟确曾参加该团工作，更于团内多所贡献，事实俱在，岂能抹杀？否则前肃奸委员会工作人员多系抗团人员，被告若无其事，又何敢凭空提出？至维护工商学院事，有工商学院院长刘迺仁呈文可证。

二、民国二十八年四月至同年十一月，任伪天津市警察局秘书期间。

甲、北平辅仁大学训育主任兼教授伏开鹏司铎因密送爱国青年南下参战事为敌宪侦知，伏司铎竟被逮捕，经被告营救释出。此有伏司铎证函可证。

乙、辅仁大学伏开鹏司铎及天津工商学院送赴后方之爱国青年多由被告保护登轮离津，资斧不足者，并由被告尽力资助。此有前述伏司铎之证函及工商学院长刘迺仁之呈文可证。

三、民国二十八年十一月至三十年十二月，任伪天津市水上警察分局长期间。

甲、继续选送资助爱国青年南去，先后计所护送之青年，两校合计约二百余人。有前述伏司铎及刘院长之证函可证。

乙、协助中央组织部华北党务专员孙鉴（化名沈克强）抗战工作。是时该部同志张景毅等部所率领之游击队，因战地物资缺乏，经被告设法购买并护送运出市郊，先后五十余次。二十九年八月间，被告并曾助该队药品及武器多种。此有孙专员鉴证件可证。

丙、二十九年四五月间，中央调查统计局天津第一组组长于景飞因在天津发行抗日报纸《晶报》及《中华日报》，为敌日水上宪兵队逮捕，经被告营救释出。此有于景飞现因另案在押，可以传证。

四、民国三十年十二月至三十一年十一月，任伪天津市警察局特务科长期间。

甲、随时汇集敌寇情报并获得敌军文件及军用地图，送由部方同志齐格利（德籍）转呈孙专员核转中央。又由齐格利交下谋略情报，命被告向敌日军宪发送，先后有十余次。此有前述孙专员鉴证件可证。

乙、三十一年二月间，天津工商学院内密组之三民主义青年团工作情形及团员姓名为敌宪侦悉，拟加以逮捕，同时又为伪特科人员探知，报告被告，当经被告迅即告知该院训育主任刘迺仁司铎，急转告各团员躲避，该团团员八十余人均获安全。此有前述该院刘迺仁呈文可证。

丙、三十一年三月间，军统局工作人员刘静远（继先）被敌宪逮捕，拘押数月，经被告设法营救释出。此有东北行营督察处副处长陈旭东代电可证，并刘静远现任青年党天津主任委员，可以传证。

丁、三十一年七八月间，天津老西开天主堂总司铎司神父（法籍）因代地下工作人员收存枪支并传递书信，经敌宪侦知，前往调查，当由被告代为疏说，并虚为保证绝无事实，其事乃寝。此有该司铎可以传证。

戊、三十一年二月，青岛地下工作人员刘承烈部门工作同志寇家祥在津工作，由被告供给津市敌宪军事、政治、经济情报转呈上峰。寇家祥现因另案在监执行，可以传证。

五、民国三十一年十二月至三十二年九月，任伪天津特别第一区公署主任兼警察分局长期间。

甲、继续汇集敌军情报，交由齐格利转呈孙专员核转中央。此有前述之孙专员鉴证件可证。

乙、三十二年夏间，教育部派视察员苏佩伟来平津一带视察，因资斧告罄，困于北平，由辅仁大学伏开鹏司铎命嘱，经被告助其旅费并代领旅行证，使其安全完成工作，返回内地。此有前述伏开鹏司铎证函可证。

六、民国三十二年九月至三十三年二月，任伪天津市特管区分局长期间。

甲、仍继续汇集供给前述情报。

乙、三十三年二月，因被告欲赴内地参加抗战，遂辞去伪职，经齐格利转请核示（是时孙专员鉴因公返渝），旋奉孙专员自渝复电谓：勿庸南去，可利用个人现时环境善自运用，努力工作，较赴内地收效尤宏，并予以正式吸收参加工作。此有前述孙专员之鉴证件可证。

七、民国三十三年四月至三十三年十二月，任伪北平市警察局保安科长期间。

甲、奉孙专员命打入北平伪警察局，担任反间及策反之工作。有前述孙专员鉴证件可证。

乙、三十三年五月间，河北省党部书记长张宝树因公来津，与孙冰如密议成立津市复兴委员会，事为敌宪侦知，将孙冰如逮捕，经被告营救释出。孙冰如现任天津寿丰面粉公司经理，可以传证。

丙、三十三年五月间，北平辅仁法学训育课长李宝勋及体育课长李凤楼被敌宪逮捕，均经被告营救释出。现李宝勋任北平市教育局科长，李凤楼仍任原职，均可传证。

丁、三十三年十一月间，经辅仁大学伏开鹏司铎之引，续与军统局派遣华北工作人员杨振锷相晤。杨君以冀东环境恶劣，情势特殊，苦无适当人选前往工作，拟命被告前往。当时被告以同为国家服务，工作地域原无关系，且北平地方工作人员甚多，乃经齐格利同志转请孙专员，得孙专员之同意后，被告又自书密函一件、绫状一幅，请杨振锷转呈戴故局长自首，并请求宽贷既往，赐予吸收，为国效劳。此后即转赴冀东担任反间及策反工作。此有伏司铎呈文可证。杨振锷现任平津区铁路局督察，亦可传证。

八、民国三十三年十二月至三十四年三月，任伪冀东特别区行政公署治安处长期间。

甲、奉军统局华北工作人员杨振锷命打入冀东伪组织，担任反间及策反之工作。

九、民国三十四年三月至光复止，任伪唐山市长兼警察署长期间。

甲、被告前述向戴故局长自首并恳请赐予吸收之密函、绫状呈送后，接奉苏鲁豫皖边区调查室周主任麟祥负马西秘临转奉上级负铣申界彶第四六〇号代电，准吸收被告代理唐山组副组长，因被告现任有伪职，故不支薪，月给津贴五千元。此有杨振锷致前稽查处长陈仙舟［洲］之函可证，又为移送书所认定。又杨振锷亦可传证。

乙、三十四年三月，经同志刘静远之引，续与军事委员会燕满蒙行动委员会天津组长张建中发生联系。时河北工作团长兼唐山组长杨振锷适因公赴边区，被告所获有时间性之重要情报即交由张建中转报中央。又被告获得敌军密电本及军用地图亦交其转呈中央。所部在津之电台即密设于被告家中，并曾补助该部门经费。此有东北行辕督察处副处长陈旭东代电可证。

丙、三十四年五月间，华北电信督察专员殷师舜、邓乃石奉局本部命潜来华北视察，为敌宪逮捕刑逼，供出华北各地电台工作状况。敌宪拟大举搜索，经被告贿托敌宪韩籍翻译将原口供抄出并转报局本部，急令各电台躲避。因之华北各地电台赖以未致一网打尽，仍得继续工作。此有前述之寇家祥可以传证。

十、自民间二十八年七月起至三十四年六月止。六年之间，北平辅仁大学每因经费困难濒于停办，该校区学生因家寄断绝，无法求学，迭经被告捐助巨款始得渡过难关。此有辅仁大学及伏开鹏司铎证明书可证。他如天津天主教医院、工商学院、唐山培仁中学、若瑟孤儿院，被告亦曾捐助款项。此有各项该校院证函可证。

以上陈述各节均系证据确凿，不仅为被告协助抗战及便利人民之行为，且足为被告爱国爱民之表现，更足为本案起诉事实之反证，尤可见被告出任伪职之动机实无通敌抗国之图谋。况被告于任伪职以前即已参加抗战工作，既任伪职以后仍于抗战多所协助，凡属便利人民之举，莫不悉力以赴。民国三十三年二月间，既已辞去伪职，旋于同年四月间奉命打入伪组织，担任反间及策反工作，贡献抗战，不无微劳足录。复于同年十一月间向有权机关自首，以明心迹。自问于国于民均可告无罪，如因担任伪职执行任务难辞罪责，然早于民国三十四年八月十日以前依法自首，亦应邀免刑之宽典。至担任反间工作期间之行为，尤为法所不罚。为此状恳钧院俯赐明察，早予宣告无罪，以释无辜，实感德便。谨状河北高等法院第一分院公鉴。

中华民国三十六年六月十二日

具状人　徐树强

刑事意旨书

(1947年6月17日)

徐树强被诬汉奸嫌疑一案，前由被告选为辩护人，曾具书陈述意旨在案，兹再追加意旨于左：

（甲）关于协助抗战工作部分。查被告任伪天津警察局特高科长时，正在前军事委员会华北特派员孙鉴手下作地下工作。曾由孙专员交下有利于中央而不利为敌之谋略情报，向敌日军宪发送以外，又曾奉令代购并自行捐助抗战部队军器、药材，且掩护出境，更自身领导地下工作，复协助其他部门地下工作安设电台，获得敌日军事机密电码及作战军事要图转交中央等，重要供［贡］献不可数计。

（乙）关于有利于人民行为部分。查平津一带各级人民之被敌伪诬陷拘捕者，均经被告一一救出，如孙冰如、杨西园、冯万庆、张蕴芳、卞伯巽等，不可胜数，均可传证。

（丙）关于自首部分。查被告自首后，仍充任伪唐山市长及警察署长者乃系奉命工作。又奉委为军统局唐山组副组长后，戴故局长以被告既藉伪职之掩护，自不需要全组之活动，每月只给副组长个人职位之机密费每月法币五千元，被告则按月转交辅仁大学训育主任伏开鹏作为津贴贫苦同学之用，事实具在，不难调查。

至于原起诉书谓被告于日本降伏前之五个月，由军统局地下工作人员杨振锷介绍参加工作等因，似指为有投机意图，实为冤抑万分。查彼时正当我国抗战激烈之时，戴故局长及以下干部均系军政专家，如准知日寇八一五投降，为何不早停止吸收新同志，又何独爱被告准予吸收自首，并委以唐山副组长重任？罗斯福为当代伟人，如准测知日寇八一五投降，万不至于三十四年二月十二日与苏联成立雅尔达［塔］秘密协定，致引起东亚不安。

情理之常，未容缄默。

（丁）正误部分。查高等专自第一号意旨书所载，伪唐山市兼警察局长应改正为兼警察署长，所载伪天津水上警察局长应改正为伪天津水上警察分局长。谨具意旨如右。此上河北高等法院第一分院。

被告　徐树强

选任辩护人律师　孙鹤鸣

中华民国三十六年六月十七日

河北高等法院第一分院刑事判决

（1947年6月18日）

被告徐树强，男，年三十三岁，住天津香港路三十六号，伪市长。

右选任辩护人：孙鹤鸣律师　刘镇宇律师

右被告因汉奸案件经本院检察官提起公诉，本院判决如左：

主文

徐树强通谋敌国，图谋反抗本国，处有期徒刑十二年，褫夺公权八年。全部财产除酌留家属之必需生活费外没收。其他部分无罪。

事实

徐树强于二十七年六月充敌宪兵长上坪嘱托。二十八年四月充伪天津市警察局秘书，同年十一月调伪水上警察分局长。三十年十二月八日调充伪警察局特务科长。三十一年十一月调充伪特一区公署主任兼伪特一区警察分局长。三十二年九月调特管区警察分局长。三十三年三月充伪北平警察局保安科长。三十三年十二月充伪冀东特别区行政公署治安处处长。三十四年三月十七日调伪唐山市市长兼警察署署长。于特务科长任内，尝呈特务机关情报五十九份，呈伪市政府情报五十份，呈伪警察局情报六十二份。并藉敌伪势力，于二十八年冬间伙同其兄徐树圃[①]、毒贩陈坤元私缮卖契一纸，赶至沪上，以七万六千元汇票一纸，强迫购买张子奇坐落本市镇南道房屋一所。又于三十一年十月九日，伙同伪警察局股长郭连经逮捕我方地下工作人员赵树桎、崔维疆、刘中和、徐明远、杜金荣、李文斋、孙润涛、王坦之等八人，移送敌宪兵队判处徒刑，被敌送至日本罚作苦工，以致王坦之死于途中，被敌抛置［掷］海内。光复后，经军统局将被告抓获，送由本院检察官侦查起诉。

理由

本件被告徐树强自二十八年四月起至日敌投降之日止，历充伪天津市警察局秘书、伪水上警察分局长、伪警察局特务科长、伪特一区公署主任兼特一区警察分局长、伪特管区警察分局长、伪北平警察局保安科长、伪冀东特别区行政公署治安处长、伪唐山市市长兼警察署署长，业经自白不讳，核与事实尚属相符。虽据被告否认为敌办理情报，并藉敌伪势力逮捕我方工作人员，为不利本国及人民之行为各情事。查被告于充伪警察局特务科长时，曾呈敌特务机关情报五十九份，呈伪市政府情报五十份，呈伪警察局情报六十二份，业经本市警察局来函证明（见原函），并有该情报可资参证。其于二十八年冬间，伙同徐树圃、陈坤元私缮卖契一纸，赶至沪上，以七万六千元汇票一纸，强迫购买张子奇坐落于本市镇南道房屋一所。又于三十一年十月九日，伙同郭连经逮捕我方地下工作人员赵树桎等八人，移送敌宪兵队判处徒刑，被敌送至日本罚作苦工，以致王坦之死于途中，被敌抛掷海内，亦经张子奇、赵树桎等先后来函陈明属实（见原函）。上述被害人张子奇现任本市副市长，赵树桎、崔维疆、李文斋等现任新镇、任丘、昌黎等县党部书记长，其所为不利益于被告之证

① 前为“徐树溥”。

明，殊堪采用，尤无被告空言狡辩之余地。核其所为，实触犯《惩治汉奸条例》第三条，第二条第一项第一款、第七款、第九款之罪名，惟系一行为而犯数罪名，应依一重之通谋敌国、图谋反抗之本国罪处断。审按被告于沦陷时历任要职，且为时甚久，显系甘心附逆，量刑应予从重，惟其光复掩护地下工作人员，业经杨振锷、陈旭东等一再证明，不无微劳足录，应予减清［轻］其刑，以示矜恤。至被诉诈欺取财部分，查被告在军统局承认收受商民馈赠三四十万元，如果属实，既非使用诈术使他人陷于错误而交付财物，核与诈欺取财罪之构成要件，合应予谕知无罪，其全部财产，除酌留家属之必要生活费外，应予没收。

据上论结，依《特种刑事案件诉讼条例》第一条；《刑事诉讼法》第二百九十一条前段、第二百九十三条第一项；《惩治汉奸条例》第一条，第二条第一项第一款、第七款、第九款，第三条，第八条第一项，第九条；《刑法》第二条第一项、第五十五条、第五十七条、第六十四条第二项、第三十七条第二项；《处理汉奸条例》第三条，特为判决如主文。

本件经检察官傅秉衡莅庭执行职务。

中华民国三十六年六月十八日

河北高等法院第一分院刑庭

审判长推事　孙延年

推事　陈子丹

推事　温之庄

3．李鹏图

军事委员会调查统计局特种刑事案件移送书

（1946年4月）

被告李鹏图，男，年四十七岁，河北省宁河县人，伪长芦盐务管理局局长，住天津旧英界四十二号路尚有村二号。[①]

右开被告因汉奸案件业经本局侦查终结，认为应移送河北高等法院第一分院审判。兹将其犯罪事实、证据及所犯法条分列如左：

犯罪事实

缘被告李鹏图于事变前曾任冀察政务委员会财务处科长，事变后由平来津。民国二十六年十二月，温逆世珍出任伪津海关监督，经其族兄李廷元介绍，充任伪津海关监督公署总务科长。迨二十八年三月温逆世珍转任伪天津市市长，被告又充任伪天津市财政局长。三十二年十二月张逆仁蠡任伪市长时，被告遂被调赴平充任伪财务委员会第二处处长。至三十四年三月，又调充伪长芦盐务管理局局长，以迄日寇投降。后中央派员接收时始被解职。同年十二月六日，逮捕到案。

犯罪证据及所犯法条

查被告世居宁河，家境素丰，于事变前迭任要职。迨七七事变，日寇侵据平津，该逆竟尔甘心附逆，在伪组织下历任简任以上机关首长，依《处理汉奸条例》第二条第一款，应厉行检举。核其与敌国交战期间，参加敌国指挥下之伪组织，奉行敌伪政令，分担财政、盐务工作，并于伪天津市财政局长任内，复凭藉地位势力结党营私，厚敛税款，苛扰商民，为有利于敌伪而不利于本国人民之行为毫无置疑。虽被告一再辩饰，希图轻卸责任，然事证俱在，自不能任其空言狡展。核其所为，依照《惩治汉奸条例》第三条之规定，实触犯同条例第二条第一项第一款所规之罪行，爰依《特种刑事案件诉讼法条例》第一条第三款及《处理汉奸案件条例》第五条之规定，应即移送审判，其财产除由本局查封，列表附卷，函请平津区敌伪产业清查委员会予以调

① 后作尚友里四号等，原文如此。

查清理外，并依《惩治汉奸条例》第八条第一项、第九条，及《处理汉奸案件条例》第四条之规定，请将被告财产予以没收。

中华民国三十五年四月

军事委员会调查统计局副局长代理局务　毛人凤

军事委员会委员长北平行营督察处处长　马汉三代

河北高等法院第一分院检察官起诉书

（1946年6月4日）

被告李鹏图，男，年四十八岁，宁河县人，住天津旧英租界四十二号路尚友里二号，在押。

右开被告民国三十五年特刑字第三一三号汉奸嫌疑一案，业经侦查终结，认为应行提起公诉。兹特将该被告犯罪事实及证据并所犯法条开列如左：

缘被告李鹏图于事变前曾任冀察政务委员会财务处科长。民国二十六年十二月，温逆世珍出任伪津海关监督，经其族兄李廷元介绍，充任伪津海关监督公署总务科长。迨二十八年三月温逆世珍转任伪天津市长，被告又充任伪天津市财政局长。三十二年十二月张逆仁蠡任伪市长时，被告遂被调赴平充任伪财务委员会第二处处长。至三十四年三月，又调充伪长芦盐务管理局局长，以迄日寇投降。后中央派员接收时始被解职。同年十二月六日被捕。经军事委员会调查统计局移送本院审判，复奉令转由本处侦查。讯据被告对前开历任伪组织简任以上机关首长事实业均自承不讳，核其于与敌国交战期间参加敌国指挥下之伪组织，奉行敌伪政令，分担财务、盐务工作，并于伪天津市财政局长任内，复凭藉敌伪势力，厚敛税款，苛扰商民，滋培敌伪，业由军事委员会调查统计局认定无疑，斯其为有利于敌伪而不利于本国人民之事实毫无可卸。核其行为，实并犯《惩治汉奸条例》第二条第一项第一款之罪嫌，合依持《特种刑事案件诉讼条例》第一条、

《刑事诉讼法》第二百三十条第一项，提起公诉。

中华民国三十五年六月四日

检察官　李邦杰

李鹏图请求调查具状书

（1946年7月1日）

为被诉汉奸嫌疑一案恳请准予详细调查以明真相事。窃《刑事诉讼法》第二百六十八条载，犯罪事实应依证据认定之最高法院二十年上字第二三一号判例载，刑事诉讼以发见真实主义为目的。查钧院检察官起诉书，认民犯罪之证据为奉行敌伪政令，分担财务、盐务工作，并于伪天津市财政局长任内，复凭藉敌伪势力，厚敛税款，苛扰商民，滋培敌伪，实则民之行为并不若是。缘民在伪天津市财政局长任内，却无厚敛税款、苛扰商民情事，有伪天津市财政局卷宗及伪天津市商会卷宗为凭。民在伪长芦盐务管理局局长任内，尚有接济四沽灶户资金及胜利后交卸前扣留敌人所设华北盐业公司制盐三十余万吨事，实有四沽灶户及伪长芦盐务管理局卷宗为凭。又敌人降伏后国军未到前，津市一度遭遇危险，因警察局武器窳败，子弹不足，民曾将伪长芦盐务管理局盐警队所用之大枪、手枪及子弹、手榴弹等，尽量接济应用，治安得以保全，有伪长芦盐务管理局卷宗及伪天津市警察局卷宗为凭。除资助后方人员眷属及营救地下工作人员，俟询清地址，另状陈明外，为此恳请准予详细调查，以明真相，实为公德两便。谨呈。

中华民国三十五年七月一日

具状人　李鹏图

李鹏图辩诉状

（1946年7月24日）

辩诉人李鹏图，年四十八岁，河北省宁河县人，津寓第十区南海道尚有村四号，现在第三监狱被押。

为被诉汉奸嫌疑一案据情辩诉，恳请准予详细调查，宣告无罪事。窃民在伪组织之行为，确与起诉书认定不同，业于本月一日具状请求调查在案，兹将有关各点分项陈明于左：

（一）参加伪组织之经过情形。查民国二十六年七月七日以前，民供职冀察政务委员会财务处科长。事变之后，二十九军撤退，民感在平居住诸多危险，遂于同月二十九日加入红十字会，化装离平，登车后曾被敌人警察严格检查，幸对答无隙，未遭留难。抵津后，逾数日，同乡至友崔敬伯（当时充燕大教授）亦来津同住一处，密商南下之策。惟时先母年已七十有八，正在病中，坚不许可。筹思至再，以为报亲之日短，报国之日长，致未与崔敬伯同时搭轮南下。民在津朝夕侍亲疾，不敢须臾离。至同年年底，温世珍出任伪津海关监督时，适族兄李廷元任海关税务司秘书长，为关署两方便于联络起见，荐民充伪津海关监督公署总务科长。当时因赋闲半载，老亲卧病，食指又繁，深感生活困难，遂于民国二十七年一月间权就之。至同年八月二十七日先母病故，十月底运灵回籍安葬，其后虽欲南下而事实上已不可能矣。至民国二十八年三月间，温世珍转任伪天津市长，以民为财政局长，系先与伪华北政务委员会商定，迨发表后已无摆脱余地。年复一年，愈陷愈深，回首前尘，言之滋痛。至民转任伪长芦盐务管理局长，则系因产盐区域为民家乡，数年以来，一般灶民受敌华北盐业公司之压迫，已均濒于破产，纯为救济灶民而来。综观上述各节，民于事变后不但无参加伪组织之意思，且曾秘密计划南下，否则大可在平任事，何必冒险奔津，蛰居半载。

崔敬伯现供职财政部直接税署副署长，当时经过情形不难讯问。至先母何时在津病故，何时移灵江苏义园，何时运灵回籍，当时主管官厅及江苏义园，当均有案可稽。民之语此，并非妄以亲疾为未能南下之口实，不过略述参加伪组织之经过系出于生活困难及无法摆脱，与另有用意之情形已耳。

（二）任财政局长时经收税款之经过情形。查民因任伪津海关监督公署科长而被联带卷入伪组织之漩涡，所有不得已之情形，业如上述，故就伪财政局长之初，拿定主意，维护商民，竭力减轻商民负担，以为商民保存元气。首先，确定收支概算制度，凡不在概算内者，一律拒绝支付。盖不如此，不足以限制各方之滥支也。至所征各项税款十之八九，均系事变前旧有项目，且仍旧沿用一切旧章，间有奉令增加之捐税，亦均系奢侈性，如筵席捐、游兴捐等与一般商户无关者。历年概算虽逐有增加，实因物价逐渐高涨，职员警役生活困难，遂演成概算膨胀之结果。每逢编制概算收不敷支时，必要求伪财务总署予以补助，盖伪财署多补助一分，津市商民即可减省一分之负担也。按伪财政局每年经收各款，维持伪市府一般政费尚感不足，更何能以之资为敌用？且每年预定概算时，各局处之要求额恒在核定额若干倍以上，民不惜破除情面，尽量削减，因而与各局处时起摩擦，此为尽人皆知之事实。尤以征收营业税一项为最有利于津市商民，盖此项税款既一再奉伪市府令，不得不恢复征收，乃决定虚与委蛇，历数商民困苦情形，不能立即照章课征，故仅就原有铺捐加倍征收，且绝对避免挨户调查。其后两年，虽表面照章征收，实际仍系尊重商会之请求，由商会及各公会负责核定。所谓定章，不过仍属具文，按之营业税章程（民国二十年国府所公布者），凡纳铺捐一元者，如果严格核证，至少须纳营业税款百元以上。查津市铺捐平均年额约三十万元，如照百倍课征营业税，每年至少须征三千万元以上。而民在职时，名义上恢复营业税，实际仅照铺捐加一倍征收，同时并将铺捐取消，以免重征苛扰。凡此种种，既不敢邀功，亦非沽名，无非行心之所安，以贯彻减轻商民负担之初衷。虽受各方责难，在所不惜。以上各节，伪财政局、市商会均有案可考。又民在伪财政局长任内，实收各项税款计：民国二十八年三百余万元，民国二十九年五百余万元，民国三十年七百余万元，民国三十一年一千余万元，民国三十二年一千五百余万元。统计四年又九个月，其实收四千余万元（当检察官讯问时，所陈各系之预算概数）。以津市地域之大、商业之繁，平均每年仅收七八百万元，较之事变前所增无几，且均系因物价高涨，币值低落而自然增收（如税契等项是），似不能谓之厚敛。反之，假使当时易一与津市无乡土关系，而欲见好于敌人者担当此事，则津市商民所受之压榨恐有不堪设想者。民在职四年余，自问对商民无愧，而终民之任，各方对民尚无不满之批评，但因此迭受敌人之责难，指为不协力。此足证民维商民之苦衷矣。

（三）任伪盐务局长时有利国家及商民之情形。查民任伪盐务局长仅五个月，接任之际，华北盐政因受敌华北盐业公司之压迫，所有产业区域之灶民，均已濒于破产，无力晒盐。故民国三十三年冬季及民国三十四年春季，食盐几于断绝，平津盐价暗盘高至不可思议。民与各沽灶民本有桑梓关系，不能坐视不救，且制盐工人约数千人，一旦失业，不独可悯，尚有走入歧途之虞。故到任之后，即积极与伪联银总行接洽贷款，充分接济灶户资金。自民国三十四年四月一日开始始恢复晒盐，直至敌人降伏以后九月底止，竟获芦盐四十三万余吨。同时并密谕塘沽、芦台两场场长，对敌华北盐业公司所制之盐严加监视，不许移动，计扣留三十余万吨，总计共保留食盐八十余万吨。复查晒盐向有一定季节，一至夏令雨季即不能工作，且盐滩一经荒废，修复至难。当时如果稍一松懈，季节错过，不但去年发生盐荒，影响所及，本年亦无法晒制。民昼夜努力，得此结果，自问对国家及国民不无微劳足录。当时盐荒情形与民督晒经过及最后产盐数量，盐务局均有案可稽，一经调查，真相即明。

（四）遵照中央意旨维持现状及辅助治安情形。查民国三十四年八月十五日敌人投降后，民即遵照中央广播意旨，保持盐务局文卷、器物、钱款等项，分别造具详细清册。一面维持局务，尤以对于晒盐工作，一本初衷，竭力督催，至十月底交代清楚。计自敌人投降后国军未到前，津市秩序紊乱，情况至为危险，当日地方治安端赖警察维持，而警察局武器窳败，子弹不足，难支危局。民以地方治安关系重要，不能袖手，适盐务局存有盐警队所用之大枪、自来得手枪及子弹、手榴弹等项，遂权衡利害，尽量接济。九月某夕，阴雨之际，马场道业受波及，幸赖盐务局之武器，治安方得维持，否则当时情况实不堪设想。盐、警两局，拨借武器，均有正式文卷可资查考，一经调查，即可了然。

（五）营救地下工作人员及资助青年赴内地之情形。查民在沦陷期内，虽曾参加伪组织，然对地下工作人员随时随地加以营救，对青年赴内地及后方有人留平津之眷属，随时随地加以资助。姓名如后：（1）马觐宣，系中国国民党河北省宁河县执行委员会委员，当地下工作时，曾在民寓避难。有该会书记长刘会文证明书为凭。（2）李铁顽，系中华救亡铁血剔奸团团员，当秘密工作时，曾由民掩护，在民寓居住。该团团员在津有人，可以调查。（3）崔敬伯，系财政部直接税署副署长，当伊太夫人在平病故时，因伊适在后方，民为料理丧葬并接济家属。（4）张君孚，三青团团员，当秘密工作时，民曾加掩护。其父张芥尘现任华北救济总署秘书主任，可以调查。（5）王维超，系空军将士，在南雄阵亡，自入学至从军，由民资助，并接济其家属。有其兄王维堃证明书为凭。（6）李汝霖，系西南联大学生，因民资助鼓励，得至后方。有证明书为凭。（7）梁运生，系空军将士，民曾资助入内地，并援助其家属。有其父梁仲陶证明书为凭。（8）夏文彬，系西北师范学院学生，民曾资助路费使入内地。有证明书为凭。（9）魏宗华，系陆军汽车团将士，民曾资助川资使入内地，并资助其家属。有证明书为凭。（10）苏涛，系辅大学生，现住北平西城机织街四十二号，因结伴赴内地，被北平敌宪兵队逮捕羁押，经民保出。可以传讯。（11）谷芳贤，系青年远征军将士，民曾资助旅费。有证明书为凭。

总之，民在伪组织之行为确与起诉书认定不同。为此，据情辩诉，恳请准予详细调查，宣告无罪，实为公德两便。谨呈河北高等法院第一分院刑事庭公鉴。

具状人　李鹏图

中华民国三十五年七月二十四日

李鹏图具状书

（1946年9月16日）

为被诉汉奸嫌疑一案补具理由附呈证件，恳请准予详细调查，宣告无罪事。窃本市屠宰税在民任伪财政局长以前附征税捐，名目繁多，深涉苛扰。经民于民国三十年五月间，将附加之肉【市】费、整理费、补助费、肉牙税、公益捐、慈善捐六种呈请取消，同年八月奉准实行，颇利商民。有伪财政局卷宗为凭。又民在民国三十年及民国三十一年间，曾掩护第四集团军情报组长丛民［成］有在平津一带工作。在民国三十三年间，曾密报敌人军事企图，有第四集团军总司令李兴中公函为凭。为此补具理由，附呈证件，恳请准予详细调查，宣告无罪，实为公德两便。谨呈河北高等法院第一分院刑事庭公鉴。

附呈第四集团军总司令公函一件案（略）。

中华民国三十五年九月十六日

具状人　李鹏图

辩护意旨书

（1946年10月16日）

辩护人：律师刘德清

兹就民国卅五年特刑字第三一三号李鹏图汉奸嫌疑一案谨具辩护意旨书如左：

（一）关于触犯《惩治汉奸条例》第二条第一项第一款部分

查本年三月十二日司法院院字第三一〇一号解释：“第二条第一项第一款汉奸罪之成立，以通谋敌国而有反抗本国之图谋者为构成要件。如仅在伪组织或其所属之机构团体服务，并无通谋敌国情事，除合同条例第三条规定外，尚难论以该款罪名。第三条之凭藉敌伪势力而为有利敌伪或不利本国或人民之行为，应就其任务性质、执行手段及其他一切情形，分别决之，不能遽为概括之断定”等语至为重要。被告充任伪组织公务员一节，已足认定，姑置不论，然被告是否有通谋敌国、反抗本国之情形，是否有凭藉敌伪势力，有利于敌伪或不利本国或人民之行为，本案量刑之唯一症结。兹就被告经历各职，逐一加以检讨，以证真实。

（二）关于被告行为部分

第一，加入伪津海关监督公署总务科长时期。加入之初，纯由环境压迫及生活困难所致。有财政部直接税署现任副署长崔敬伯可证。

第二，担任伪天津市财政局长时期。任内两度辞职均未邀准，误信汪时璟授命中央及国家人民为重之劝告，蝉联任职。然苦心焦虑之下，复于民卅【年】五月间，将附加之肉市费、整理费、补助费、肉牙税、公益捐、【慈善捐】六种呈请取消，同年八月实行，可谓有利商民。其余豁免铺捐、确定收支概算制度等行为，均系维护商民，保存商民元气。至三十二年十一月间广播，根本并无此事，被告全不知情，显系敌人捏造，报纸渲染，蓄意离间沦陷区同胞与内地人民之感情联络所发，被告自然不负该项刑事责任。

第三，代理伪天津市长时期。根本未到市府，更无所谓代理行为。

第四，充任伪财务委员会第二处处长时期。纯系承上启下之机关，被告本身无甚行为。

第五，充任伪长芦盐务管理局局长时期。苦心保留食盐八十余万吨，可谓不无微利于国家。

综上所陈，核其所为，实无凭藉敌伪势力，不利本国或人民之行为。从积极方面看，在任务性质以外，尚有左列协力抗战行为分述于下：

第一，掩护地下工作人员。被掩护者计有河北省宁河县执行委员会委员马觐宣，中华救亡铁血剔奸团李铁顽，直接税署副署长崔敬伯，三青团团员张君孚，第四集团军情报组组长丛成有。

第二，资助爱国潜入内地青年。被资助者计有空军将士王维超、梁运生，西南联大学生李汝霖，西北师范学院学生夏文彬，陆军汽车团将士魏宗华，青年远征军将士谷芳贤。

第三，营救爱国青年。计辅大学生潜赴内地被敌宪逮捕之苏涛一名。

第四，密报敌人军事企图。有第四集团军总司令李兴中为证。

以上四项证据，均于七月廿四日、九月十六日分别呈递在案。

第五，遵照中央意旨维持津市治安。光复后国军未到前，津市秩序紊乱，以盐务局盐警队枪枝、子弹、手榴弹接济维持，不无微功于国家。

综上所陈，核其所为，显有《处理汉奸案件条例》第三条协力抗战工作及有利于人民之事实，其热爱同胞，眷念祖国之心肠，显而易见。

据两项论述，被告所为并为［未］轶出原来职务范围，尤无凭藉敌伪势力而为有利敌伪或不利于人民之行为，以为构成汉奸罪之要件。应请依据被告有利证据依法判决，实为公德两便。至被告在津原住旧英租界四十二号路尚友里二号之房产，系与长、次胞兄公同共有，合并声明。谨上河北高等法院第一分院刑庭公鉴。

律师　刘德清

中华民国三十五年十月十六日

李鹏图具状书

（1946 年 10 月 19 日）

为被诉汉奸嫌疑一案再状陈明，恳请准予详细调查，宣告无罪事。窃民在伪财政局长任内曾经两度辞职，均被伪财政总署督办汪时璟面告国家、人民为重不应消极，并称：伊为中央工作，与中央有联络，将来自有代请谅解办法，是以未得摆脱。至民兼代伪天津市长原系临时性质，期间仅十余日，未到过伪天津市府一次，何来广播指示？民举崔敬伯为证人，原备钧院调查，故未索要证明。现因钧院尚未调查，给崔敬伯去电报，想不日即有回电。为此，再状陈明，恳请准予详细调查，宣告无罪，实为公德两便。谨呈。

中华民国三十五年十月十九日

具状人　李鹏图

河北高等法院第一分院刑事判决

（1946 年 10 月 21 日）

公诉人：本院检察官

被告李鹏图，男，四十八岁，宁河县人，住天津南海道尚友里四号。

右被告因汉奸案件，经检察官提起公诉，本分院判决如左：

主文

李鹏图通谋敌国、反抗本国，处有期徒刑十二年，褫夺公权十年。全部财产除酌留家属必需生活费外没收。

事实

李鹏图于七七事变前，历任高阳县长及冀察政务委员会财政处科长等职务。事变甫起，自平来津，至民国二十六年十二月应伪天津海关监督温世珍之邀，充任伪海关监督公署总务科长。二十八年三月温世珍出任伪天津市长，呈荐李鹏图任伪天津市公署财政局局长。三十二年温世珍去职，王绪高接任，李鹏图仍连任局长。是年十一月王绪高解职，张仁蠡接任。在交替之间，李鹏图兼代伪市长约十余日，嗣调任北平伪财务委员会第二处处长。三十四年三月改调伪长芦盐务管理局局长，直至日寇降伏时解职。当敌军攻占新加坡时，于三十一年三月十二月在天津广播演讲，略称："今星家坡业已陷落，大东亚共荣圈业已完成。从此偌大地域内民族将永远享受文明和乐的幸福，这种伟大事业真是古今罕有，我们不能不对忠勇无敌的友军表示十二分的敬祝和感激……"（余略）。又伪政权与日寇盟约成立时，于三十二年十一月五日代理伪市长，广播演讲略称："新中国由此成为名实相符之独立国家，中日两国乃有同甘共苦之团结。更进一步形成同生共死之团结……"（余略）。又任伪长芦盐务管理局局长时，于三月六日对新闻记者发表谈话，略称："长芦盐产丰富，为华北重要资源。值兹决战阶段，盐产供出关系极巨……"等语，先后登载于当时刊行之伪《庸报》之上。迨天津收复后，经军事委员会调查统计局将其捕获，移送本分院检察官侦查起诉。

理由

本案被告李鹏图于民国二十六年十二月出任伪天津海关监督公署总务科长，二十八年三月转任伪天津市公署财政局长，三十二年十一月兼代伪天津市长十余日，嗣转任北平伪财政委员会第二处处长，三十四年三月调任伪长芦盐务管理局局长。在担任伪职时期，曾数度发表演讲或谈话，内多反抗本国及有利敌寇之言论各情，均为被告所直认。核与军统局调查结果（见军统局移本分院之卷宗）及伪《庸报》之记载（见军统局卷内之录）靡不相符，本案犯罪事实自堪据以认定。查被告于事变以后结纳伪组织要人温世珍、汪时璟等，受敌寇之驱使，历任重要机关首长，与抗战相终始。按其担任职务之性质，已足认为有通谋敌国并反抗本国之图谋，遑论被告迭次发表演讲或谈话，编述有利敌寇及不利本国之言词，并藉播音机或伪报纸之助，使之广布于津市及各地，入于多数人之耳目，及其结果，足以使沦陷区民众减低对我政府之信仰，助长敌寇之威力。综核被告所为，应成立《惩治汉奸条例》第二条第一项第一款通谋敌国、图谋反抗本国之犯罪，已属皦然无疑，被告辩称出任伪职系迫于环境，广播演讲系被利用，无异宣读祭文，纵使属实，亦无解免于罪犯之成立。惟念被告于任伪职时期，曾数次掩护中央派在天津之地下工作人员，如第四集团军情报组长丛成有、宁河县党委马觐宣，俱经各该机关出具证明，附卷可稽。而被告于胜利以后、中央派员接收长芦盐务管理局时并于协助，且不肯远扬，听任捕获，按其情节，洵已具备《处理汉奸条例》第三条第一项得予减轻之条件。兹酌处有期徒刑十二年，褫夺公权十年，以昭公允。全部财产已据天津区汉奸财产清查委员会予以查封，有移送之李鹏图财产数目总簿可稽，除酌留其家属必需之生活费外，应予没收。

据上论结，依《特种刑事案件诉讼条例》第一条；《刑事诉讼法》第二百九十一条前段；《惩治汉奸条例》第一、第二条第一项

第一款、第八条第一项、第九条;《处理汉奸案件条例》第三条;《刑法》第三十七条第二项、第六十五条第二项,判决如主文。

本案经检察官龚连祈出庭执行职务。

中华民国三十五年十月二十一日

河北高等法院第一分院刑事庭

审判长推事　姚镇甲

推事　柏有章

推事　李镜波

最高法院特种刑事判决

(1947年9月20日)

声请人即被告李鹏图,男,年四十九岁,住天津南海道尚有里四号。

选任辩护人:刘篁饴律师　孙潞律师

右被告因汉奸案件经河北高等法院第一分院于中华民国三十五年十月二十一日判决后声请复判,本院判决如左:

主文

原判决撤销。李鹏图通谋敌国、图谋反抗本国,处有期徒刑八年,褫夺公权八年。全部财产除酌留家属必须之生活费外没收。

理由

本件原判决,据被告李鹏图自认于民国二十六年十二月出任伪天津海关监督公署总务科长,二十八年三月转任伪天津市公署财政局局长,三十二年十一月兼代伪天津市长十余日,嗣又转任北平伪财务委员会二处处长,三十四年三月调任伪长芦盐务管理局局长等职之事实,核与军事委员会调查统计局调查报告相符。又据《庸报》记载,被告数度发表演讲或谈话,多为反抗本国及有利于敌伪之言论,认其受敌寇驱使,历任重要机关首长,复藉播音机或伪报纸之助力，广布亲敌叛国之言论于津市及各地多数人之耳目，使沦陷区民众低减对政府之信仰，而助长敌寇之威力，为通谋敌国、图谋反抗本国之行为，论以《惩治汉奸条例》第二条第一项第一款之罪自非无见，辩护意旨略谓被告仅限服务于伪组织之所属机关而无通谋敌国之事实，不应构成上开法条之罪，不知被告接续充任伪组织所属财务、盐务机关之首长，甚或代理市长，推行敌伪政令，按其任务性质，已足认为通谋敌国、图谋反抗本国，业如原判决所论述。加以迭次公开发表亲敌叛国之言论，并与天津联络部长日人松井往来甚密，经被告自称系由于职务上之关系，其通谋敌国、图谋反抗本国之情态益臻明确。被告虽力辩报纸揭载非其本意，然查该报所载被告《兴亚纪念周感言》及星家坡陷落后之广播词与《中日盟约成立后市民应有之觉悟》，经原审审判长于审判期日朗读原文，该被告并未加以否认，不过或称为日人所胁迫，或称出于被动之傀儡，或其为词遁穷，至为明显，尚不得以原判决专据报纸之登载为唯一之罪证。至被告于任伪职期间掩护中央工作人员，如第四集团军情报组长丛成有、宁河县党委马觐宣等，原判决业依据《处理汉奸案件条例》第三条予以减刑，自难指为失当。又声请及辩护意旨就取消附征税捐、接济四沽灶户、扣留敌人盐吨、供给警察枪弹各点，指摘原判决未予审酌再行核减，有欠公允。无论扣留敌人盐吨及供给警察枪弹均在敌寇投降以后，接济四沽灶户借款意在增加盐产，均无解于其犯罪之责任。即取消附征税捐，系就肉市费等六种捐税，按照原额合并于屠宰税率之内，亦无所谓有利于人民，原判决未能采取亦属无可訾议。惟查被告以母老且病，留寓天津，复以生活困难，遂失节附逆，论其环境，量刑尚可从轻，原判决适用《处理汉奸案件条例》第三条减轻其刑，仍处以有期徒刑十三［二］年，未免失之于重。辩护意旨就此指摘非无理由，应由本院撤销原判决，自为判决，量处适当之刑期，以昭平允。

据上论结，应依《特种刑事案件诉讼条例》第二十二条第一项；《惩治汉奸条例》第一条；《刑法》第二条第一项；同《条例》第二条第一项第一款；《处理汉奸案件条例》第三条；《刑法》第三十七条第二项；《惩治汉奸条例》第八条第一项、第九条，判决如主文。

中华民国三十六年九月二十日
最高法院刑事第七庭
审判长推事　周韫辉
推事　胡　恕
推事　王秉远
推事　马镇东
推事　黄　谔

4. 朱崇信

朱崇信自述

崇信年三十有三，天津市人。七岁入学，十一迁北平，十三入北平市立师范学校，十九年卒业。任教于洮南洮昂铁路局扶轮小学。未几，九一八事变，东北沦亡，是年终走大连，经海路逃津。翌年丁忧，七月考入北平国立清华大学，专攻电机工程。廿二年春，日寇潜入滦东，适值翁照垣将军应张学良之召北来，任百十七师师长，并组织华侨救国军，遂投军从战，入干部教导队受训。本欲效命疆场，捐躯报国，不意《塘沽协定》发表，宿愿未偿，遗憾遗憾。是年末卒业于该教导队，学术两科均占鳌头（可询诸张东権先生）。时局势稳定，自动退伍，仍返清华大学攻读。余虽研究电机工程，然对经济学兴趣颇饶，所选修经济课程，成绩殊佳，本系课程亦均在八十五分以上，以是获得清廖奖学金。民国二十六年夏卒业后，拟应考清华之公费留美考试，以求深造，不图卢沟桥事变爆发，国军旋即南返，原拟逃亡南方，然以向居北地，南方鲜有亲友，无路可投，弟妹尚幼，均需教养，且家无丝毫财产，徘徊多日，未有所决。是年冬，临时政府成立，设立新民学院，培植中间行政人员。当时局势动乱，电气事业毫无开展，而生活之压迫与日俱增，欲谋栖枝，又乏夤缘，不得已投考新民学院。翌年一日入学，三月卒业，入学及卒业试验亦均占鳌头，经临时政府分发建设总署服务，任总务局科员，生活初告安定。在署服务，颇得殷同先生之垂青。卅年夏六月，应殷同先生之约，任新民会调查部长，训练防共人员。年末（十一月）因与日系参事意见不合请辞，调专门委员。卅二年夏，坚辞获准。秋十月中旬，应王克敏先生之约，任津市代理社会局长。卅四年夏请辞，调参事，日寇降伏后解职。

崇信未能参加抗战工作，自觉惭愧，然华北沦陷区内民众堕于水火，倘能尽余之力，稍解倒悬，则心亦安矣。任代理社会局长以前，因职务关系，无机会贡献于民众，任社会局长后，余认为有利民众者举其大端，陈列于左：

一、反对并阻止日寇设立赌场。任局长方得二周，日军联络部长之秘书名富山者，交余商店营业执照声请书一纸，声称系张慕贤、张慕琛兄弟二人声请开设上海饭店，并设俱乐部，内有一切赌博，目的在筹款供给日军作特别工作费，业经松井联络部长同意与支持，日宪兵及军部方面亦均同意，并取得李鹏图代理市长之首肯，请速发营业执照，以便开始营业。余当即严词拒绝。后该秘书复来，声称联络部长已决意，请速发照，如不发照，多有不便。余仍拒绝之。该秘书辞出后，余立即赴联络部见松井，历陈设立赌场之不当，辩论多时。最后告彼，如日军决意设立，余立即向政府辞职，请留待后任局长办理，不便非余所擢也。辞出后，二日未到局办公。后经日系顾问辅佐官转达设立赌场原意打消，并索回声请书。

二、回复赈济事业，救济贫民。任代理局长时，物价高昂，食粮恐慌，冬赈事业，日寇以战时无必要为词而反对，已停办两年。余坚决力主恢复，经几度争辩折冲，终获胜利。是年冬，由社局主办冬赈，发放赈款及赈粮。卅三年冬办理粥厂，贫民生活不无小补。

三、清理营业执照积案，便利商民。

蓝振德局长任内，积压营业声请执照案件达万数千余件，商民莫不叫苦连天。余于卅三年夏呈请政委员会备案，准电市府调拨考取之青年优秀职员组设清理组。经三个月之努力，全部清理竣事，饬商具领。对新请执照之手续，力求简便与迅速，并严格督励部属彻改旧习，不得勒索。

四、调整配给制度，增加配给数量，以利市民生活。查津市食粮配给创设之初，机构紊乱，手续烦杂，办理迟缓，且配给次数极少，配给数量亦少，市民皆感不足。崇信任代理局长后，呈准组设配给制度改善委员会，检讨过去弊害，详细擘划，经该会通过，制定配给机构之系统，规定一切手续办法，制定一切表册及一切管理规则（可查卷）。一面各方奔走接洽，增多食粮之提供以足民用。在任期内，食粮配给可分二期，一为食粮管理局天津分局提供时期；一为食粮公社提供时期。在食粮管理局天津分局提供时期内，每次配给，由该局将应提供之食粮种类、数量及提单，函送市府转社会局（因津市为合署办公），经按各区公所呈报之该月份户口，详细拟具分配计划及每市民应享受之数量，召集配给会议通过后，呈市长核准，再通知食粮统制配给事务所（商办），依照提单所列分赴各仓库提货，分发给配卖店转配市民，并由市府布告通知。每市民应享受配给数量及价格，按规定期限内分赴各配卖店领取，如总账、分账，各区配卖店食粮账簿，将提供食粮种类及数量记入总账，将分送各配卖店食粮之种类、数量分别登入配卖店分账内。配给终了，各配卖店将配卖食粮统计表呈送该所，查核无误，将剩余数量、配出数量登入分账内，并将各该店配卖留底呈报社会局查核，并与事务所核对。配给期间，由各区公所配给组派员分赴各店监督。在食粮公社提供时期，食粮统制配给事务所自动解散，市府为赓续办理配给计，设置食粮配给办事处，每次由食粮公社函送市府之提单，经市府经济局登记后，再分社会局办理，其余手续与前时期均相同。食粮出入皆有卷宗及账簿可查，且组织系统严密，办理配给人员绝无法克扣。惟提供机关提供食粮时多延误，其提供数量亦无定数，致不明了内情之人误解办理人员有克扣情事。再本年一月，津市举行配给户口大清查，清查前之户口为一百八十万余口，清查后为一百六十六万余，过去冒报之户口，企图多领配给者皆被揭除，或因此而被误解为克扣。余负责声明，绝无克扣食粮情事，如查有确实证据，甘受惩戒。

军事委员会调查统计局特种刑事案件移送书

（1946年4月）

被告朱崇信，男，年三十二岁，天津人，伪天津市政府参事，住天津旧法租界三十二号路一〇二号。

右开被告因汉奸案件业经本局侦查终结，认为应移送河北高等法院第一分院审判。兹将其犯罪事实、证据及所犯法条分列如左：

犯罪事实

缘被告朱崇信原在北平清华大学攻读，民国二十六年夏毕业，适值事变，被告即考入伪华北临时政府所设立之新民学院。二十七年春卒业，即在伪建设署服务，颇得殷逆同、王逆克敏等之赏识，以致官秩累升，遂由科员一跃而任伪新民会调查部长、专门委员。三十二年秋，任伪天津市政府社会局长。三十四年夏辞职，调任伪天津市政府参事，以迄日本投降始被解职。遂于三十四年十二月六日经逮捕到案。

犯罪证据及所犯法条

查被告于事变时即接受敌伪行政人员之奴化教育，在伪新民学院受训，思想久已乖谬。毕业后即历任伪组织荐任以上之机关首长，及担任新民会重要职务，依《处理汉奸案件条例》第二条第一款及第九款，自应厉行检举。核其与敌国交战期间协助敌人办理食粮及宣传等工作，显系凭藉敌伪势力为有利于敌伪而不利于本国人民之行为。经讯据供认及三十三年五月七日《华北新报》证明在卷，已昭然若揭。依照《惩治汉奸条例》第三条之规定，实犯同《条例》第二条第一项第一款之罪嫌，依《特种刑事案件》诉讼条例第一条、第三条及《处理汉奸案件》第五条之规定移送审判。其财产除由本局查封，列表附卷，函请平津区敌伪产业清查委员会予以调查清理外，并依《惩治汉奸条例》第八条第一项、第九条及《处理汉奸案件条例》第四条之规定，请将被告财产予以没收。

中华民国三十五年四月

军事委员会调查统计局副局长代理局务　毛人凤

军事委员会委员长北平行营督察处处长　马汉三代

河北高等法院第一分院检察官起诉书

（1946 年 6 月 4 日）

被告朱崇信，男，三十四岁，天津人，住旧法租界三十二号路一〇二号。

右开被告民国三十五年特刑字第三一二号汉奸嫌疑一案，业经侦查终结，认为应行提起公诉。兹特将该被告犯罪事实及证据并所犯法条开列如左：

缘该被告于民国二十六年中日战起时，适在北平清华大学毕业，遂考入伪新民学院。卒业后于民国二十七年春在伪建设总署服务，因获殷逆同、王逆克敏等赏识，由伪科员一跃而升任伪新民会调查部长及专门委员。后于三十三年秋任伪天津市政府社会局长，至三十四年夏，调任伪市政府参事，至敌日降伏，伪组织解体始行离去，并曾作利敌宣传，协助敌人办理食粮及不利本国人民等情事。经军事委员会调查统计局侦讯明确，移送本分院审判，奉令转处侦查，讯据该被告供认前情不讳，并有军统局移送书及侦讯笔录为证，事实颇堪认定。核其参加通谋敌国、图谋反抗本国之伪组织机关团体，历任伪新民会重要职务及简任职、荐任机关首长并作利敌宣传等行为，实触《惩治汉奸条例》第二条第一项第一款之罪嫌，合依《处理汉奸条例》第二条第一、九两款；《特种刑事案件诉讼条例》第一条及《刑事诉讼法》第二百三十条第一项，提起公诉。

河北高等法院第一分院检察官　曲会庭

中华民国三十五年六月四日

河北高等法院第一分院刑事判决

（1946年10月31日）

公诉人：本院检察官

被告朱崇信，男，年三十四岁，天津人，伪社会局长。

选任辩护人：丁作韶律师

右被告因汉奸案件经检察官提起公诉，本院判决如左：

主文

朱崇信通谋敌国、图谋反抗本国，处有期徒刑十四年，褫夺公权六年。全部财产除酌留家属必须生活费外没收。

事实

朱崇信于民国二十六年考入伪新民学院受训，期满由伪临时政府分发伪建设总署，任总务局科员。三十年夏，前伪建设总署督办殷同就任伪新民会副会长，朱崇信随同任该会调查部部长，专事训练防共工作人员。三十二年秋，经伪天津市长王克敏调任社会局长，次年五月八日为敌伪第五届保卫东亚纪念日，朱崇信在天津电台以《中国民族之前进路线与大东亚战争》为题作纪念广播演讲。三十四年调伪天津市政府参事，直至日寇降伏。经军事委员会调查统计局捕送本院，检察官侦查起诉。讯据供称，在三十三年四月间任伪社会局长时，曾经协助前天津区特派员张建中抗战工作，旋经张建中报由军事委员会委员长东北行营督察处处长陈旭东来函证明属实。

理由

本案被告朱崇信于伪新民会受训期满后即出任伪职，而科员，而部长，而社会局长，数年之间竟擢任伪职至简任以上，其善事敌伪可以概见。至其在任职期内或训练防共工作人员，以减少人民抗日之力量；或登台广播讲演，以增强敌寇侵略之信念，其凭借敌伪势力，为有利于敌伪不利于本国之行为，亦自毫无疑义。惟查该被告协助抗战工作人员张建中，既经证明确凿，应予减轻其刑，其全部财产除酌留家属必需生活费外，应予宣告没收。据上论结，应依《处理汉奸案件条例》第一条、第三条；《特种刑事案件诉讼条例》第一条；《刑事诉讼法》第二百九十条前段；《惩治汉奸条例》第三条，第二条第一项第一款，第八条第一项，第九条第一项、第二项；《刑法》第三十七条第二项，判决如主文。

中华民国三十五年十月三十一日

河北高等法院第一分院刑事庭

审判长推事　刘荣嵩

推事　李镜坡

推事　柏有章

最高法院特种刑事判决

（1947 年 2 月 28 日）

声请人朱崇信，男，三十四岁，伪天津市政府社会局局长，住天津旧法租界三十二号路一〇二号。

选任辩护人：朱德武律师

右声请人因汉奸案件经河北高等法院第一分院于中华民国三十五年十月三十一日判决后声请复判，本院判决如左：

主文

原判决撤销。朱崇信通谋敌国、图谋反抗本国，处有期徒刑五年，褫夺公权四年。全部财产除酌留家属必须生活费外没收。

理由

本件原判决认定声请人于民国二十六年底考入伪新民学院，受训期满，由伪临时政府分发伪建设总署服务，至民国三十年夏，改任伪新民会调查部部长。三十二年秋任伪天津市政府社会局局长，次年五月八日为敌伪第五届保卫东亚纪念日，声请人曾以《中国民族之前进路线与大东亚战争》为广播讲演。翌年调任伪天津市政府参事，以迄日本投降等情。依系据声请人之自白，并有天津区汉奸财产清查委员会卷宗附入之三十三年五月七日《华北新报》可证。原审以声请人在伪天津市政府社会局局长任内，于敌伪第五届保卫东亚纪念日广播演讲作有利于敌伪之宣传，依《惩治汉奸条例》第三条、第二条第一项第一款论科。又以声请人充任伪天津市政府社会局局长期间，曾协助前委员长东北行营督察处副处长陈旭东①，具函证明，并依《处理汉奸案件条例》第三条轻减其刑，于法虽无不合，惟查声请人犯罪情节尚属轻微，原审未依《惩治汉奸条例》第二条第二项处断，

① 前为处长。

其量刑不免过重，应予撤销，由本院审酌声请人犯罪情状，减处有期徒刑五年。声请意旨以在敌伪第五届保卫东亚纪念日所为之讲演，系由秘书代为广播，并谓演讲内容于敌伪初非有利等语，显属饰辩，均无足采。

据上论结，应依《特种刑事案件诉讼条例》第二十二条第一项；《惩治汉奸条例》第一条；《刑法》第二条第一项；《惩治汉奸条例》第三条，第二条第一项第一款、第二项；《处理汉奸案件条例》第三条；《刑法》第三十七条第二项；《惩治汉奸条例》第八条第一项、第九条，判决如主文。

中华民国三十六年二月二十八日

最高法院刑事临时庭

审判长推事　杨寿岑

推事　谌祖陶

推事　王镇远

推事　张荣乾

5. 王荷舫

军事委员会调查统计局特种刑事案件移送书

（1946 年 5 月）

被告王荷舫，男，六十七岁，天津人，伪河北银行总经理，住旧英租界四十七号路六十二号路转角。

右开被告因汉奸案件业经本局侦查终结，认为应由河北高等法院第一分院审判。兹将其犯罪事实、证据及所犯法条分列如左：

犯罪事实

缘被告王振纲（号荷舫）于事变前在家闲居，二十六年卢沟桥事变天津沦陷后，即任河北银行总经理，听命敌人坂谷希一指挥，收买黄金，协助敌人操纵金融，分担财政工作，又贷款与日方冀东开设当铺，迄三十一年三月始行辞职。已于三十四年十二月六日逮捕到案。

犯罪证据及所犯法条

查被告曾任伪组织金融机关首长，依《处理汉奸案件条例》第二条第六款，自应厉行检举。核其于与敌国交战期间，推行敌伪政令，分担金融、财政工作，凭藉敌伪势力为有利于敌伪之行为，实已触犯《惩治汉奸条例》第三条，而应依第二条第一项第一款之罪嫌处断。其财产业经本局查封，列表附卷，并函请平津区敌伪财产清查委员会予以调查清理外，亦应依《惩治汉奸条例》第八条第一项、第九条，及《处理汉奸案件条例》第四条之规定予以没收，爰依《特种刑事诉讼法》第一条、第三条移送审判。

中华民国三十五年五月

军事委员会调查统计局副局长代理局务　毛人凤

委员长北平行营督察处处长　马汉三代

河北高等法院第一分院检察官起诉书

（1946年6月8日）

被告王荷舫，即王振纲，男，年六十七岁，天津人，住旧英租界四十七号路六十二号路转角，在押。

右开被告民国三十五年特刑字第三三九号汉奸嫌疑一案，业经侦查终结，讯为应行提起公诉。兹特将被告犯罪事实及证据并所犯法条开列如左：

缘该被告于中日战起本市沦陷时，任伪河北银行总经理，在敌人坂谷希一及伪监理委员会指挥监督之下，曾有代该行收买黄金，操纵金融，及贷款敌人商人在冀东开设当铺等情事，至三十一年三月辞卸，未就他事。经军事委员会调查统计局侦讯明确，移送本分院审判，奉令转处侦查。讯据该被告供认前情不讳，并有军统局移送书及侦讯笔录为证，事实自堪认定。核其参加通谋敌国、图谋反抗本国之伪组织，任金融机关首长，分担金融工作之行为，实触《惩治汉奸条例》第二条第一项第一款之罪嫌，合依《处理汉奸案件条例》第二条第六款；《特种刑事案件诉讼条例》第一条及《刑事诉讼法》第二百三十条第一项，提起公诉。

河北高等法院第一分院检察官　曲会庭

中华民国三十五年六月八日

河北高等法院第一分院刑事判决

（1947年5月19日）

公诉人：本院检察官

被告王荷舫（即王振纲），男，六十八岁，天津人，住旧英租界六十二号路转角，伪河北银行总经理。

右选任辩护人：李洪岳律师　刘蓬瀛律师　金葆瑞律师

右被告因汉奸案件经检察官提起公诉，本院判决如左：

主文

王荷舫通谋敌国、图谋反抗本国，处有期徒刑八年，褫夺公权八年。全部财产除酌留家属必须生活费外没收。

事实

被告王荷舫于事变前曾任职开滦矿务局多年，竟致巨富。于七七事变后本市陷敌，我河北省银行首长及重要人物相率离职，被告遂乘机出任伪河北省银行总经理。在伪职期内，将旧库存省钞五千万元发行于市，并以欠款供给日敌，且收买大量黄金，迄三十一年三月因故去职。迨日敌投降后，经军委会调查统计局将被告捕获移送本院，检察官侦查起诉。

理由

本件被告对于上开事实已经讯据供认不讳，核与侦查中之供述，尚非不符，是此项事实已属极臻明确。查河北省银行为我政府之金融机关，虽亦附带间或经营商业商务，但其主要任务乃在辅助政府推行有关经济金融一切政令，系政府组织中一部，较其他商业银行专以营利为目的者，其性质迥不相同，故本市于仓卒陷敌后，其他之商业银行首长均各安守其本位，无何畏惧，而河北省银行首长即不得不立行逃避。该银行既沦为敌伪之手，脱离我政府统制，从此既变为敌伪金融机关，名义仍旧，而其主要任务则在辅助敌伪推行政令。此种情形，凡稍具常识者皆能察悉，被告曾受高深教育，且服务社会数十年，当更了然于怀。乃不思在本国立场共同抵抗日敌之侵略，竟出任该伪银行总经理，投身敌伪，其一切措施必需顺承敌伪意旨，此为理所当然。就该被告于日敌甫行到津，既出任该伪银行首任总经理之急迫情形，与其所任职务之性质参互，以观其通敌叛国罪行，足堪拟以认定；况被告在伪职期内曾将旧库存省钞五千万元发行于市，透支日敌正金银行七八百万元，与伪联合准备银行、伪冀东银行共同贷于日敌经营当铺资金各节，迭经自行供明。在与日敌决战期间，以我政府之省钞用之于敌伪金融机关，以我国之钱资敌应用，此种行为不能谓非有利于敌。其透支及贷与日敌钱款之行为，如出于单纯商业银行，固不能以汉奸罪相绳，但被告系任敌伪金融机关首长，有此利敌之举，自难免于汉奸罪责。该被告虽辩称出任伪职系由于地方人士之推举，伪河北银行大权操之于日顾问及伪监理委员会，总经理不过徒拥虚名；在伪职期内，曾以法币四折伪币事，与在野名流张作相、靳云鹏等联合呈伪华北政委会力阻，引为无同谋敌国、图谋反抗本国之论。拟姑无论所称是否实在未能证明，纵或均系事实，该被告既已出任伪职，不问其原因如何，其效力于敌伪则一。伪河北省银行总经理一职地位不为不重，虽由日敌顾问与伪监理委员会操行实权，而总经理既分担其任务，即不能免除罪责。至其呈请阻止法币贬值事，充其量不过证明被告正义心尚未尽泯，有时尚感觉敌人为害之烈，略起反映，可作量刑之参考，不能执行一端即可掩蔽其从前一切通敌叛国罪行。此项辩解均不足采。惟查被告犯罪日期，系在三十三年六月一日以前，应予减轻其刑。复查被告年过七旬，因一时昧于权利，既失节，但中途去职，未再出任伪职，论情尚非毫无可原，处予递减其刑论，科以适当之刑，以示矜恤。查其以库存省钞为敌伪发行于市，及收买大量黄金并供给日敌金钱诸罪行，皆系其伪职任内之事，勿庸再科以各该款罪行。复查其透支日敌正金银行钱款部分，虽未经检察官起诉，但此项事实既经调查明确，依《刑事诉讼法》第二百四十六条之规定，应予一并论究。其全部财产除酌留家属必须生活费外没收。

据上论结，应依《特种刑事案件诉讼条例》第一条；《刑事诉讼法》第二百九十一条前段；《惩治汉奸条例》第一条、第二条第一项第一款、第八条第一项、第九条；《刑法》第二条第一项、第五十九条、第七十三条、第六十六条前段、第五十七条、第三十七条第二项，减刑办法第一条，判决如主文。

本件经检察官傅秉衡如庭执行职务。

中华民国三十六年五月十九日

河北高等法院第一分院刑庭

审判长推事　孙延年

推事　温之庄

推事　陈子丹

最高法院特种刑事判决

（1947 年 8 月 1 日）

声请人王荷舫（即王振纲），男，年六十八岁，伪河北银行总经理，住天津市旧英租界六十二号路转角。

选任辩护人：李洪岳律师　刘蓬瀛律师　金葆瑞律师

右声请人因汉奸案件经河北高等法院第一分院于中华民国三十六年五月二十一日判决后声请复判，本院判决如左：

主文

原判决撤销。发回河北高等法院第一分院更为审理。

理由

本件原判决根据声请人之自白，认定声请人于七七事变后天津沦陷时出任伪河北省银行总经理，在任职期内，将旧库存省钞五千万元发行于市，并以钱款供给日敌，且收买大量黄金，迄三十一年三月因故去职等事实，声请复判。意旨略称："声请人非伪组织所属金融机关首长，因伪河北省银行七七事变前，虽隶属于河北省政府，但事变后成为独立商业银行，而总经理之上设有监委会，总经理承上启下，一切秉承监委会之意旨，更未发行省钞及供给敌人金钱，亦未透支与日本正金银行款项，至贷款与日人开当铺，亦不得解为有利于敌伪。且检察官对于发行省钞、供给敌人金钱、透支与正金银行款项均未起诉，原审一并越权判决，显属不合"等语。本院查声请人于七七事变后即出任伪河北银行总经理，于任职期间曾将旧库存省钞五千万元发行于市，又以钱款供给敌人，并大量收买黄金，为正金银行提去一万余金镑等情，业经声请人在原审及调查统计局自白不讳，而伪河北省银行之资产为河北省所有，迨敌人侵占后派有日籍顾问，并随时透支款项等事实已经声请人供明，何能委为独立商业金融银行？声请人为该伪银行总经理，非伪组织所属金融机关首长。又检察官对于声请人发行省钞、供给敌人金钱、透支与正金银行款项于起诉书内虽未叙及，但此亦系声请人构成汉奸罪行自非无见。声请人之辩解显不足采。惟查声请人为伪联合准备银行总经理时，所有利敌行为是否直接听命敌人所派日籍顾问指挥，抑或受命于伪河北省政府或其他伪组织指使？即究应成立《惩治汉奸条例》第二条第一项第六款之罪。原判决认为构成该条第一项第一款之罪，而未证实声请人图谋反抗本国之行动已属不合，且《刑法》第五十九条之规定原为救济法定刑之穷而设，若法定刑已有较轻之规定，即无舍较轻规定而不用另为减轻之理，原判认为声请人情有可原，而舍《惩治汉奸条例》第二条第二项较轻之规定不用，径适用《刑法》第五十九条减轻论处，亦欠允洽，认为有发回更审之原因。

据上论结，应依《特种刑事案件诉讼条例》第二十二条第一项但书，判决如主文。

中华民国三十六年八月一日
最高法院刑事临时庭
审判长推事　杨寿岑
推事　周鸣冈
推事　王镇远
推事　张荣乾
推事　蓝有为

王荷舫答辩状

（1948 年 3 月 23 日）

为被诉汉奸嫌疑案件陈述事实理由，恳请调查审理事。本案经最高法院撤销原判决，发回更审，谨将应受无罪判决之事实及理由，胪陈于左，以备采择：

一、答辩人并非敌伪组织所属之金融机关首长。按河北省银行为河北省所有之金融机关，除由该省政府指挥监管外，复设有监委会直接指挥监督之。沦陷期间，日本天津特务机关派有顾问常川驻行，主持一切业务，总经理不过承上启下而已。请调阅河北省银行之章程，并传讯该银行旧日人员即可明了真相。

二、答辩人并非同谋敌国及意图反抗本国。按《惩治汉奸条例》为刑法上外患罪之特别刑法第一百零三条载，通谋外国或其派遣之人（下略）。通谋外国与通谋外国派遣之人同罪，足见其派遣之人以能代表外国者为限，《惩治汉奸条例》第二条载，通谋敌国而有左列行为之一者为汉奸，只言通谋敌国，并无或其派遣之人字样，是其犯罪条件较刑法尤为严格。所谓通谋敌国，当然指敌国政府而言，答辩人任河北省银行总经理时，虽直接受日本顾问之指挥监督，但完全处于被压迫之地位，并非处于平等地位、自由意思之联络，自无所谓同谋，况顾问为日本天津特务机关委派，亦非有权代表日本政府之人。由此言之，答辩人根本无通谋敌国之行为，亦即无《惩治汉奸条例》第二条适用之余地。

三、答辩人并未供给日敌钱款及发行钞票。前审判决谓答辩人供给日敌钱款云云，但何年何月供给何人数额若干，均未说明。果有其事，账内必有记载，不难查阅。至于行内旧有钞票流通行使则有之，发行绝无其事。盖发行钞票必须事先呈请财政部许可，公文往返需时，事非单纯，如果有之，行内必有案卷与账簿，一经调查即可断定其有无也。

四、收买黄金及贷日人开当铺问题。收买黄金事固有之，但为银行应为之业务，且如数移交后任，取有收据，不但未供给日敌，原物仍存河北省银行，为河北省库所有。至于贷款日人开当铺，实有益于中国人民之事，均不成立犯罪，前曾具状详细言之。

五、自白与事实不符。《刑事诉讼法》第二百七十条载，被告之自白非出于强暴、胁迫、利诱、诈欺或其他不正之方法，且与事实相符者得为证据。答辩人年老多病，意志衰弱，发行省钞供给日敌钱款，有无此项，自白记忆不清，假令有之，绝非事实，盖行内文卷账簿均无记载，旧有人员亦深知之。

六、参加地下工作、营救地下工作人员。答辩人曾受宣抚使李廷玉先生委任，参加地下工作，并营救李墨元先生介绍之地下工作【者】宋国久。以上证人俱在，敬请传讯。

综上所述，答辩人并无汉奸行为，请求调查：（一）河北省银行新旧一切章程及沦陷期间该行之会议记录；（二）关于发行省钞之文卷账簿及关于供给日敌钱款之账簿；（三）关于贷款日人开当铺之账簿；（四）关于正金银行提取金镑之账簿；（五）传讯李廷玉、李墨元、宋国久及河北省银行旧日人员，俾事实臻于明了，谕知无罪。谨呈河北高等法院天津分院公鉴。

中华民国三十七年三月二十三日

具状人　王荷舫（即王振纲）

河北高等法院天津分院刑事判决

（1948 年 12 月 16 日）

公诉人：本分院检察官

被告王荷舫（即王振纲），男，年六十九岁，伪河北省银行总经理，住天津市旧英租界六十二号路转角。

选任辩护人：李洪岳律师

右被告因汉奸案件经检察官提起公诉，本院判决后声请复判，经最高法院判决发回更审，本院判决如左：

主文

王荷舫通谋敌国、图谋反抗本国，处有期徒刑五年，褫夺公权五年。全部财产除酌留家属必需生活费没收。

事实

被告王荷舫，于民国二十六年十月间任伪河北省银行总经理，至民国三十一年三月间辞职。在任伪职期间内，曾将旧库存省钞约五千万元流通市面，并透支与敌日正金银行万余金镑，迨日敌投降后，经军委会调查统计局将被告逮捕移送本院，检察官侦查起诉。

理由

右开事实，业据被告于军委会调查统计局及本院侦查审判中迭次供认不讳，虽辩称伪河北省银行系普通商业银行，其所任之总经理亦系徒拥虚名，毫无权力，一切听从监理委员会之指挥等语。但查河北省银行原为我政府之金融机关，其主要任务乃辅助政府推行有关经济金融一切政令，系政府组织之一部分，且该银行之资产为河北省所有，迨敌人侵占后即变为敌伪所属之金融机关，虽名义仍旧，而其主要任务则在辅助敌伪推行政令。被告为该伪银行之总经理，乃系伪组织所属金融机关首长，至监理委员会之设，就一般性质言之，不过事后对总经理督察有无失职情形，绝不能代被告为伪河北省银行首长。况被告于任伪职期内，曾将旧库存省钞流通于市，是以我政府之省钞用之于伪金融机关；复透支与日本正金银行万余金磅，是以我政府之金钱资敌应用，若此种种行为不能谓为有利敌伪而不利于我国，实难免汉奸罪责。惟查被告犯罪日期系在民国三十三年六月一日以前，应予减轻其刑。复查被告年近七旬，一时昧于大义，于中途辞去伪职后，未再出就其他伪辞［职］，情节尚非重大，应依《惩治汉奸条例》第二条第二项论科，以示矜恤。

据上论结，合依《特种刑事案件诉讼条例》第一条；《刑事诉讼法》第二百九十一条前段；《惩治汉奸条例》第一条，第二条第一项第一款、第二项，第三条，第八条第一项，第九条；《刑法》第二条第一项前段，第三十七条第二项，第五十七条，判决如主文。

本案经检察官武镇疆莅庭执行职务。

中华民国三十七年十二月十六日

河北高等法院天津分院刑事第二庭

审判长推事　毛凤翙

推事　孙仑琦

推事　王可名

胡适佚文二则

王建丰 整理

编者按：《胡适全集》（安徽教育出版社2003年版）共计44卷2千余万字，虽被誉为“是迄今为止首次出版的最为系统、全面、权威的胡适著译作品全集”，但也难免还有遗漏，近年来也有不少学者陆续发现补佚，成果颇丰。近来整理者又在旧期刊中发现二则胡适佚文，今整理刊出，提供研究者参考。

1. 月亮起

月亮起——“做贼”偷米。
聋的听见，哑的叫起。
跷的赶着，瞎的认米。

原注：做，读如竹。的，读如讷。跷，读如调，跛也。此歌题可称为“绝对不可能!”（通行绩溪）

《歌谣周刊》第28期，1923年10月10日

2. 死与生

病可以使人死，枪炮炸弹可以使人死，好女色可以使人死，过度的劳顿可以使人死，死的原因虽多，但最为人所注意者唯饥

饿的死。

在中国这国度里有一个最奇怪的现象，就是饥荒之岁或丰荒之岁，都有不少的人由饿而死。死在荒郊，死在沙漠，当无人过问；死在街头巷尾的叫化子，也似乎要腐了尸才埋葬的。

生生死死是宇宙间的常态，穷得家无四壁衣不蔽体的女丐，怀中还抱着一个婴孩。瞎了眼睛，断人手或断了腿也还是要沿街叫哀，或在街心中打滚。一般人都疑问着："人生到了这境地，怎么不自杀呢？留在人世，尚有何希望"？原来，人，除了白痴，都有一个希望，穷人希望发财，小官希望做大官，往上爬，失了败，只好归之命运，由是一无所能的星相家也可活着。

我在小时候，母亲说故事，一个叫化子讨着某慈善家的一个鸡蛋，这叫化子不把这鸡蛋卖掉，也不把她煮而食之，却搭放于其邻居某老太婆所畜之母鸡而孵焉。幸而其蛋化为母鸡，母鸡长大而生卵，卵又生鸡，由是繁殖达六十只。该叫化子生财有道，尽卖其所畜之鸡而购一母猪，母猪年年生小猪，由是尽卖其猪而购水田两亩，自耕自食，不及十年，遂为富翁。

这故事流传极广，虽各地大同小异。某种人在我们认为无"活"之必要，而在他自己却活得有趣，乃至于趣味深长。新诗人朱湘投江，永别了他的老母妻儿，有人说是活不下去，这未免解释得太浅薄了吧。

活不下去就投江，怎么中国许多活不下去的同胞们不去投江呢？"视死如归"多少是有骗人的意味。一二八淞沪之战，南京的官爷们深恐死于日本人的炮火，率眷向长江上游逃，政府也迁都洛阳，我亦忝列其中焉。未几又由洛返京，车中空空如也，车蓬上却挤满了不少的穷苦朋友。这时京沪风声犹紧，达官贵人争先恐后离京，以京为祸地，而穷苦朋友却争先恐后晋京，以京为福地，可见死中有活，活亦必死。

在陕西，每当着一个广大的饥荒袭来时，逃不脱死的范畴的人计算不清。母亲们为着儿女们要苟延不死，将自己作猪而卖于屠商，屠商杀之，当作猪肉以卖于肉食者（这不是指官爷们），而不给代价于被卖之母亲们的儿女，由是儿女们亦伤心而自尽。这事实是朋友告诉我的，我祈祷其是虚伪的。然而，也有哲学的意义。宇宙的绵延无尽期，人类的生命也无尽期，只要是人、动物都负担了这种义务。人的生命存在于斗争中或存在于和平中都说得通，唯前者的理由被人类乃至于动物采用的时候多些。野猪要嚼吞小野兔，老虎要吃人，雄鸡啄食蜈蚣、蚯蚓。人也要吃人，害人，杀人。退让者除了准备死，微弱者除了准备死，是活不下去的。杀自己诚哉其有勇气，但以杀自己的勇气在人类社会中奋斗，又何事做不成，何事办不到？我相信，倘若我不是在广大荒芜的沙漠中，是不会饿死的。

《汗血周刊》，第 2 卷，第 8 期，1934 年 2 月 26 日。

《近代史资料》总 133 号

主　　编　刘　萍
执行编辑　李学通